Workshop C++

André Willms

Workshop C++

ADDISON-WESLEY

An imprint of Pearson Education

München • Boston • San Francisco • Harlow, England
Don Mills, Ontario • Sydney • Mexico City
Madrid • Amsterdam

Die Deutsche Bibliothek – CIP-Einheitsaufnahme

Ein Titeldatensatz für diese Publikation ist bei
Der Deutschen Bibliothek erhältlich.

10 9 8 7 6 5 4 3 2 1

03 02 01 00

ISBN 3-8273-1662-6

Einbandgestaltung: Rita Fuhrmann, Frankfurt/Oder
Lektorat: Christina Gibbs, cgibbs@pearson.de
Korrektorat: Simone Burst, Großberghofen
Herstellung: TYPisch Müller, Arcevia, Italien
Satz: reemers publishing services gmbh, Krefeld
Druck: Media-Print, Paderborn
Printed in Germany

Inhaltsverzeichnis

Vorwort

Dieses Buch wurde für all diejenigen geschrieben, die sich gerade die Programmiersprache C++ aneignen und in ihrem Lehrbuch entsprechende Übungen mit Lösung vermissen.

Das Buch fängt mit Aufgaben zu den einfachsten Elementen der Sprache an und steigert das Niveau auf Übungen, die Vererbung, überladene Operatoren und Rekursion enthalten.

Es ist deshalb auch für Personen interessant, die schon in C++ programmieren können, denen aber bei der Anwendung der Sprache die entsprechende Routine und Sicherheit fehlt.

Wegen der umfangreichen Thematik, die in den Übungen behandelt wird, eignet sich dieses Buch ideal für die Vorbereitung auf Prüfungen in C++-Programmierung.

Einleitung

Dieses Buch gibt Ihnen die Möglichkeit, Ihr erworbenes Wissen um die Programmiersprache C++ mit den Übungen zu testen, mit der praktischen Anwendung zu vertiefen und durch das Besprechen möglicher Lösungen neue Sichtweisen zu erlangen.

Obwohl in jedem Übungskapitel das für die Übungen notwendige Wissen kurz angerissen wird, versteht sich dieses Buch nicht als Lehrbuch der Programmiersprache C++. Es ist eine sinnvolle Ergänzung zu jedem C++-Lehrbuch und eine ideale Möglichkeit, die Sprache praktisch anzuwenden und die eigene Lösung mit der hier abgedruckten zu vergleichen.

Deswegen würde es auch den Rahmen des Buches sprengen, z.B. alle Funktionen der Standardbibliothek aufzuführen und zu erläutern.

Um Ihnen nicht immer die komplette Lösung »vorsagen« zu müssen, nur weil Sie vielleicht keinen eigenen Lösungsansatz gefunden haben, gibt es zu den schwierigeren Übungen Tipps, die Sie langsam zur Idee des Lösungsansatzes hinführen. Sie sollten bei Tipps allerdings eine gewisse Selbstdisziplin üben und nicht alle Tipps einer Übung auf einmal lesen. Denn die Hinweise werden von Tipp zu Tipp immer konkreter. Und vielleicht reicht ja schon der erste Tipp aus, damit Sie eine eigene Lösung finden.

Jede Übung besitzt eine Bewertung der Schwierigkeit. Dabei gelten im Allgemeinen folgende Richtlinien:

Leicht: Die Übung besteht aus einfachen elementaren Konstrukten, die vielleicht sogar in ähnlicher Form bereits als Beispiel vorgetragen wurden.

Mittel: Die Übung verlangt die Kombination mehrerer Gebiete der Sprache. Dies können zum Beispiel Themen sein, die bereits in vorhergehenden Kapiteln besprochen und geübt wurden.

Schwer: Die bisher besprochenen Elemente der Sprahe müssen kombiniert und mit ihnen ein Problem gelöst werden, welches ein gewisses Maß an Transferleistung erfordert. Das eventuell benötigte themenfremde Wissen zur Lösung der Übung wird in der Aufgabenstellung vermittelt.

Dabei geht die Bewertung davon aus, dass die jeweils vorhergehenden Aufgaben bereits gelöst wurden. Besitzt eine Übung z.B. die Bewertung mittel, dann kann die ihr folgende Übung, die sehr ähnlich aufgebaut ist, die Bewertung leicht bekommen, weil Sie bereits eine ähnliche Lösung gefunden haben.

Deswegen sollten Sie auch nach jeder gelösten Übung Ihre Lösung mit der im Buch abgedruckten vergleichen. Das gilt besonders bei Übungen, die aufeinander aufbauen. Denn ein kleiner Fehler kann sich über mehrere Übungen hinweg enorm folgenreich zeigen.

Verwendete Symbole

Folgende Symbole werden verwendet:

Beispiele helfen Ihnen, Ihre Kenntnisse in der C++-Programmierung zu vertiefen. Sie werden mit diesem Icon gekennzeichnet.

Hinweise machen auf Elemente aufmerksam, die nicht selbstverständlich sind.

Achtung, mit diesem Icon wird eine Warnung/Fehlerquelle angezeigt. An der markierten Stelle sollten Sie aufmerksam sein.

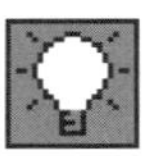

Manches geht ganz leicht, wenn man nur weiß, wie. Tipps&Tricks finden Sie in den Abschnitten, wo dieses Icon steht.

1 Grundlagen

In diesem Kapitel werden wir uns mit den Grundlagen von C++ beschäftigen und diese mit einigen Übungen festigen. Wir werden uns die Hauptfunktion *main* ansehen, ganzzahlige Variablen und Fließkommavariablen kennen lernen sowie uns mit den grundlegenden Ein-/Ausgabefunktionen beschäftigen.

1.1 Die Hauptfunktion

main

Die Basis eines C++-Programms ist die Funktion **main**, die beim Start des Programms automatisch aufgerufen wird. Eine Funktion besteht in C++ aus mehreren Komponenten, die in folgender Reihenfolge angegeben werden müssen: **Typ des Rückgabewerts, Funktionsname, Funktionsparameter in runden Klammern.** Eine typische Deklaration von *main* sieht folgendermaßen aus:

```
int main(void)
```

Das C++-Schlüsselwort **void**[1] wird immer dann verwendet, wenn keine Parameter vorhanden sind. In diesem Fall hat die Funktion keine Funktionsparameter. Der Rückgabewert ist vom Typ *int*, also ein ganzzahliger Wert. Auf die Variablentypen wird zu einem spätereren Zeitpunkt eingegangen.

Mehrere zu einem Kontext gehörende Anweisungen werden in einem **Anweisungsblock** zusammengefasst, der durch geschweifte Klammern gekennzeichnet ist.

Syntax

```
int main(void)
{
}
```

Geschweifte Klammern fassen Anweisungen zu einem Block zusammen.

Die vorige Funktion besitzt somit einen leeren Anweisungsblock.

Obwohl die Funktion *main* definitionsgemäß einen Rückgabewert haben müsste, kann dieser weggelassen werden, weil *main* ein implizites *return(0);*[2] besitzt. Da diese Eigenschaft aber noch nicht von allen Compilern unterstützt wird, bietet es sich an – und ist machmal sogar notwendig – , die *main*-Funktion immer durch ein explizites *return* zu ergänzen:

```
int main()
{
```

1. »void« ist ein englisches Wort und heißt zu deutsch soviel wie »leer«
2. Zu diesem Zeitpunkt wissen Sie noch nichts über Rückgabewerte bei Funktionen. Was es genau mit diesem *return* auf sich hat, erfahren Sie im nächsten Kapitel.

```
  return(0);
}
```

Um das Buch nicht unnötig aufzublähen wird bei den Beispielen und Lösungen im Allgemeinen auf das Abdrucken dieses *return* verzichtet. Die auf der CD-ROM befindlichen Quellcodes wurden jedoch mit einem *return* ausgestattet.

1.2 Variablentypen

Ganzzahlvariablen

Wir beschäftigen uns nun mit der Syntax einiger elementarer Datentypen, die häufig in C++ verwendet werden. Dazu zählen die Fließkommazahlen und ganzzahlige Werte, wobei letztere in spezialisierter Ausprägung auch als Boolesche Variablen zur Verfügung stehen.

1.2.1 Ganzzahlige Variablen

Als ganzzahlige Variablen stehen **int**, **short** und **long** zur Verfügung. Diese Variablentypen sind grundsätzlich vorzeichenbehaftet, können aber mit einen **unsigned** bei der Definition als vorzeichenlos definiert werden.

Tabelle 1.1: Ganzzahlige Variablentypen

Typ	Größe	Zahlenbereich
int	2 Bytes	-32768 bis +32767
unsigned int	2 Bytes	0 bis +65535
long	4 Bytes	-2147483648 bis +2147483647
unsigned long	4 Bytes	0 bis +4294967295
short	1 Byte	-128 bis +127
unsigned short	1 Byte	0 bis 255

1.2.2 Boolsche Variablen

bool

Boolesche Variablen – nach dem Mathematiker George Boole benannt, der die Boolesche Algebra entwickelte – können nur zwei Werte annehmen, wahr und falsch. Für diese beiden Werte wurden in C++ die Schlüsselwörter **true** und **false** eingeführt. Der Variablentyp selbst heißt **bool**. Intern wird ein boolescher Wert als Integer verwaltet, weswegen *true* und *false* den nummerischen Werten 1 und 0 entsprechen.

1.2.3 Fließkommavariablen

Fließkommavariablen

Für die Fließkommavariablen gibt es **float**, **double** und **long double**, die sich in ihrer Genauigkeit unterscheiden. Fließkommavariablen können nur als vorzeichenbehaftet definiert werden.

Tabelle 1.2: Fließkomma-Variablen

Typ	Größe	Mindestgenauigkeit (Nachkommastellen)
float	4 Bytes	6
double	8 Bytes	10
long double	10 Bytes	10

Variablen-definition

In C++ werden Variablen definiert, indem man den Typ der Variablen gefolgt vom Variablennamen angibt. Des weiteren werden in C Anweisungen immer mit einem **Semikolon** abgeschlossen. Eine Integer-Variable namens x wird daher folgendermaßen definiert:

```
int x;
```

Variablen können bei ihrer Definition gleich initialisiert werden:

```
int x=27;
```

Variablen des gleichen Typs können auch in einer Anweisung definiert bzw. initialisiert werden:

```
int alter=27,groesse=185,x,s0,g=3,q;
bool student=false;
```

Achten Sie darauf, dass Variablen zum Zeitpunkt der Benutzung einen definierten Wert besitzen, also irgendwo im Programm eindeutig initialisiert wurden.

Nicht initialisierte Variablen haben einen nicht vorhersagbaren Wert!

1.3 Namensvergabe

Namensvergabe

In C++ werden Namen von Variablen, Funktionen etc. nur anhand ihrer ersten 31 Zeichen unterschieden. Variablennamen, die länger als 31 Zeichen sind und in ihren ersten 31 Zeichen übereinstimmen, werden vom Compiler als identisch betrachtet.

Namen müssen mit einem Buchstaben oder Unterstrich beginnen und dürfen weiterhin nur Buchstaben, Ziffern oder Unterstriche enthalten.

Groß- und Kleinschreibung wird unterschieden.

Zur Namensunterscheidung werden nur die ersten 31 Zeichen herangezogen.

1.4 Rechen- und Zuweisungsoperatoren

+, –, *, /, %,=

Der **Zuweisungsoperator =** weist einer Variablen einen entsprechenden Wert zu. Dabei spielt es keine Rolle, ob der zugewiesene Wert eine Konstante oder selbst eine Variable ist. Es ist jedoch wichtig, darauf zu achten, dass der Typ der Variablen, die den Wert zugewiesen bekommt, und der Typ des zugewiesenen

Wertes identisch sind (oder zumindest vom Compiler eine entsprechende Typkonvertierung vorgenommen werden kann.)

Als Rechenoperatoren stehen **Addition +**, **Subtraktion –, Division /**, **Multiplikation *** und **Rest %** zur Verfügung.

Beispielsweise bildet die folgende Anweisung das Produkt aus *z*x* und addiert auf das Produkt *y*. Das endgültige Ergebnis wird *x* zugewiesen:

```
x=z*x+y;
```

+=, -=, *=, /=, %=

Des Weiteren gibt es für jeden Rechenoperator noch eine Kombination aus Rechen- und Zuweisungsoperator: +=, -=, *=, /= und %=. Dabei ist z.B. für den Additionsoperator die Zuweisung *x=x+3* identisch mit *x+=3*.

++, --

C++ verfügt noch über einen so genannten **Inkrementoperator ++** und **Dekrementoperator --**. Bei skalaren Variablen wie z.B. *int* ist *s++* identisch mit *s=s+1* und *s--* identisch mit *s=s-1*.

Die Inkrement- und Dekrementoperatoren können als Pre- oder Postoperatoren verwendet werden. Als Postoperator (z.B. *x++*) wird zuerst der Wert der Variablen verwendet und danach der Operator ausgeführt. Bei Präoperatoren (z.B. *++x*) wird zuerst der Operator ausgeführt und dann der Wert der Variablen verwendet.

1.5 Ein-/Ausgabe

Um die Werte von Variablen oder einfach nur Text ausgeben zu können oder Eingaben des Benutzers zu realisieren, benutzen wir die C++-Klassen **cout** und **cin** aus der Headerdatei *iostream*:

```
#include <iostream>

using namespace std;

int main()
{
  int x;
  cout << "Bitte Wert eingeben:";
  cin >> x;
  cout << "Der Wert von x ist " << x << endl;

  return(0);
}
```

Den Quellcode finden Sie auf der CD-ROM unter \KAP01\BSP\BSP01.CPP.

Um die Klassen *cin* und *cout* nutzen zu können, wird mittels **include** die entsprechende Datei eingebunden, in der die beiden Klassen definiert sind. Konkret heißt diese Datei **iostream**. Die Klassen sind im<Namensbereich **std** definiert, der uns mit *using namespace std* zugänglich gemacht wird. Ohne die *using*-Anweisung hätte der betroffene Namensbereich immer mit angegeben werden müssen, also beispielsweise *std::cout*.

cout

Die Ausgabe verwendet den Schiebeoperator <<. Man kann sich dies leicht merken, indem man sich vorstellt, dass die auszugebenden Daten »in *cout* hineingeschoben« werden.

cin

Analog dazu verwendet die Eingabe mit *cin* den Schiebeoperator >>:

Man kann sich den >>-Operator ebenfalls gut merken, indem man sich vorstellt, dass die eingegebenen Daten »in die Variable hineingeschoben« werden.

endl

Bei der Ausgabe wurde *endl* verwendet. *endl* erzeugt ein New Line (NL) und lässt damit die Ausgabe in einer neuen Zeile beginnen, allerdings mit dem zusätzlichen Effekt, dass ein Flush vorgenommen wird. Das bedeutet, dass bei einer gepufferten Ausgabe nicht so lange mit der tatsächlichen Ausgabe auf dem Bildschirm gewartet wird, bis der Puffer voll ist. Die Ausgabe wird statt dessen sofort getätigt.

Wegen der strengen Typprüfung in C++ muss bei der Ein- und Ausgabe nicht explizit angegeben werden, welcher Variablentyp verwendet wird. Die Funktionen *cin* und *cout* unterstützen folgende Variablentypen:

Tabelle 1.3: Von << und >> unterstützte Datentypen

Eingabe-Operator >>	Ausgabe-Operator <<
char *	const char *
unsigned char *	const unsigned char *
signed char *	const signed char *
char &	char
unsigned char &	unsigned char
signed char &	signed char
short &	short
unsigned short &	unsigned short
int &	int
unsigned int &	unsigned int
long &	long
unsigned long &	unsigned long
float &	float
double &	double
long double &	long double
	const void *

Abgesehen von *endl* können innerhalb der Zeichenkette auch Steuerzeichen angegeben werden, die alle mit einem Backslash (\) beginnen:

Tabelle 1.4: Die Steuerzeichen der Ausgabe

Esc.Seq.	Zeichen
\a	**BEL** (bell), gibt ein akustisches Warnsignal.
\b	**BS** (backspace), der Cursor geht eine Position nach links.
\f	**FF** (formfeed), ein Seitenvorschub wird ausgelöst.
\n	**NL** (new line), der Cursor geht zum Anfang der nächsten Zeile.
\r	**CR** (carriage return), der Cursor geht zum Anfang der aktuellen Zeile.
\t	**HT** (horizontal tab), der Cursor geht zur nächsten horizontalen Tabulatorposition.
\v	**VT** (vertical tab), der Cursor geht zur nächsten vertikalen Tabulatorposition.
\"	**"** wird ausgegeben.
\'	**'** wird ausgegeben.
\?	**?** wird ausgegeben.
\\	**** wird ausgegeben.

Ein Zeilenumbruch ohne Flush könnte daher mit *\n* erzeugt werden:

```
cout << "1. Zeile\n2 .Zeile" << endl;
```

Die obere Anweisung hat damit die nachstehende Ausgabe zur Folge:

```
1. Zeile
2. Zeile
```

Am Ende der Ausgabe wurde wieder *endl* verwendet, damit der Ausgabepuffer auf jeden Fall geleert und damit auf dem Bildschirm ausgegeben wird.

1.6 Übungen

Bei einigen Übungen werden Sie aufgefordert, Fehler in einem vorgegebenen Programm zu finden. Sie sollten das Programm erst dann starten, wenn Sie den Fehler auf andere Weise nicht finden konnten.

Übung 1

```
cout << "Das Zeichen " heißt doppelter Anführungsstrich.\n";
```

Wo liegt der Fehler in dieser Zeile? Falls Sie ihn nicht finden, schreiben Sie eine *main*-Funktion, mit der Sie die obige Zeile testen können.

Übung 2

```
#include <iostream>

using namespace std;

int main()
{

  cout << "Hier stehen drei Zahlen untereinander: /n23/n55/n88";
  cout << endl;
}
```

Warum stehen die drei Zahlen (23, 55 und 88) nicht untereinander?

Den Quellcode finden Sie auf der CD-ROM unter \KAP01\AUFGABE\\02.CPP.

Übung 3

Was ist an dem folgenden Programm falsch?

```
#include <iostream>

using namespace std;

int main()
{
  int x;
  cout >> "Bitte geben Sie eine Zahl ein :";
  cin << x;
  cout >> "Die Zahl lautet " >> x >> endl;

  return(0);
}
```

Den Quellcode finden Sie auf der CD-ROM unter \KAP01\AUFGABE\03.CPP.

Falls Sie das Programm starten, wird der Fehler nicht während der Kompilierung, sondern während der Ausführung auftreten.

Übung 4

Schreiben Sie ein Programm, das Sie nach drei Zahlen fragt (auch negative Werte sollen erlaubt sein) und dann die Summe der drei Zahlen ausgibt. Nachdem die Summe ausgegeben wurde, soll nach einer neuen Zahl gefragt werden, mit der die Summe dann multipliziert wird. Dieses Ergebnis soll ebenfalls ausgegeben werden. Die Ein- und Ausgabe könnte aussehen wie im folgenden Beispiel:

```
Bitte Zahl1 eingeben :4

Bitte Zahl2 eingeben :6

Die Summe lautet 10

Bitte Zahl3 eingeben :8

Das Produkt lautet 80
```

Übung 5

Geben Sie drei Möglichkeiten an, den Wert 1 zur Variablen *x* zu addieren.

Übung 6

Schreiben Sie ein Programm, bei dem drei Zahlen multipliziert werden, das aber nur zwei Variablen benötigt. Lassen Sie das Ergebnis ausgeben. Entwerfen Sie das Programm so, dass nur das Produkt noch weiter verwendet werden könnte.

Übung 7

Schauen Sie sich folgendes Programmfragment an:

```
a=12;
a+=++a+a++;
a=a+a;
cout<<a
```

Welcher Wert wird ausgegeben?

Übung 8

Schreiben Sie die folgenden Zuweisungen so um, dass nicht mehr der Zuweisungsoperator, sondern die Operatoren +=, *=, /= oder -= verwendet werden. Werden mehrere Zuweisungen verwendet (wie z.B. bei 8.), dann sollten Sie versuchen, diese Zuweisungen mit oben aufgeführten Operatoren in eine einzige Anweisung umzuwandeln[1]. Überprüfen Sie in einem Programm, ob die Ergebnisse Ihrer Umwandlungen wirklich identisch mit denen der Original-Zuweisungen sind. Berücksichtigen Sie, dass es sich bei den verwendeten Variablen ausschließlich um ganzzahlige Variablen handelt.

```
1. x=x+1;
2. a=a-8;
3. c=3-c;
```

1. Wenn Sie mehrere Operatoren benötigen, dann können Sie dies tun. Wichtig ist nur, dass es eine Anweisung ist.

```
 4. s=r*s*t;
 5. a=4*b+a;
 6. a=a*4+b;
 7. a=a*(4+b)
 8. c=c-3;  c=c-6;
 9. d=d*5;  d=d*e;
10. h++;  i=3*h+i;
11. a=a+3;  b=b+a;
12. x=x*y; y=y+1;
13. x=x*y; y=y+3;
14. a=a*4;  b=b+2;  c=a*c*b;
15. a=a+c++;  b=b+c;  a=a+b++;
16. a=a+c++;  b=b+c;  a=a*b++;
```

1.7 Lösungen

Lösung 1

Der Fehler liegt darin, dass ein »-Zeichen innerhalb einer Stringkonstante als Ende derselben interpretiert wird. Wollen Sie ein » auf den Bildschirm ausgeben, müssen Sie dies mit dem Steuerzeichen \« tun:

```
cout << "Das Zeichen \" heißt doppelter Anführungsstrich.\n";
```

Lösung 2

Die Zahlen stehen deshalb nicht untereinander, weil das CR-Steuerzeichen nicht richtig geschrieben ist. Es wird mit einem Backslash (\) eingeleitet und nicht mit einem Slash (/). Korrekt sähe die fehlerhafte Zeile so aus:

```
cout << "Hier stehen drei Zahlen untereinander: \n23\n55\n88";
cout << endl;
```

Den Quellcode des korrigierten Programms finden Sie auf der CD-ROM unter \KAP01\LOESUNG\02.CPP

Lösung 3

Im Programm wurden bei *cin* und *cout* die Verschiebeoperatoren vertauscht. Korrekterweise muss bei *cin* der Operator >> und bei *cout* der Operator << verwendet werden. Das korrigierte Programm sieht wie folgt aus:

```
#include <iostream>

using namespace std;

int main()
{
  int x;
```

```
  cout << "Bitte geben Sie eine Zahl ein :";
  cin >> x;
  cout << "Die Zahl lautet " << x << endl;

  return(0);
}
```

Den Quellcode des korrigierten Programms finden Sie auf der CD-ROM unter \KAP01\LOESUNG\03.CPP.

Lösung 4

```
#include <iostream>

using namespace std;

int main()
{
int zahl1, zahl2, zahl3, summe, produkt;

  cout << "Bitte Zahl1 eingeben :";
  cin >> zahl1;
  cout << "\nBitte Zahl2 eingeben :";
  cin >> zahl2;

  summe=zahl1+zahl2;
  cout << "\nDie Summe lautet " << summe;
  cout << "\nBitte Zahl3 eingeben :";
  cin >> zahl3;

  produkt=summe*zahl3;
  cout << "\nDas Produkt lautet " << produkt << endl;
}
```

Die letzte Ausgabe wird mit einem *endl* abgeschlossen, um die komplette Ausgabe des Ausgabepuffers auf dem Bildschirm zu gewährleisten. Bei den anderen Ausgaben ist dies nicht notwendig, da die Aufforderung zu einer Eingabe immer automatisch ein Leeren des Ausgabepuffers zur Folge hat.

Den Quellcode dieser Lösung finden Sie auf der CD-ROM unter \KAP01\LOESUNG\04A.CPP.

Dies war die ausführliche Variante. Eine kompaktere, bei der drei Variablen gespart wurden, folgt:

```
#include <iostream>

using namespace std;
```

```
int main()
{
int zahl, summe;

  cout << "Bitte Zahl1 eingeben :";
  cin >> summe;
  cout << "\nBitte Zahl2 eingeben :";
  cin >> zahl;

  summe+=zahl;
  cout << "\nDie Summe lautet " << summe;
  cout << "\nBitte Zahl3 eingeben :";
  cin >> zahl;

  cout << "\nDas Produkt lautet " << (summe*zahl) << endl;

  return(0);
}
```

Den Quellcode dieser Lösung finden Sie auf der CD-ROM unter \KAP01\LOESUNG\04B.CPP.

Diese Lösung ist natürlich nur dann sinnvoll, wenn Produkt und Summe nicht weiter verwendet werden müssen.

Lösung 5

- 1. x=x+1;
- 2. x+=1;
- 3. x++;

Lösung 6

```
#include <iostream>

using namespace std;

int main()
{
int zahl, produkt;

  cout << "\nBitte Zahl1 eingeben :";
  cin >> produkt;
  cout << "\nBitte Zahl2 eingeben :";
  cin >> zahl;

  produkt*=zahl;

  cout << "\nBitte Zahl3 eingeben :";
```

```
  cin >> zahl;

  produkt*=zahl;

  cout << "\nDas Produkt lautet " << produkt << endl;

}
```

Den Quellcode dieser Lösung finden Sie auf der CD-ROM unter \KAP01\LOESUNG\06.CPP.

Lösung 7

Es wird die Zahl 80 ausgegeben.

Sie finden die relevanten Anweisungen eingebettet in eine *main*-Funktion auf der CD-ROM unter \KAP01\07.CPP.

Zuerst hat *a* durch die Zuweisung den Wert 12. Schauen wir uns die »interessante« Zeile des Programms einmal gemeinsam an:

```
a+= ++a + a++;
```

Zuerst muss der Ausdruck auf der rechten Seite berechnet werden. Als Erstes steht da *++a*. Es handelt sich bei diesem Inkrement-Operator um ein Präinkrement, daher zuerst inkrementieren: *a* ist 13. Rechts von der Addition steht a++, dies ist ein Postinkrement. Daher wird der Ausdruck zuerst benutzt, *13+13* ist 26, und dann inkrementiert, *a* ist dann 14.

Der Ausdruck auf der rechten Seite ist nun berechnet und ergibt 26. Er wird entsprechend dem Zuweisungsoperator verknüpft, nämlich zur linken Seite hinzuaddiert. *a* ist 14, dieser Wert plus 26 ergibt 40, also ist a=40.

Durch die Addition in der nächsten Zeile erhält *a* den Wert 80.

Lösung 8

Schauen wir uns zunächst die Lösungen an. Danach wird auf einige Besonderheiten eingegangen.

```
 1. x+=1;
 2. a-=8;
 3. c+=3-2*c;
 4. s*=r*t;
 5. a+=4*b;
 6. a+=a*3+b;
 7. a*=4+b;
 8. c-=9;
 9. d*=5*e;
10. i+=++h*3;
11. b+=a+=3;
```

```
12. x*=y++;
13. x*=(y+=3)-3;
14. c*=(a*=4)*(b+=2);
15. a+=(b+=++c+1)+c-2;
16. a+=((b+=++c+1)-2)*(a+c-1)+c-1;
```

Zu 3.: Wenn wir die Anweisung *c=3-c* in *c+=3-c* umwandeln würden, dann wäre dies nicht korrekt, denn *c+=3-c* wäre umgeschrieben *c=c+3-c*. Wir können aber die ursprüngliche Form *c=3-c* umformen, indem wir *c* addieren und wieder subtrahieren: *c=3-c+c-c*. Durch dieses Addieren und Subtrahieren wurde das Ergebnis der Gleichung nicht verändert. Wir können nun aber durch Umstellen der Variablen eine bekannte Form erzeugen: *c=c+3-c-c*. Dieser Ausdruck ist problemlos umwandelbar in den folgenden: *c+=3-c-c*. Durch Vereinfachen erhalten wir *c+=3-2*c*.

Zu 6.: Diese Zuweisung wird ähnlich der 3. umgewandelt. Grundsätzlich kann man eine Zuweisung der Form *a=AUSDRUCK* immer umwandeln in *a+=AUSDRUCK-a*. Allerdings ist dies nicht immer sinnvoll. Auf diese Weise lässt sich *a=a*4+b* umwandeln in *a+=a*4+b-a*, und das ist *a+=a*3+b*.

Zu 10.: Es wurde *++h* verwendet, weil in der Originalform die Anweisung *h++* vor *i=3*h+1* ausgeführt wird.

2 Funktionen und Bedingungen

Das Hauptthema dieses Kapitels sind Bedingungen und die darauf basierenden Verzweigungen. Als Ergänzung zum vorigen Kapitel geht es jedoch zuerst um das Thema der Lebensdauer von Variablen. Darüber hinaus wird die erste Kontrollstruktur eingeführt

2.1 Bezugsrahmen

Wie Funktionen grundsätzlich definiert werden, haben wir schon im vorigen Kapitel an der *main*-Funktion kennen gelernt. Kommen jetzt aber noch zusätzliche Funktionen hinzu, dann stellt sich die Frage nach dem **Bezugsrahmen**[1] der verwendeten Variablen.

2.1.1 Lokale Variablen

Eine Variable, die innerhalb eines Anweisungsblockes definiert wird, ist nur in diesem Anweisungsblock gültig[2]. Auf sie kann auch nur innerhalb dieses Anweisungsblockes zugegriffen werden. Eine solche Variable bezeichnet man als **lokale Variable**.

Eine lokale Variable wird bei Verlassen des sie beherbergenden Anweisungsblocks gelöscht. Deswegen muss sie bei erneutem Eintreten in den Anweisungsblock neu erzeugt werden und besitzt daher nicht mehr ihren alten Inhalt.

2.1.2 Globale Variablen

Eine Variable, die außerhalb eines Anweisungsblocks definiert wird, bezeichnet man als **globale Variable**. Sie ist im ganzen Programm gültig, das heißt, es kann von jeder Stelle im Programm aus auf sie zugegriffen werden.

2.1.3 Statische Variablen

Eine Besonderheit unter den lokalen Variablen sind **statische Variablen**. Statische Variablen haben zwar den gleichen Bezugsrahmen wie normale lokale Variablen, sie werden aber bei Verlassen des Bezugsrahmens nicht gelöscht

---

1. Als Bezugsrahmen einer Variablen bezeichnet man den Bereich des Programms, in dem die Variable ansprechbar ist. Für den Bezugsrahmen wird oft auch das englische Wort **Scope** verwendet.
2. Dazu zählen auch die Anweisungsblöcke, die sich innerhalb des die Variablen beinhaltenden Anweisungsblockes befinden.

und besitzen bei erneutem Eintreten ihren alten Wert. Das bedeutet, dass eine statische Variable nur einmal erzeugt wird und daher auch nur einmal initialisiert werden kann.

static

Variablen werden durch das Schlüsselwort **static** als statisch deklariert.

2.2 Deklaration von Funktionen

Grundsätzlich kann ein Compiler nur Funktionen aufrufen, die er kennt. Dies ist dann der Fall, wenn die Funktion, die aufgerufen wird, vor der Funktion steht, die aufruft. Aus diesem Grund wird folgendes Programm einen Kompilationsfehler verursachen:

```
#include <iostream>

using namespace std;

int main()
{
  text();
}

void text()
{
  cout << "Text-Ausgabe" << endl;
}
```

Deklaration

Damit dieses Programm trotzdem korrekt kompiliert wird, muss die Funktion vor ihrem Aufruf in *main* »bekannt gemacht« werden. Dies geschieht mit einer Deklaration, die vor der *main*-Funktion vorgenommen werden muss:

```
void text();
```

Den Quellcode des lauffähigen Beispiels mit Deklaration finden Sie auf der CD-ROM unter \KAP02\BEISPIEL\01.CPP.

2.3 Verzweigungen

Verzweigungen dienen dazu, denn Programmablauf aufgrund bestimmter Bedingungen zu verändern.

2.3.1 if

Um Verzweigungen in C++ zu formulieren, wird das Schlüsselwort **if** verwendet. Die *if*-Anweisung selbst besteht aus einer Bedingung und einem Anweisungsblock. Liefert die Bedingung eine wahre Aussage, dann wird der Anweisungsblock ausgeführt. Ist die Aussage der Bedingung falsch, dann wird der

Anweisungsblock nicht ausgeführt und das Programm fährt dahinter fort. Die Syntax ist wie folgt:

Syntax

```
if(bedingung)
{
}
```

Im Ablaufplan sieht die Bedingung wie in Abbildung 2.1 dargestellt aus.

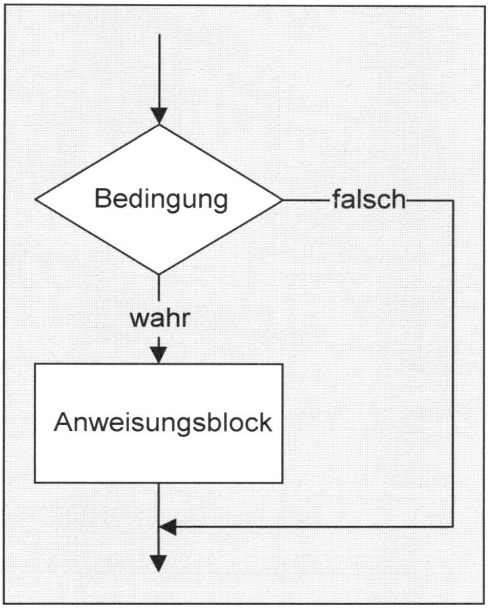

Abbildung 2.1: if

2.3.2 else

Man kann *if* nun noch um die **else**-Anweisung ergänzen. Hinter *else* folgt ein Anweisungsblock, der genau dann ausgeführt wird, wenn der Anweisungsblock hinter *if* nicht ausgeführt wird. Also genau dann, wenn die Aussage der Bedingung hinter *if* falsch ist. Die Syntax folgt:

Syntax

```
if(bedingung)
{
}
else
{
}
```

Im Ablaufplan sieht dieses Konstrukt wie in Abbildung 2.2 dargestellt aus.

Abbildung 2.2: if und else

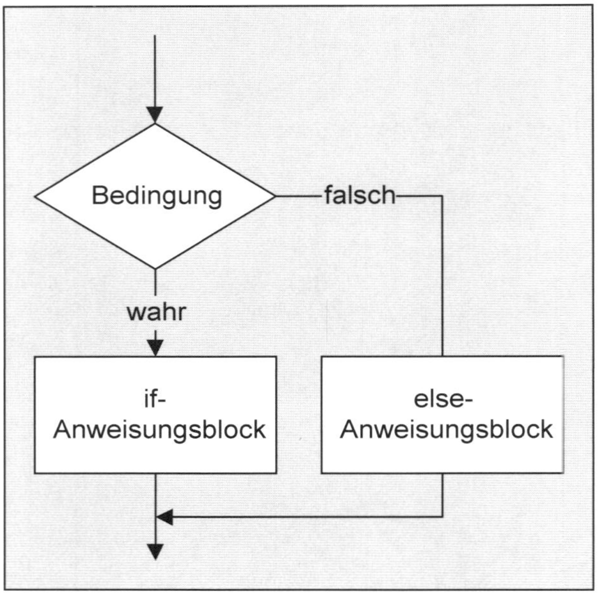

2.4 Vergleichsoperatoren

Eine Bedingung besteht im Wesentlichen aus Vergleichen. Als Vergleichsoperatoren stehen die in Tabelle 2.1 aufgelisteten Operatoren zur Verfügung.

Tabelle 2.1: Die Vergleichsoperatoren

Operator	Bedeutung
<	kleiner
<=	kleiner oder gleich
==	gleich
!=	ungleich
>=	größer oder gleich
>	größer

2.5 Logische Operatoren

&&, || Zur Verknüpfung zweier Bedingungen gibt es den UND-Operator && und den ODER-Operator ||.

Das Ergebnis zweier durch UND verknüpfter Bedingungen ist nur dann wahr, wenn beide Einzelbedingungen wahr sind. In allen anderen Fällen liefert die UND-Verknüpfung ein falsches Ergebnis. Eine detaillierte Übersicht gibt Tabelle 2.2.

UND

Tabelle 2.2: Die AND-Verknüpfung

Bedingung1	Bedingung2	(Bedingung1&&Bedingung2)
falsch	falsch	falsch
falsch	wahr	falsch
wahr	falsch	falsch
wahr	wahr	wahr

Das Ergebnis zweier durch ODER verknüpfter Bedingungen ist nur dann falsch, wenn beide Einzelbedingungen falsch sind. In allen anderen Fällen liefert die ODER-Verknüpfung ein wahres Ergebnis. Tabelle 2.3 zeigt die vier verschiedenen Fälle auf.

ODER

Tabelle 2.3: Die ODER-Verknüpfung

<table>
<tr><th>Bedingung1</th><th>Bedingung2</th><th>(Bedingung1||Bedingung2)</th></tr>
<tr><td>falsch</td><td>falsch</td><td>falsch</td></tr>
<tr><td>falsch</td><td>wahr</td><td>wahr</td></tr>
<tr><td>wahr</td><td>falsch</td><td>wahr</td></tr>
<tr><td>wahr</td><td>wahr</td><td>wahr</td></tr>
</table>

```
if((x>=80)&&(x<=100))
 {
   cout << x;
 }
```

Im oberen Beispiel wird *x* nur dann ausgegeben, wenn *x* im Intervall [80,100] liegt.

Ein weiterer logischer Operator ist der so genannte **Negationsoperator !**, der den Wahrheitswert einer Variablen negiert. Der Ausdruck !(x<y) wäre damit gleichbedeutend mit (x>=y), denn wenn x nicht kleiner als y ist, dann muss x zwangläufig größer als oder gleich y sein.

Negation

In C++ gibt es zusätzlich noch den ?:-Operator, der wie in folgendem Beispiel verwendet wird:

?:

```
x=(a>10)?2:1;
```

Dies entspricht mit *if* formuliert der nachstehenden Anweisungsfolge:

```
if(a>10)
  x=2;
else
  x=1;
```

2.6 Übungen

Übung 1

Schreiben Sie eine Funktion *add*, der Sie zwei *int*-Werte übergeben und die dann die Summe der beiden Werte als *int* zurückliefert. Schreiben Sie zusätzlich noch eine *main*-Funktion, die zwei *int*-Werte einliest und die mit Hilfe von *add* ermittelte Summe ausgibt.

Übung 2

Was ist an dem folgenden Programm falsch?

```
#include >iostream<

using namespace;

void ausgabe(void)

int Main()
{
  ausgabe;

  return(0);
}

void ausgabe(void);
{
  cout << Dies ist eine Testausgabe << endl;
}
```

Den Quellcode finden Sie auf der CD-ROM unter \KAP02\AUFGABE\02.CPP.

Das Programm hat sieben Fehler.

Übung 3

Was ist am folgenden Programm falsch?

```
include <iostream>

using namespace std;

void test1(void)
{
  cout << "Dies ist der erste Test." << endl;
}

int main()
{
```

```
  test1();
  test2();

  return(0);
}

void test2(void)
{
  cout << "Dies ist der zweite Test." << endl;
}
```

Den Quellcode finden Sie auf der CD-ROM unter \KAP02\AUFGABE\03.CPP.

Das Programm enthält zwei Fehler.

Übung 4

Schreiben Sie eine Funktion namens *wieoft*, die einen Wert zurückliefert, der angibt, zum wievielten Male die Funktion aufgerufen wurde.

Übung 5

Schreiben Sie eine Funktion *max*, der man zwei *int*-Werte übergeben kann und die dann den größeren der beiden Werte zurückgibt.

Übung 6

Jede Bedingung hat eine wahre oder eine falsche Aussage. Nun müssen die Eigenschaften »wahr« und »falsch« einem bestimmten Wert entsprechen. Konkret heißt dies, dass bestimmte Zahlen für die Eigenschaft »wahr« und andere Zahlen für die Eigenschaft »falsch« stehen. Versuchen Sie mit Hilfe eines Programms zu ermitteln, welchen Wert C für »wahr« und welchen Wert für »falsch« benutzt.

Übung 7

Schreiben Sie eine Funktion *isGroesser*, der zwei *int*-Werte übergeben werden und die einen eine wahre Aussage repräsentierenden Wert zurückliefert, wenn der erste Wert größer ist als der zweite Wert. Andernfalls soll die Funktion einen Wert zurückliefern, der für eine falsche Aussage steht. Benutzen Sie in der Lösung die *if*-Anweisung.

Schreiben Sie dazu eine *main*-Funktion, die zwei Werte einliest und dann anhand des Ergebnisses von *isGroesser* einen entsprechenden Text ausgibt, ob der erste Wert größer als der zweite ist oder nicht.

Übung 8

Schreiben Sie die Funktion *isGroesser* aus 7. so um, dass sie anstelle der *if*-Anweisung den ?:-Operator verwendet.

Übung 9

Schreiben Sie die Funktion *isGroesser* aus 7. so um, dass weder eine *if*-Anweisung noch der ?:-Operator verwendet wird.

Übung 10

Schreiben Sie eine Funktion namens *sign*, die einen *int*-Wert als Parameter besitzt und die Folgendes zurückliefert: -1, wenn der Wert negativ ist, 0, wenn der Wert Null ist, und 1, wenn der Wert positiv ist.

Schreiben Sie dazu auch eine *main*-Funktion, mit der Sie *sign* testen können und die das Ergebnis durch eine entsprechende Textausgabe quittiert.

Übung 11

Schreiben Sie die Funktion *sign* aus Aufgabe 10 so um, dass anstelle von *if*-Anweisungen nur noch der ?:-Operator verwendet wird.

Übung 12

Schreiben Sie die Funktion *sign* aus Aufgabe 11 so um, dass weder *if*-Anweisungen noch ?:-Operatoren verwendet werden.

Übung 13

Schreiben Sie die Funktion *max* aus Aufgabe 5 so um, dass weder *if*-Anweisungen noch ?:-Operatoren verwendet werden.

Übung 14

Sie haben in Übung 1 eine Funktion *add* geschrieben, die zwei *int*-Werte addiert und das Ergebnis zurückliefert. Sie können bei dieser Funktion aber nie sicher sein, ob das Ergebnis auch wirklich stimmt, denn die beiden Summanden könnten jeweils für sich schon so große Werte besitzen, dass ihre Summe den gültigen Bereich überschreitet. Und diese Bereichsüberschreitung hat ein falsches Ergebnis zur Folge.

Schreiben Sie deswegen eine Funktion *isAddValid*, mit der Sie vor dem Aufruf von *add* prüfen können, ob ein gültiges Ergebnis zu erwarten ist.

Bedenken Sie, dass der gültige Bereich einer *int*-Variablen von Compiler zu Compiler und von System zu System variieren kann. Beim Entwurf von *isAddValid* können Sie davon ausgehen, dass die beiden Summanden selbst im gültigen Bereich sind[1].

1. Bedenken Sie dabei, dass Sie beim Testen von *isAddValid* Ihre Summanden so wählen, dass die Summanden selbst tatsächlich immer im gültigen Bereich sind und höchstens die Summe den Bereich überschreitet.

Schreiben Sie zusätzlich die *main*-Funktion aus 1 so um, dass die Funktion *isAddValid* Verwendung findet.

Übung 15

Schreiben Sie eine Funktion *isSchaltjahr*, der eine Jahreszahl übergeben wird und die einen wahren Wert zurückliefert, wenn es sich um ein Schaltjahr handelt. Falls der übergebene Wert kein Schaltjahr ist, soll ein falscher Wert zurückgeliefert werden.

Ein Jahr ist kein Schaltjahr, wenn die Jahreszahl nicht durch 4 teilbar ist. Ein Jahr ist ein Schaltjahr, wenn die Jahreszahl durch 4, nicht aber durch 100 teilbar ist. Ein Jahr ist ebenfalls ein Schaltjahr, wenn die Jahreszahl durch 4, durch 100 und durch 400 teilbar ist.

Schreiben Sie dazu eine *main*-Funktion, mit der Sie überprüfen können, ob Ihre Funktion korrekt arbeitet.

Übung 16

Schreiben Sie eine Funktion *iseven*, die einen wahren Wert zurückliefert, wenn die übergebene Zahl gerade ist, und einen falschen Wert, wenn die übergebene Zahl ungerade ist.

Übung 17

Schreiben Sie die Funktion *isSchaltjahr* aus Übung 15 so um, dass weder *if*-Anweisungen noch ?:-Operatoren verwendet werden.

Übung 18

Schreiben Sie eine Funktion *max3*, der drei Zahlen übergeben werden und die die größte der drei Zahlen zurückliefert.

Schreiben Sie dazu eine *main*-Funktion, mit der Sie die Funktion *max3* überprüfen können.

Übung 19

Schreiben Sie eine Funktion namens *zero2*, der Sie eine Zahl größer 100 oder kleiner -100 übergeben und die dann die beiden rechten Ziffern der Zahl auf Null setzt und wieder zurückgibt. Aus 134 wird 100, aus -1635 wird -1600 und aus 754678 wird 754600. Benutzen Sie den Variablentyp *long*.

2.7 Tipps

Tipp zu 3

- Beachten Sie die Reihenfolge der Funktionsdefinitionen.

Tipp zu 4

- Benutzen Sie eine statische Variable.

Tipp zu 6

- Versuchen Sie, das »Ergebnis« einer Aussage weiter zu verarbeiten, um einen konkreten Wert zu erhalten.

Tipp zu 9

- Versuchen Sie, die »Ergebnisse« von Aussagen zu verwenden.

Tipps zu 11

- Arbeiten Sie mit mehreren ?:-Operatoren, die Sie dann ineinander verschachteln.
- Nehmen Sie die *if*-Anweisungen der bereits vorhandenen Lösung und wandeln Sie diese exakt in die ?:-Schreibweise um.

Tipps zu 12

- Versuchen Sie, das Ergebnis einer Bedingung direkt zu verarbeiten, so dass Sie auf *if* und ?: verzichten können.
- Sie müssen sich zuerst überlegen, welche Bedingungen (Operatoren) überhaupt in Frage kommen und sinnvoll zu benutzen sind.
- Als Bedingungen kommen (x>0) und (x==0) in Frage. Überlegen Sie sich, in welchem Fall jede Bedingung welchen Wert besitzt, und versuchen Sie damit eine Formel aufzustellen.
- Da eine Bedingung 1 als wahre Aussage und 0 als falsche Aussage besitzt, kann man durch Multiplikation der Bedingung mit z.B. einer Variablen diese Variable »ein- und ausblenden«. Als Beispiel: *a=x*(c>d);* Wenn *c>d* gilt, dann ist *a=x*, ansonsten ist *a=0.*

Tipp zu 13

- Hier gilt ebenfalls das zu Übung 12 Gesagte.

Tipps zu 14

- Überlegen Sie sich, welche Folgen eine Überschreitung des gültigen Bereichs für das Ergebnis hat. Anhand der gewonnenen Erkenntnisse können Sie dann entsprechende Abfragen formulieren.

- Bedenken Sie, dass nicht nur eine Bereichsüberschreitung, sondern auch eine Bereichsunterschreitung stattfinden kann.
- Berücksichtigen Sie die Fälle, bei denen eine Über- oder Unterschreitung des gültigen Bereichs unmöglich ist.
- Die Lösung finden Sie durch Größer-kleiner-Vergleiche zwischen der Summe und den Summanden sowie durch Überprüfen, ob die Summanden positiv oder negativ sind.

Tipps zu 15

- Die Ermittlung eines Schaltjahres wird vielleicht klarer, wenn Sie sich das Diagramm in Abbildung 2.3 anschauen.
- Eine Zahl x ist dann durch eine Zahl y teilbar, wenn bei der Division kein Rest entsteht.

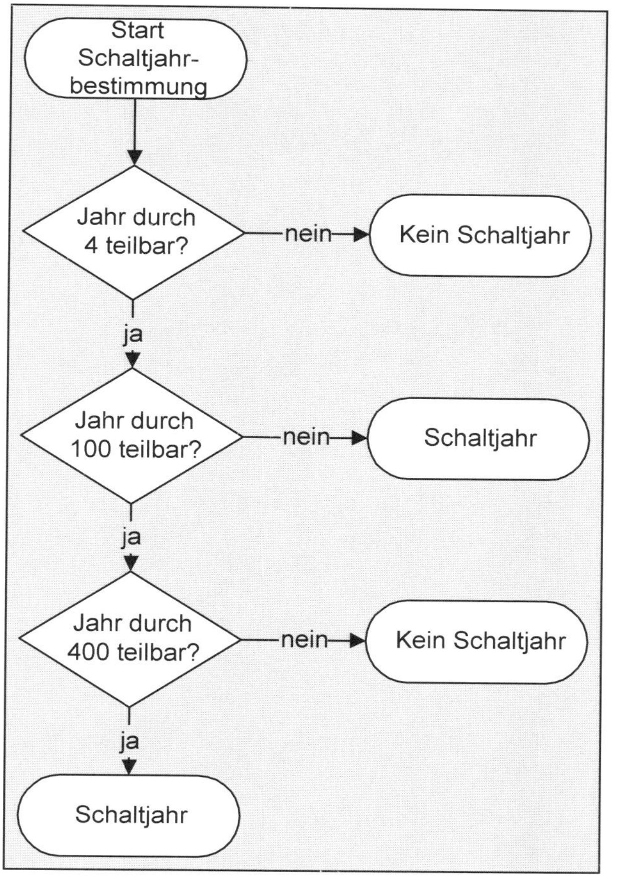

Abbildung 2.3: Schaltjahrbestimmung

Tipps zu 16

- Überlegen Sie sich eine Eigenschaft, die alle geraden Zahlen gemeinsam haben, die aber auf ungerade Zahlen nicht zutrifft, oder umgekehrt. Wenn Sie eine solche Eigenschaft gefunden haben, können Sie sie als Unterscheidungskriterium benutzen und damit die Funktion programmieren.

Tipp zu 17

- Hier gilt ebenfalls das zu Übung 12 Gesagte.

Tipps zu 19

- Teilen Sie das Problem in zwei Teilprobleme auf:
- Wie kann man grundsätzlich die letzten beiden Ziffern einer Zahl entfernen?
- Wie kann man an eine Zahl zwei Nullen anhängen?
- Dann müssen Sie die beiden Lösungen nur noch zusammenfügen.

2.8 Lösungen

Lösung 1

```
#include <iostream>

using namespace std;

int add(int a, int b)
{
  return(a+b);
}

int main()
{
  int x,y;
  cout << "1. Summand:";
  cin >> x;
  cout << "2. Summand:";
  cin >> y;
  cout <<"\nDas Ergebnis lautet : " << add(x,y) << endl;

}
```

Den Quellcode dieser Lösung finden Sie auf der CD-ROM unter \KAP02\LOESUNG\01.CPP.

Sollte das von *add* gelieferte Ergebnis noch weiter verwendet werden, dann muss in der *main*-Funktion eine zusätzliche Variable definiert werden, die das Ergebnis der Funktion *add* aufnimmt. Anstelle von *add* als Parameter von *printf* würde dann die zusätzliche Variable verwendet, die ihrerseits vor ihrer Verwendung das Ergebnis von *add* zugewiesen bekommen muss.

Lösung 2

Das Programm enthält folgende Fehler:

- Bei der *include*-Anweisung wurden die Größer- und Kleiner-Zeichen falsch herum benutzt.
- Es fehlt die Angabe von »std« in der *namespace*-Anweisung.
- Die Deklaration von *ausgabe* ist nicht mit einem Semikolon abgeschlossen.
- *main* muss kleingeschrieben werden.
- Dem Aufruf von *ausgabe* fehlen die runden Klammern.
- Der Funktionskopf von *ausgabe* darf nicht mit einem Semikolon enden.
- Die auszugebende Zeichenkette bei *cout* besitzt keine doppelten Anführungsstriche (»).

Das richtige Programm sieht so aus:

```
#include <iostream>

using namespace std;

void ausgabe(void);

int main()
{
  ausgabe();

  return(0);
}

void ausgabe(void)
{
  cout << "Dies ist eine Testausgabe" << endl;
}
```

Den Quellcode dieser Lösung finden Sie auf der CD-ROM unter \KAP02\LOESUNG\02.CPP.

Lösung 3

Erstens fehlt in der *include*-Anweisung das Doppelkreuz (#) und zweitens vor der *main*-Funktion die Deklaration von *test2*. Die Deklaration ist notwendig, weil die Funktionsdefinition von *test2* hinter ihrem Aufruf steht:

```
#include <iostream>

using namespace std;

void test1(void)
{
  cout << "Dies ist der erste Test." << endl;
}

void test2(void);
int main()
{
  test1();
  test2();

  return(0);
}

void test2(void)
{
  cout << "Dies ist der zweite Test." << endl;
}
```

Den Quellcode dieser Lösung finden Sie auf der CD-ROM unter \KAP02\03B.CPP.

Lösung 4

```
int wieoft(void)
{
  static int wo=1;
  return(wo++);
}
```

Den Quellcode dieser Lösung finden Sie auf der CD-ROM unter \KAP02\LOESUNG\04.CPP.

Da eine statische Variable – obwohl sie lokal ist – ihren Wert nach dem Verlassen der Funktion behält, bietet sie sich für unser Vorhaben geradezu an.

Wichtig ist, dass eine statische Variable bei ihrer Definition initialisiert werden muss. Die folgende Funktion gibt zum Beispiel bei jedem Aufruf den Wert 1 aus:

```
int wieoft(void)
{
  static int wo;
  wo=1;

  return(wo++);
}
```

Lösung 5

```
int max(int x, int y)
{
  if(x>y)
    return(x);
  else
    return(y);
}
```

Den Quellcode dieser Lösung finden Sie auf der CD-ROM unter \KAP02\05.CPP.

Diese Lösung macht von der Möglichkeit Gebrauch, die geschweiften Klammern des Anweisungsblockes wegzulassen, wenn er nur aus einer Anweisung besteht. Ausführlich geschrieben sähe die Funktion so aus:

```
int max(int x, int y)
{
  if(x>y)
    {
      return(x);
    }
  else
    {
      return(y);
    }
}
```

Angenommen, *x* und *y* sind gleich, wird dann *x* oder *y* zurückgegeben?

Lösung 6

Die offensichtlichste Lösung ist die, das Ergebnis der Bedingung einer Variablen zuzuweisen. Dafür müssen wir uns eine Bedingung überlegen, die auf jeden Fall wahr ist, und eine andere, die auf jeden Fall falsch ist. Eine definitiv wahre Aussage ist die, dass 1 gleich 1 ist, also *1==1*. Eine falsche Bedingung wäre dann zwangläufig, dass 1 ungleich 1 ist, also *1!=1*. In einem Programm verwertet, sieht diese Erkenntnis so aus:

```
#include <iostream>

using namespace std;

int main()
{
  bool wahr,falsch;

  wahr=(1==1);
  falsch=(1!=1);

  cout << "Die wahre Aussage hat den Wert " << wahr << endl;
  cout << "Die falsche Aussage hat den Wert " << falsch << endl;

}
```

Den Quellcode dieser Lösung finden Sie auf der CD-ROM unter \KAP02\LOESUNG\06A.CPP.

Als Ergebnis kommt Folgendes heraus:

```
Die wahre Aussage hat den Wert 1
Die falsche Aussage hat den Wert 0
```

Man hätte sich die Variablen auch sparen und die Werte der Bedingungen direkt ausgeben können:

```
#include <iostream>

using namespace std;

int main()
{
  cout << "Die wahre Aussage hat den Wert " << (1==1) << endl;
  cout << "Die falsche Aussage hat den Wert " << (1!=1) << endl;

}
```

Den Quellcode dieser Lösung finden Sie auf der CD-ROM unter \KAP02\LOESUNG\06B.CPP.

Für den in C++ existierenden Variablentyp *bool* existieren zwei vordefinierte Werte *true* und *false*, die einem wahren und falschen Wert entsprechen und als Schlüsselwörter in die Sprache integriert wurden.

Lösung 7

```
#include <iostream>

using namespace std;
```

```
bool isGroesser(int x, int y)
{
  if(x>y)
    return(true);
  else
    return(false);
}

int main()
{
  int a,b;
  cout << "1. Wert :";
  cin >> a;
  cout << "2. Wert :";
  cin >> b;

  if(isGroesser(a,b))
    cout << "Der 1. Wert ist groesser als der 2. Wert." << endl;
  else
    cout << "Der 1. Wert ist nicht groesser als der 2. Wert." << endl;
}
```

Den Quellcode dieser Lösung finden Sie auf der CD-ROM unter \KAP02\LOESUNG\07.CPP.

Lösung 8

```
bool isGroesser(int x, int y)
{
  return((x>y)?1:0);
}
```

Den Quellcode dieser Lösung finden Sie auf der CD-ROM unter \KAP02\LOESUNG\08.CPP.

Die *if*-Anweisung wurde durch den *?:*-Operator ersetzt. Anstatt das Ergebnis des *?:*-Operators einer Variablen zuzuweisen und diese dann als Rückgabeparameter zu verwenden, wurde der *?:*-Operator direkt in die *return*-Anweisung eingebettet.

Lösung 9

Da wir mit unserer Funktion *isGroesser* nichts anderes tun, als das Ergebnis einer Aussage zu ermitteln und dieses dann als Rückgabewert zu verwenden, können wir auch das Ergebnis direkt zurückgeben:

```
bool isGroesser(int x, int y)
{
  return(x>y);
}
```

Den Quellcode dieser Lösung finden Sie auf der CD-ROM unter \KAP02\LOESUNG\09.CPP.

Lösung 10

```
#include <iostream>

using namespace std;

int sign(int a)
{
  if(a<0)
    return(-1);
  if(a>0)
    return(1);
  return(0);
}

int main()
{
  int a,erg;
  cout << "Bitte Wert eingeben:";
  cin >> a;

  erg=sign(a);
  if(erg==1)
    cout << "Der Wert ist positiv." << endl;
  if(erg==0)
    cout << "Der Wert ist Null." << endl;
  if(erg==-1)
    cout << "Der Wert ist negativ." << endl;
}
```

Den Quellcode dieser Lösung finden sie auf der CD unter \KAP02\LOESUNG\10.CPP.

Das letzte *return* in *sign* benötigt keine Abfrage mit *if*, denn wenn die Zahl weder positiv noch negativ ist, kann sie nur noch Null sein.

In der *main*-Funktion wurde eine zusätzliche Variable verwendet, die das Ergebnis von *sign* aufnimmt. Obwohl auf diese Variable durchaus verzichtet werden könnte, indem *sign* in jeder *if*-Anweisung aufgerufen würde, zeichnet sich diese Variante durch eine bessere Laufzeit aus. Denn die Funktion *sign* muss nur einmal aufgerufen werden und nicht dreimal.

Wenn Sie später Funktionen schreiben, die komplexer – und damit auch zeitintensiver – sind als *sign*, dann wird Ihnen diese Ersparnis von zwei Funktionsaufrufen sehr zugute kommen.

Lösung 11

Wir werden uns die Lösung Schritt für Schritt erarbeiten. Um einen besseren Überblick zu bekommen, schauen wir uns ergänzend zu den folgenden Überlegungen Abbildung 2.4 an.

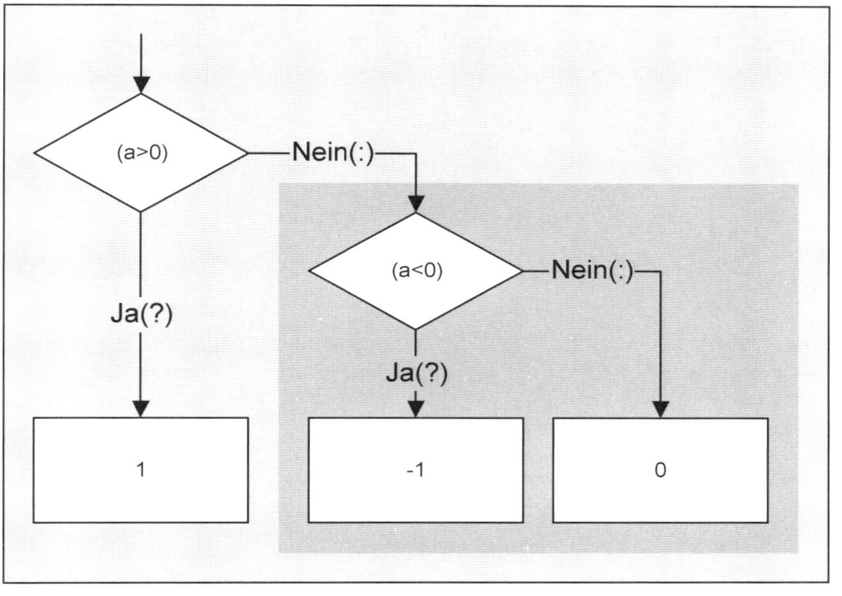

Abbildung 2.4: sign als PAP

Wir fangen mit der ersten Aussage an: Wenn *a* positiv, dann soll 1 zurückgegeben werden[1]. Wenn *a* nicht positiv ist, dann sehen wir weiter. Unsere bisherigen Überlegungen können wir mit einem ?:-Operator formulieren, der der ersten Verzweigung der Abbildung entspricht:

```
(a>0)?1:
```

Hinter dem Doppelpunkt kommt der Programmtext, der den Fall behandelt, dass *a* nicht positiv ist. Dieser Fall ist in Abbildung 2.4 unterlegt dargestellt.

Falls *a* nicht positiv ist, dann kann *a* nur noch negativ oder Null sein. Dies kann wieder als Bedingung formuliert werden: »Wenn *a* negativ, dann soll -1

1. Man hätte auch mit der Aussage beginnen können "Wenn a negativ, dann soll -1 zurückgegeben werden". Wichtig ist nur, dass man den einmal gewählten Ansatz konsequent weiterverfolgt.

zurückgegeben werden. Ansonsten wird 0 zurückgegeben«. Diese Aussage wird ebenfalls mit einem ?:-Operator formuliert:

```
(a<0)?-1:0
```

Nun muss dieses Programmstück nur noch an die vorherigen Überlegungen angehängt werden[1]:

```
(a>0)?1:((a<0)?-1:0)
```

Und schon haben wir die Lösung. Der innere ?:-Operator entspricht dem unterlegten Kasten in der Abbildung.

Zu guter Letzt muss dieser Ausdruck nur noch in eine *return*-Anweisung und diese dann in eine Funktion gepackt werden:

```
int sign(int a)
{
 return((a>0)?1:((a<0)?-1:0));
}
```

Den Quellcode dieser Lösung finden Sie auf der CD-ROM unter \KAP02\LOESUNG\11.CPP.

Wenn Sie möchten, dann können Sie diese Überlegungen noch einmal durchführen, indem Sie nicht mit der Aussage *(a>0)*, sondern mit *(a<0)* beginnen.

Lösung 12

Fangen wir zunächst mit einer leichter verständlichen, aber dafür aufwändigeren Lösung an:

```
int sign(int x)
{
int a;

  a=2*(x>0);
  a-=1;
  a*=!(x==0);
  return(a);
}
```

Den Quellcode dieser Lösung finden Sie auf der CD-ROM unter \KAP02\LOESUNG\12A.CPP.

Gehen wir die Funktion einmal für die drei möglichen Fälle durch, genau wie sie auch in Abbildung 2.5 dargestellt sind:

1. Um die Zugehörigkeit eindeutig zu bestimmen, werden wir den zweiten Ausdruck komplett klammern.

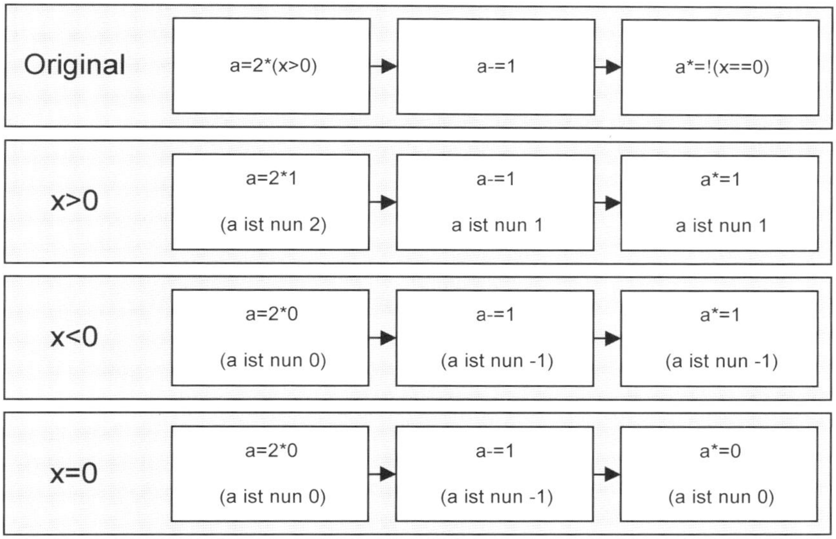

Abbildung 2.5: Die drei Fälle von sign

- 1. Wert > 0:Schauen wir uns den ersten Ausdruck an. Die Bedingung (x>0) ist wahr und ergibt 1. 2 mal 1 ist 2, also ist a=2. In der zweiten Zeile wird a um 1 erniedrigt, also ist a=1. In der dritten Zeile ist die Bedingung (x==0) falsch, damit ist die Negation wahr und hat den Wert 1. 1*1 ist 1, damit hat a den Wert 1, der dann auch zurückgeliefert wird.
- 2. Wert < 0:Die Bedingung im ersten Ausdruck ist falsch und nimmt den Wert 0 an. Null minus 1 ist -1. a ist damit -1. Die Bedingung in der dritten Zeile ist falsch und wird durch die Negation wahr. -1 mal 1 ist -1. Daher wird der Wert -1 zurückgegeben.
- 3. Wert = 0:Die Bedingung in der dritten Zeile ist nun wahr und wird durch die Negation falsch. Deswegen wird a mit 0 multipliziert. Da Null mal irgendetwas immer Null ergibt, brauchen wir uns die ersten beiden Zeilen nicht mehr anzuschauen. Es wird 0 zurückgegeben.

Natürlich würden wir nicht in C++ programmieren, wenn das obige Programm nicht noch kürzer zu schreiben wäre:

```
int sign(int x)
{
  return((-1+2*(x>0))*(x!=0));
}
```

Den Quellcode dieser Lösung finden Sie auf der CD-ROM unter \KAP02\LOESUNG\12B.CPP.

So können wir auch noch die lokale Variable sparen. Sie können ja einmal selbst versuchen, die längere Version in die kürzere umzuwandeln.

Die obige Lösung setzt die Lösungsstrategie aus Aufgabe 11 um. Wenn man aber die Möglichkeiten, die uns das Rechnen mit Bedingungswerten bietet, voll ausschöpft, kann man zu einer viel eleganteren Lösung gelangen, die im Folgenden vorgestellt wird:

```
int sign(int x)
{
  return((x>0)-(x<0));
}
```

Den Quellcode dieser Lösung finden Sie auf der CD-ROM unter \KAP02\LOESUNG\12C.CPP.

Die einzelnen Fälle und die daraus resultierenden Bedingungswerte sind in Abbildung 2.6 dargestellt.

Abbildung 2.6: Die elegantere Lösung für sign

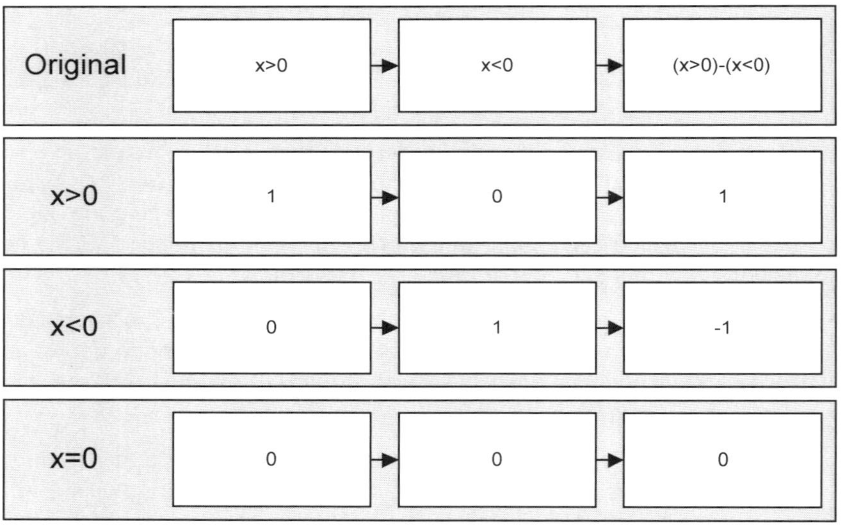

Lösung 13

```
int max(int x, int y)
{
  return((x*(x>y))+(y*(x<=y)));
}
```

Den Quellcode dieser Lösung finden Sie auf der CD-ROM unter \KAP02\LOESUNG\13.CPP.

Wenn Sie die Vorgehensweise bei Aufgabe 12 nachvollziehen konnten, so wird auch diese Funktion für Sie leicht verständlich sein.

Ist x>y, dann ist die erste Bedingung wahr und x*1 ist x. Mit x>y ist aber die zweite Bedingung falsch, und y*0 ist 0. x+0 ist x, also wird x zurückgegeben.

Ist x<=y, dann ist die erste Bedingung falsch, und x*0 ist 0. Mit x<=y ist aber die zweite Bedingung wahr, und y*1 ist y. 0+y ist y, also wird y zurückgegeben.

Die zweite Bedingung musste x<=y heißen, denn hieße sie nur x<y, dann wäre für den Fall x gleich y keine der beiden Bedingungen wahr und es würde 0 zurückgegeben, weil x*0 gleich 0 ist, y*0 gleich 0 und 0+0 ist ebenfalls 0.

Für die originale *max*-Funktion gilt das Gleiche, obwohl es nicht so leicht zu erkennen ist. In der *if*-Anweisung steht x>y, also wird der *else*-Anweisungsblock dann ausgeführt, wenn x nicht größer y ist, und das ist genau dann der Fall, wenn x<=y gilt.

Lösung 14

```
#include <iostream>

using namespace std;

int add(int a, int b)
{
  return(a+b);
}

bool isAddValid(int a, int b)
{
  if((a>0)&&(b>0)&&((a+b)<0))
    return(false);
  if((a<0)&&(b<0)&&((a+b)>=0))
    return(false);
  return(true);
}
int main()
{
  int x,y;
  cout << "1. Summand:";
  cin >> x;
  cout << "2. Summand:";
  cin >> y;

  if(isAddValid(x,y))
    cout << "\nDas Ergebnis lautet : " << add(x,y) << endl;
  else
    cout << "Addition nicht moeglich!! (Bereichsueberschreitung)" <<
endl;
}
```

Den Quellcode dieser Lösung finden Sie auf der CD-ROM unter »\KAP02\LOESUNG\14.CPP«.

Kommen wir noch kurz auf die *isAddValid*-Funktion zu sprechen.

Wie bei den Tipps schon angedeutet, müssen wir eine Fallunterscheidung durchführen, ob die Summanden positiv oder negativ sind. In Abbildung 2.7 sind der Zahlenbereich sowie alle möglichen Fälle grafisch dargestellt.

Abbildung 2.7: Fallunterscheidung bei isAddValid

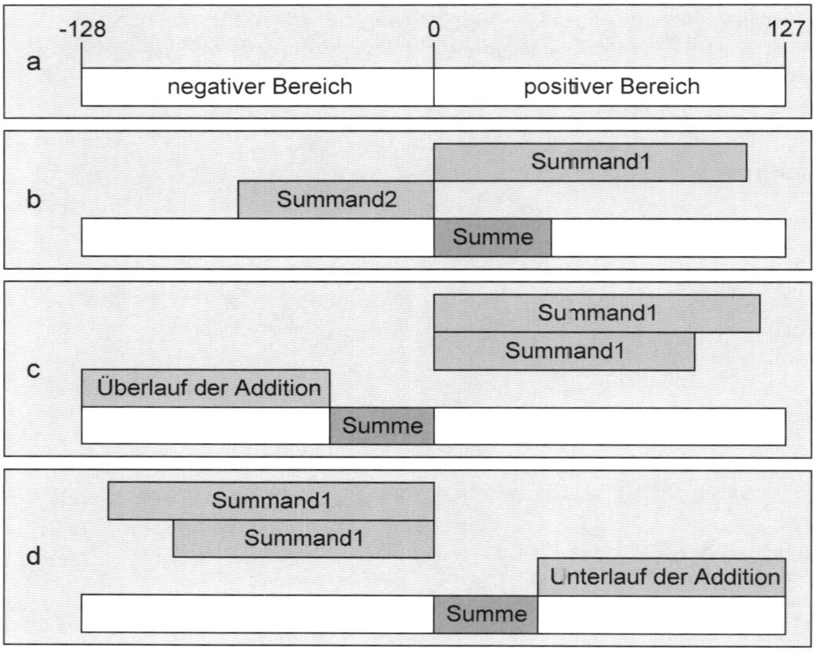

Für den Fall, dass ein Summand positiv und ein Summand negativ ist, kann eine Bereichsüberschreitung bzw. Bereichsunterschreitung nicht auftreten (Abb. 2.6b). Denn der Betrag einer negativen Zahl verringert sich durch Addition einer positiven Zahl, genau wie sich auch der Betrag einer positiven Zahl durch Addition einer negativen Zahl verringert.

Es kommen also nur die beiden Fälle in Frage, bei denen beide Summanden positiv oder beide Summanden negativ sind. Gehen wir bei den folgenden Erläuterungen der Einfachheit halber davon aus, dass die verwendeten Variablen einen gültigen Zahlenbereich von [-128,127] haben[1].

1. Der Bereich [-128,127] kann mit einer 8 Bit breiten Variablen dargestellt werden. Zum Vergleich: *int*-Variablen haben eine Mindestbreite von 16 Bit, die heutzutage aber bei fast allen Compilern auf 32 Bit ausgedehnt wird bzw. werden kann.

Man kann den Zahlenbereich einer Variablen als Ring betrachten; verlässt man ihn auf einer Seite, betritt man ihn automatisch auf der anderen (Abb. 2.6a). Zum Beispiel ergäbe bei unserem Beispielbereich die Summe 127+1 den Wert -128 und 126+4 den Wert -126. Der Extremfall 127+127 ergibt damit -2. Der größte Überlauf bei negativen Summanden wäre -128+(-128), was 0 ergäbe.

Daraus lässt sich folgende Regel ableiten: Wenn zwei positive Summanden addiert werden und das Ergebnis kleiner 0 ist, dann muss eine Bereichsüberschreitung stattgefunden haben und das Ergebnis ist ungültig (Abb. 2.6c).

Andersherum: Wenn bei der Addition zweier negativer Summanden ein Ergebnis größer gleich 0 herauskommt, dann hat eine Bereichsunterschreitung stattgefunden und das Ergebnis ist ebenfalls ungültig (Abb 2.6d).

Diese Feststellungen finden sich in *isAddValid* wieder.

Lösung 15

```
#include <iostream>

using namespace std;

bool isSchaltjahr(int x)
{
  if(x%4) return(false);
  if(x%100) return(true);
  if(x%400) return(false);
  return(true);
}

int main()
{
  int jahr;
  cout << "Zu pruefendes Jahr :";
  cin >> jahr;

  if(isSchaltjahr(jahr))
    cout << "\n" << jahr << " ist ein Schaltjahr.\n" << endl;
  else
    cout << "\n" << jahr << " ist kein Schaltjahr.\n" << endl;
}
```

Den Quellcode dieser Lösung finden Sie auf der CD-ROM unter \KAP02\LOESUNG\15.CPP.

Wie bei den Tipps bereits erwähnt, ist eine Zahl *x* dann durch *y* teilbar, wenn die Division keinen Rest ergibt. Das bedeutet, wenn *x%y* gleich 0 ist, dann ist *x* durch *y* teilbar.

Lösung 16

```
bool iseven(int x)
{
  return(!(x%2));
}
```

Den Quellcode dieser Lösung finden Sie auf der CD-ROM unter \KAP02\LOESUNG\16.CPP.

Wenn die Division einer Zahl durch 2 einen Rest ergibt, dann ist sie ungerade. Ein Rest hat einen Wert ungleich Null. Werte ungleich Null sind wahr, also sorgt der Negationsoperator dafür, dass ein falscher Wert zurückgegeben wird, was bei ungeraden Zahlen auch so sein soll. Ergibt die Division keinen Rest, ist die Zahl gerade. Kein Rest hat den Wert Null, was einer falschen Bedingung entspricht.

Durch die Negation wird ein wahrer Wert zurückgegeben.

Lösung 17

```
bool isSchaltjahr(int x)
{
  return(((x%4)==0)&&(((x%100)!=0)||(((x%100)==0)&&((x%400)==0))));
}
```

Den Quellcode dieser Lösung finden Sie auf der CD-ROM unter \KAP02\LOESUNG\17.CPP.

Schauen wir uns den ersten Teil des Ausdrucks an: *((x%4)==0)*. Wenn *x* durch 4 teilbar ist, dann wird der Ausdruck *true*, ansonsten *false*. Für den Fall, dass der Ausdruck *false* wird, brauchen wir uns den restlichen Teil der Lösung nicht anzuschauen, denn durch die &&-Verknüpfung bleibt der Ausdruck *false*. Umgesetzt bedeutet das, wenn *x* nicht durch 4 teilbar ist, dann ist *x* auf keinen Fall ein Schaltjahr. Sollte *x* aber durch 4 teilbar sein, dann hängt das Ergebnis vom restlichen Teil der Lösung ab.

Der nächste Teil ist *((x%100)!=0)*. Wenn *x* nicht durch 100 teilbar ist, dann ist der Ausdruck *true*. Weil dieser Ausdruck mit dem restlichen Teil durch ODER verknüpft wird, bedeutet das, wenn *x* nicht durch 100 teilbar ist, dann ist *x* auf jeden Fall ein Schaltjahr.

Der Rest sagt nichts anderes, als dass *x* auch ein Schaltjahr ist, wenn *x* durch 100 und 400 teilbar ist.

Lösung 18

Wir werden zur Lösung dieser Aufgabe eine grundlegende Strategie des Programmierens verfolgen:

Wenn möglich, sollte man auf bereits programmierte Funktionen zurückgreifen.

Konkret heißt dies, dass wir uns bei der Programmierung der *max3*-Funktion die Funktion *max* aus Übung 13 zunutze machen. Der Vollständigkeit halber ist *max* hier noch einmal aufgeführt:

```
#include <iostream>

using namespace std;

int max(int x, int y)
{
  return((x*(x>y))+(y*(x<=y)));
}

int max3(int x, int y, int z)
{
  return(max(max(x,y),z));
}

int main()
{
  int x,y,z;
  cout << "1. Zahl:";
  cin >> x;
  cout << "2. Zahl:";
  cin >> y;
  cout << "3. Zahl:";
  cin >> z;
  cout << "\nDie groesste Zahl ist " << max3(x,y,z) << endl;
}
```

Den Quellcode dieser Lösung finden Sie auf der CD-ROM unter \KAP02\LOESUNG\18.CPP.

Lösung 19

```
long zero2(long x)
{
  return(x/100*100);
}
```

Den Quellcode dieser Lösung finden Sie auf der CD-ROM unter \KAP02\LOESUNG\19.CPP.

Die Lösung ist ziemlich simpel. Durch das Dividieren durch 100 werden die beiden rechten Ziffern abgeschnitten, weil es eine Ganzzahl ist. Und zwei Nullen bekommt man natürlich wieder dran, indem man mit 100 multipliziert. Immer daran denken: Multiplizieren verschiebt das Komma nach rechts, Dividieren nach links. Eine Klammerung der Operationen ist nicht nötig, da die benutzten Operatoren gleich stark binden und daher von links nach rechts bearbeitet werden.

3 Schleifen

Als Nächstes wollen wir unser C++-Repertoire um Schleifen ergänzen. Eine Schleife ist ein Konstrukt, das kontrolliert einen bestimmten Programmteil wiederholt.

3.1 for

for

Die allgemeinste Form der Schleife wird in C++ mit dem Schlüsselwort **for** eingeleitet:

Syntax

```
for(anweisung1; bedingung; anweisung2)
{
}
```

anweisung1 dient zur Initialisierung der Schleife und wird einmal zu Beginn ausgeführt. Danach wird der Anweisungsblock hinter *for* sowie *anweisung2* so lange wiederholt, wie *bedingung* wahr ist. Sobald *bedingung* falsch ist, fährt das Programm hinter dem *for*-Anweisungsblock fort. Den Ablauf der *for*-Schleife im Programmablaufplan zeigt Abbildung 3.1.

Die beiden Anweisungen in *for* können jeweils auch aus mehreren Einzelanweisungen bestehen, die durch Kommata getrennt sind:

Syntax

```
for(anw1a, anw1b, anw1c; bedingung; anw2a, anw2b, anw2c)
{
}
```

Eine Schleife, die von 20 bis 30 zählt und diese Zahlen dann ausgibt, könnte folgendermaßen aussehen:

```
for(x=20; x<=30; x++)
{
  cout << x << endl;
}
```

3.2 while

Darüber hinaus bietet C++ noch zwei Spezialfälle für Schleifen. Der erste wird mit **while** eingeleitet und hat folgende Syntax:

Syntax

```
while(bedingung)
{
}
```

Der Anweisungsblock hinter *while* wird so lange ausgeführt, wie *bedingung* wahr ist. Sobald *bedingung* falsch ist, fährt das Programm hinter dem *while*-Anweisungsblock fort. Der Ablauf ist in Abbildung 3.2 dargestellt.

Abbildung 3.1: while

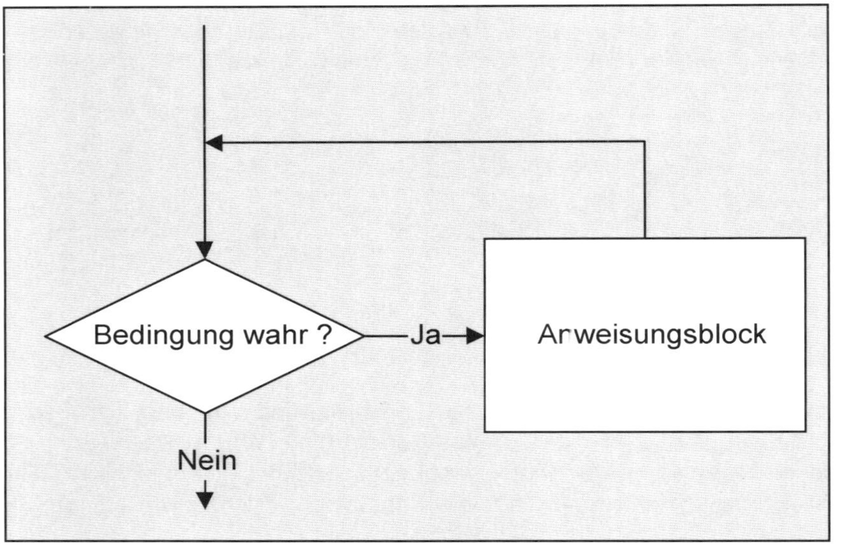

3.3 do

Der zweite Schleifen-Sonderfall wird mittels des C++-Schlüsselwortes **do** eingeleitet:

Syntax

```
do
{
} while(bedingung);
```

Auch hier wird der Anweisungsblock so lange ausgeführt, wie *bedingung* wahr ist. Der Unterschied zur mit *while* eingeleiteten Schleife ist jedoch der, dass bei *do* zuerst der Anweisungsblock ausgeführt und dann die Bedingung geprüft wird. Bei *while* wird zuerst die Bedingung geprüft und dann gegebenenfalls der Anweisungsblock ausgeführt. Der Ablauf von *do* ist im Programmablaufplan in Abbildung 3.3 dargestellt.

Bei *do* wird somit der Anweisungsblock auf jeden Fall einmal ausgeführt.

Es ist wichtig, sich einzuprägen, dass im Zusammenhang mit *do* hinter *while* ein Semikolon steht.

Die Syntax der bei *for*, *while* und *do* verwendeten Bedingung ist identisch mit der bei *if* verwendeten Bedingung.

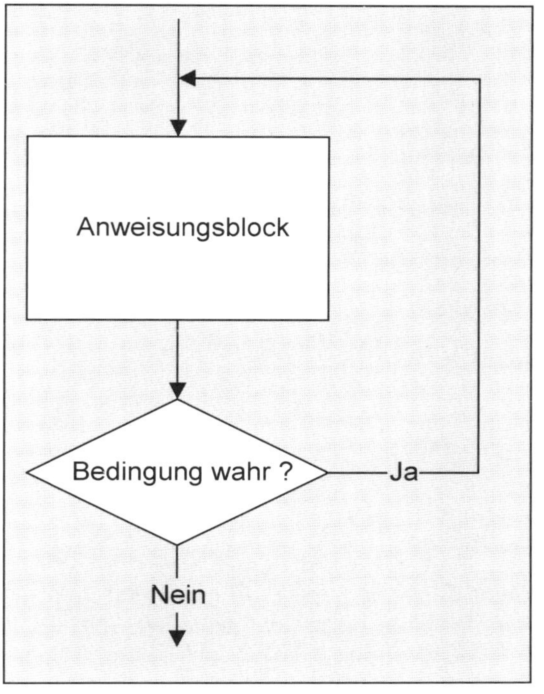

Abbildung 3.2: do while

3.4 break und continue

break

Um eine Schleife verlassen zu können, ohne dass die Abbruchbedingung wahr ist, wurde die **break**-Anweisung eingeführt. Sobald *break* ausgeführt wird, läuft das Programm hinter der innersten Schleife weiter.

Schauen wir uns dazu einmal ein Beispiel an:

```
#include <stdio.h>

int main()
{
  int x,y;
  for(x=1;x<=3;x++)
    {
      for(y=1;y<=4;y++)
        {
          if((x==2)&&(y==3))
            {
              cout<<"Break."<<endl;
              break;
            }
```

```
            count<<x<<":" <<y<<endl;
          }
      }
}
```

Den Quellcode finden Sie auf der CD-ROM unter \KAP03\BEISPIEL\01.CPP.

Das obige Beispiel erzeugt folgende Ausgabe:

```
1:1
1:2
1:3
1:4
2:1
2:2
Break.
3:1
3:2
3:3
3:4
```

Wenn die *break*-Anweisung ausgeführt wird, bricht das Programm diejenige Schleife ab, die die *break*-Anweisung enthält, und macht hinter dieser Schleife genauso weiter, als wäre die Schleife ordnungsgemäß beendet worden.

Die *break*-Anweisung springt hinter den innersten *do-*, *for-*, *switch-* oder *while-*Anweisungsblock, in dem sie steht.

continue Eine weitere Anweisung, die Einfluss auf die Abarbeitung einer Schleife hat, ist die continue-Anweisung.

Die *continue*-Anweisung springt zum Kopf der innersten *for-*, *do-* oder *while-*Anweisung, in der sie vorkommt.

Allerdings sorgt die *continue*-Anweisung bei der *for*-Schleife auch dafür, dass die Zählanweisungen im Schleifenkopf ebenfalls abgearbeitet werden. Ändern Sie das Beispiel zu *break* einmal so um, dass Sie *break* durch *continue* ersetzen. Das Ergebnis sieht so aus:

```
1:1
1:2
1:3
1:4
2:1
2:2
Continue.
2:4
3:1
3:2
3:3
3:4
```

3.5 Fallunterscheidung

Es kommt häufig vor, dass der Wert einer Variablen viele verschiedene Auslöser haben kann. Bisher sähe das ungefähr so aus:

```
if(x==1) {}
if(x==3) {}
if(x==20) {}
if(x==55) {}
```

switch, case

Um diese Schreibweise etwas abzukürzen, wurde die *switch*-Anweisung eingeführt:

Syntax

```
switch(x)
  {
    case 1:
    case 3:
    case 20:
    case 55:
    default:
  }
```

default

Wenn nun *x* gleich 1 ist, dann wird der Programmtext hinter *case 1* ausgeführt, ist *x* gleich 3, dann wird der Programmtext hinter *case 3* ausgeführt usw. Hat *x* einen Wert, der in keiner *case*-Anweisung aufgefangen wird, dann wird der Programmtext hinter *default* ausgeführt.

Die *case*-Anweisungen haben den Nachteil, dass sie nur Sprungmarken sind. Das bedeutet beispielsweise, dass wenn *x* gleich 20 ist, der komplette Programmtext hinter *case 20* abgearbeitet wird, also auch der, der hinter *case 55* und *default* steht.

Um dies zu vermeiden, muss man die einzelnen Programmteile durch *breaks* abgrenzen:

Syntax

```
switch(x)
  {
    case 1:
    break;

    case 3:
    break;

    case 20:
    break;

    case 55:
    break;

    default:
  }
```

Die für die jeweilige *case*-Anweisung gedachten Anweisungen müssen zwischen der entsprechenden case-Anweisung und dem darauf folgenden *break* stehen. Hinter *default* braucht in diesem Fall kein *break* zu stehen, weil dahinter der *switch*-Block endet.

Zum Abschluss noch ein komplettes Beispiel:

```
#include <iostream>

using namespace std;

int main()
{
int x;

  cout << "Geben Sie bitte 1, 2 oder 3 an:";
  cin >> x;
  switch(x)
    {
      case 1:  cout << "Das war die erste Zahl." << endl;
               break;

      case 2:  cout << "Das war die zweite." << endl;
               break;

      case 3:  cout << "Die dritte und letzte." << endl;
               break;

      default:  cout << "Das war falsch!!" << endl;
                break;
    }
}
```

Den Quellcode finden Sie auf der CD-ROM unter \KAP03\BEISPIEL\02.CPP.

3.6 Übungen

Übung 1

Schreiben Sie ein Programm, welches von 1 bis 10 zählt und die Zahlen dabei nebeneinander durch Kommata getrennt ausgibt. Vermeiden Sie den eventuell auftretenden Schönheitsfehler, dass hinter der letzten oder vor der ersten Zahl noch ein Komma steht. Von 1 bis 10 sieht das wie folgt aus:

```
1, 2, 3, 4, 5, 6, 7, 8, 9, 10
```

Übung 2

Schreiben Sie ein Programm, das Sie nach einer positiven Zahl fragt und das dann von dieser Zahl ausgehend bis 0 herunterzählt. Beachten Sie auch hier, dass die Ausgabe wie bei Übung 1 ohne Schönheitsfehler auskommt.

Übung 3

Schreiben Sie ein Programm, welches von 1 bis 10 hochzählt und danach wieder zu 1 herunterzählt. Das Programm darf nur eine einzige Schleife enthalten.

Übung 4

Schreiben Sie das Programm aus Übung 1 so um, dass das Programm vorher nach dem Start- und dem Stopwert fragt und die Schleife dann vom Start- zum Stopwert zählt. Die Ausgabe soll dabei auch den Start- und Stopwert selbst beinhalten. Für den Fall, dass Start- und Stopwert identisch sind, soll der Wert nur einmal ausgegeben werden. Wenn Start- und Stopwert beispielsweise beide 6 sind, dann soll folgende Ausgabe nicht auftreten:

```
6, 6
```

Berücksichtigen Sie auch den Fall, dass der Startwert größer ist als der Stopwert und die Schleife dadurch rückwärts zählt.

Übung 5

Schreiben Sie ein Programm, welches mit 1 beginnend zu 10 hochzählt, dann wieder zu 1 herunterzählt und erneut zu 10 hochzählt, um schließlich wieder zu 1 herunterzuzählen. Die Ausgabe sieht dann so aus:

```
1 2 3 4 5 6 7 8 9 10 9 8 7 6 5 4 3 2 1 2 3 4 5
6 7 8 9 10 9 8 7 6 5 4 3 2 1
```

Als Beschränkung gilt, dass Sie nur eine einzige *for*-Schleife und **eine einzige** *if*-Anweisung verwenden dürfen.

Übung 6

Schreiben Sie das Programm aus Übung 4 so um, dass anstelle der *for*-Schleife eine *while*-Schleife verwendet wird. Stellen Sie sicher, dass sich das Verhalten des Programms nicht ändert. Dies gilt vor allem für den Sonderfall, dass Start- und Stopwert gleich sind.

Übung 7

Schreiben Sie das Programm aus Übung 4 so um, dass anstelle der *for*-Schleife eine *do*-Schleife verwendet wird. Stellen Sie sicher, dass sich das Verhalten des Programms nicht ändert. Dies gilt vor allem für den Sonderfall, dass Start- und Stopwert gleich sind.

Übung 8

Schreiben Sie eine Funktion namens *sum*, der man einen positiven ganzzahligen Wert übergibt und die dann die Summe aller Zahlen von 1 bis einschließlich des Wertes zurückliefert. Übergibt man zum Beispiel die Zahl 5, wird der Wert 15 zurückgeliefert, weil 1+2+3+4+5=15 ist. Die Funktion soll dabei Variablen vom Typ *int* verwenden.

Schreiben Sie dazu eine *main*-Funktion, mit der Sie die *sum*-Funktion überprüfen können.

Übung 9

Falls Sie es nicht schon gemacht haben, ändern Sie die von Ihnen geschriebene Funktion *sum* aus Übung 8 so um, dass sie den Wert 0 zurückgibt, wenn der Funktionsparameter im ungültigen Bereich ist (also kleiner Null ist) oder bei der Summenberechnung eine Bereichsüberschreitung stattgefunden hat. 0 ist dann der Fehlerwert.

Hier eignet sich 0 als Fehlerwert, weil keine gültige Zahl, die der Funktion übergeben wird, als Ergebnis 0 liefern kann. Ruft man die Funktion auf und sie gibt 0 zurück, ist dies ein Zeichen, dass etwas nicht stimmt.

Ändern Sie auch die *main*-Funktion so um, dass sie ein fehlerhaftes Ergebnis von *sum* erkennt und eine entsprechende Meldung ausgibt.

Übung 10

Schreiben Sie eine *main*-Funktion, die testet, bis zu welchem Wert die *sum*-Funktion noch ein gültiges Ergebnis liefert. Mit anderen Worten: Ihre *main*-Funktion soll herausfinden, welches der höchste Wert als Funktionsparameter für *sum* ist, bei dem noch ein gültiges Ergebnis bestimmt wird.

Übung 11

Schreiben Sie eine Funktion namens *potenz*, die Sie z.B. mit *potenz(a,b)* aufrufen können und die dann *a* hoch *b* berechnet. *a* hoch *b* bedeutet, dass *a* mit sich selbst *b*-mal multipliziert wird. 2 hoch 3 ist 2*2*2, 3 hoch 4 ist 3*3*3*3, -6 hoch 3 ist (-6)*(-6)*(-6) und 8 hoch 1 ist 8.

Aber Vorsicht: *a* hoch 0 ist immer 1, egal welchen Wert *a* hat.

Ihre eigene *potenz*-Funktion soll natürlich nicht von der Bibliotheks-Funktion *pow* Gebrauch machen!

Übung 12

Schreiben Sie eine Funktion namens *isprim*, der Sie einen Wert größer 1 übergeben und die einen wahren Wert (1) zurückgibt, wenn die übergebene Zahl eine Primzahl ist, und die einen falschen Wert (0) zurückgibt, wenn die übergebene Zahl keine Primzahl ist.

Eine Primzahl ist eine Zahl, die nur durch 1 und durch sich selbst teilbar ist. Teilt man sie durch eine andere Zahl, hat die Division einen Rest. Eine Ausnahme bildet die 1. Sie ist keine Primzahl, obwohl die Eigenschaften einer Primzahl auf sie zutreffen.

Übung 13

Schreiben Sie eine Funktion *fakul*, die die Fakultät einer Zahl *a* berechnet.

Die Fakultät von *a* wird *a!* geschrieben. Die Fakultät von 3 ist 3*2*1. Die Fakultät von 6 ist 6*5*4*3*2*1. Die Fakultät von 1 ist 1. Und jetzt die Besonderheit: Die Fakultät von 0 ist 1.

Schreiben Sie die Funktion so, dass sie bei einer falschen Wertübergabe einen Fehlerwert zurückgibt. Ebenfalls soll der Fehlerwert bei Bereichsüberschreitung des Ergebnisses zurückgeliefert werden.

Überlegen Sie sich, welcher Wert sich als Fehlerwert eignet. Beim Austesten Ihrer Funktion behalten Sie bitte im Auge, dass das Ergebnis der Fakultät bei der Eingabe größerer Zahlen schnell über alle Maßen steigt.

Schreiben Sie zum Testen eine *main*-Funktion, die auf den Fehlerwert entsprechend reagiert.

Übung 14

Schauen Sie sich folgende Schleifenkonstrukte an und erklären Sie, was genau sie machen.

```
1. for(x=1; x<100; x++);
2. for(x=2; x>1; x++);
3. for(x=1; x<20;);
4. for(;1;);
5. while(1);
6. do{}while(0);
7. for(;x<=8;x++) x--;
```

Übung 15

Schreiben Sie eine Funktion namens *ggt*, der Sie zwei Zahlen übergeben, und die den größten gemeinsamen Teiler der beiden Zahlen zurückgibt.

Der größte gemeinsame Teiler, abgekürzt ggT, ist die größte Ganzzahl, durch die beide Zahlen ohne Rest zu teilen sind. Der ggT von 6 und 12 ist 6, der ggT von 6 und 9 ist 3, der ggT von 11 und 13 ist 1, der ggT von 14 und 16 ist 2.

Die Ermittlung des ggTs ist für das Kürzen von Brüchen sehr interessant. Sie übergeben der Funktion einfach Zähler und Nenner und schon erhalten Sie den Wert, duch den Sie den Bruch kürzen können.

Schreiben Sie dazu eine passende *main*-Funktion, mit der Sie die Funktion überprüfen können.

Überlegen Sie sich, in welchem Fall es keinen ggT gibt und wie Sie dies erkennen können. Berücksichtigen Sie dies in der *main*-Funktion, indem Sie eine entsprechende Meldung ausgeben.

Übung 16

Schreiben Sie eine Funktion namens *kgv*, der Sie zwei Zahlen übergeben und die das kleinste gemeinsame Vielfache der beiden Zahlen zurückgibt.

Das kleinste gemeinsame Vielfache, abgekürzt kgV, ist die kleinste Zahl, die durch beide Zahlen ohne Rest geteilt werden kann. Das kgV von 6 und 12 ist 12, das kgV von 6 und 9 ist 18, das kgV von 11 und 13 ist 143.

Die Ermittlung ist für die Erweiterung von Brüchen zwecks ihrer Addition und Subtraktion interessant.

Schreiben Sie dazu eine passende *main*-Funktion, mit der Sie die Funktion überprüfen können.

Übung 17

Schauen Sie sich folgende Zahlenfolge an:

```
2, 4, 6, 8, 10, 12, 14, 16, 18, 20,
```

Schreiben Sie ein Programm, welches aus einer Schleife besteht und obige Zahlenfolge erzeugt. Entwerfen Sie das Programm so, dass auch noch die nächsten zehn Zahlen (also ingesamt 20) ausgegeben werden. Die üblicherweise auftretenden Schönheitsfehler bei der Ausgabe können vernachlässigt werden.

Übung 18

Schauen Sie sich folgende Zahlenfolge an:

```
1, 1, 2, 4, 7, 11, 16, 22, 29, 37,
```

Schreiben Sie ein Programm, welches aus einer Schleife besteht und obige Zahlenfolge erzeugt. Entwerfen Sie das Programm so, dass auch noch die nächsten zehn Zahlen (also ingesamt 20) ausgegeben werden. Die üblicherweise auftretenden Schönheitsfehler bei der Ausgabe können vernachlässigt werden.

Übung 19

Schauen Sie sich folgende Zahlenfolge an:

```
0, 1, 1, 2, 3, 5, 8, 13, 21, 34,
```

Schreiben Sie ein Programm, welches aus einer Schleife besteht und obige Zahlenfolge erzeugt. Entwerfen Sie das Programm so, dass auch noch die nächsten zehn Zahlen (also ingesamt 20) ausgegeben werden. Die üblicherweise auftretenden Schönheitsfehler bei der Ausgabe können vernachlässigt werden.

Übung 20

Schauen Sie sich folgende Zahlenfolge an:

```
-1, 2, -3, 4, -5, 6, -7, 8, -9, 10,
```

Schreiben Sie ein Programm, welches aus einer Schleife besteht und obige Zahlenfolge erzeugt. Entwerfen Sie das Programm so, dass auch noch die nächsten zehn Zahlen (also ingesamt 20) ausgegeben werden. Die üblicherweise auftretenden Schönheitsfehler bei der Ausgabe können vernachlässigt werden.

Übung 21

Der Mathematiker Leibniz hat herausgefunden, dass man die Kreiszahl Pi auf die folgende Art und Weise berechnen kann:

Pi = (1 – 1/3 + 1/5 – 1/7 + 1/9 – 1/11 + 1/13 – ...) *4

Schreiben Sie ein Programm, welches nach diesem Verfahren Pi berechnet. Da sich das Ergebnis immer weiter der tatsächlichen Zahl Pi annähert, je weiter die Reihe berechnet wird, soll das Programm vor der Berechnung fragen, wie weit die Reihe gebildet werden soll, damit keine unendliche Schleife entsteht.

Übung 22

Sie haben in Übung 21 die Methode zur Berechnung von Pi nach Leibniz kennen gelernt. Nun gab es einen Mathematiker namens John Wallis, der eine andere Methode zur Berechnung von Pi gefunden hat, und zwar folgende:

(pi/2) = (2/1) * (2/3) * (4/3) * (4/5) * (6/5) * (6/7) * (8/7) * (8/9) * ...

Versuchen Sie dieses Verfahren zu programmieren. Sie sollten, wie im Beispiel mit Leibniz, vorher nach einer Begrenzung fragen, bis wohin das Programm rechnet, um eine Endlosschleife zu vermeiden.

Übung 23

Im Volksmund heißt es, dass Freitag, der 13., ein Unglückstag sei. Schreiben Sie ein Programm, welches berechnet, wie viele solcher Freitage es im Jahr mindestens gibt und wie viele es maximal sein können.

Bevor die Berechnung startet, soll das Programm den Benutzer fragen, ob die Berechnung für ein normales Jahr oder ein Schaltjahr erfolgen soll.

3.7 Tipps

Tipp zu 1

- Um den Schönheitsfehler zu vermeiden, müssen Sie einen Sonderfall betrachten. Je nachdem, von welcher Seite Sie es betrachten, ist der Sonderfall entweder, dass vor der ersten Zahl kein Komma steht oder dass hinter der letzten Zahl kein Komma steht.

Tipp zu 3

- Der zählende Teil der Schleife muss variabel gehalten werden.

Tipps zu 4

- Sie müssen den Fall, dass Start- und Stopwert gleich sind, als Sonderfall betrachten.
- Um die Zählrichtung dem Start- und Stopwert anzupassen, können Sie zur Zählvariablen eine andere Variable addieren, die dann den benötigten Wert enthält (1 oder -1).
- Ein Wert[1] soll außerhalb der Schleife ausgegeben werden, um die Laufzeit nicht wesentlich zu beeinträchtigen.

Tipps zu 5

- Versuchen Sie zuerst, die Schleife so zu entwerfen, dass sie unendlich von 1 nach 10, dann wieder nach 1 und wieder nach 10 usw. zählt.
- Das Wechseln zwischen Hoch- und Herunterzählen kann durch Addition eines variablen Wertes zur Zählvariablen realisiert werden.
- Das unendliche Wechseln zwischen Hoch- und Herunterzählen muss nun nur noch begrenzt werden. Dazu kann mit einer zusätzlichen Variablen festgehalten werden, wie oft ein Wechsel stattgefunden hat.

1. Je nach Lösungsansatz ist dies entweder der Startwert oder der Stopwert.

Tipps zu 7

- Da bei einer *do*-Schleife der Anweisungsblock grundsätzlich einmal ausgeführt wird, muss durch eine *if*-Anweisung gewährleistet werden, dass im Sonderfall die Zahl nicht zweimal ausgegeben wird.
- Es sollte verhindert werden, dass die Abfrage des Sonderfalls innerhalb der Schleife stattfindet, weil sich dies negativ auf die Laufzeit auswirkt.

Tipps zu 9

- Überlegen Sie, an welcher Stelle der Funktion auf einen falschen Parameter hin geprüft werden muss.
- Werden Sie sich darüber klar, an welcher Stelle eine Bereichsüberschreitung stattfinden kann und an welcher Stelle diese Überschreitung überhaupt noch mit Sicherheit feststellbar ist.

Tipp zu 13

- Werden Sie sich darüber klar, an welcher Stelle eine Bereichsüberschreitung stattfinden kann, und an welcher Stelle diese Überschreitung überhaupt noch mit Sicherheit feststellbar ist.

Tipps zu 15

- Überlegen Sie sich, welche Zahlen grundsätzlich überhaupt zur Prüfung auf den ggT in Frage kommen.
- Der größte Teiler der kleineren Zahl ist die Zahl selbst. Das heißt, die obere Grenze für die Suche nach dem ggT ist immer die kleinere der beiden Zahlen.
- Die untere Grenze für die Suche nach dem ggT muss die 1 sein, denn wenn sie erreicht ist, gibt es keinen ggT.

Tipps zu 16

- Überlegen Sie sich, welche Zahlen grundsätzlich überhaupt zur Prüfung auf kgV in Frage kommen.
- Alle Zahlen, die kleiner als die größere Zahl sind, kommen nicht in Frage, denn sie können kein Vielfaches der größten Zahl sein. Daraus folgt, dass die Suche nach dem kgV bei der größeren der beiden Zahlen beginnt.
- Da es auf jeden Fall ein kgV gibt und es nur eine Frage der Zeit ist, bis es gefunden wird, kann und braucht man keine Obergrenze für die Suche zu berücksichtigen.

Tipp zu 18

- Am einfachsten findet man Regelmäßigkeiten, wenn man sich eine Zahl anschaut und vergleicht, in welcher Weise sie sich gegenüber ihren Vorgängern verändert hat. Wenn man dies für genügend viele Zahlen durchführt, müsste man eine Regelmäßigkeit entdecken können.

Tipps zu 19

- Eine Zahl der Folge entsteht durch Verknüpfung ihrer beiden Vorgänger.
- Um die Folge zu konstruieren, muss man immer die letzten beiden Zahlen der Folge zur Verfügung haben.

Tipps zu 20

- Um den Vorzeichenwechsel zu programmieren, muss man eine Regelmäßigkeit ausmachen.
- Versuchen Sie eine Beziehung zwischen den Zahlen der Folge und dem Vorzeichen herzustellen.
- Alle ungeraden Zahlen sind negativ und alle geraden Zahlen sind positiv.

Tipps zu 23

- Man muss sich zuerst im Klaren darüber sein, wie viele verschiedene Möglichkeiten es geben kann.
- Da das zu lösende Problem vom Wochentag abhängig ist, können nur sieben verschiedene Möglichkeiten in Betracht kommen.
- Berücksichtigt man noch die Existenz von Schaltjahren, verdoppelt sich die Anzahl der zu untersuchenden Fälle auf 14.

3.8 Lösungen

Lösung 1

Ein erster Ansatz kann so aussehen:

```
#include <iostream>

using namespace std;

int main()
{
  int x;
  for(x=1;x<=10; x++)
    {
      cout << x;
      if(x!=10)
        cout << ", ";
    }
  cout << endl;
}
```

Den Quellcode dieser Lösung finden Sie auf der CD-ROM unter \KAP03\LOESUNG\01A.CPP.

Diese Lösung hat aber zwei entscheidende Nachteile:

Angenommen, die Schleife sollte nicht mehr von 1 bis 10, sondern von 3 bis 70 zählen. Sie müssten die neuen Grenzen dann nicht nur im Schleifenkopf, sondern auch noch in der *if*-Anweisung berücksichtigen. Das mag hier noch kein Problem sein. Aber bei einem etwas komplexeren Programm, welches Sie nach einem halben Jahr noch mal umändern wollen, kann schon einmal etwas übersehen werden. Man könnte hier zwar mit *#define*-Direktiven Abhilfe schaffen, doch der zweite Nachteil bleibt dennoch bestehen.

Der Anweisungsblock der Schleife wird zehnmal durchlaufen, das heißt, dass die Bedingung von *if* zehnmal geprüft werden muss. Bei einer Schleife, die 1 Million Mal abgearbeitet wird, kann sich eine solche Lösung extrem negativ auf die Laufzeit auswirken.

Wir brauchen daher eine bessere Lösung:

```
#include <iostream>

using namespace std;

int main()
{
  int x;
  for(x=1, cout << x, x++ ;x<=10; x++)
    cout << ", " << x;

  cout << endl;
}
```

Den Quellcode dieser Lösung finden Sie auf der CD-ROM unter \KAP03\LOESUNG\01B.CPP.

Durch das Einlagern des Sonderfalls in den Initialisierungsteil der Schleife bleibt uns die *if*-Anweisung im Anweisungsblock erspart. Des Weiteren brauchen bei einer Änderung der Grenzen nur der Initialisierungswert und der Grenzwert in der Bedingung verändert zu werden, genau wie bei einer normalen Schleife auch.

Lösung 2

```
#include <iostream>

using namespace std;

int main()
{
```

```
  int x;
  cout << "Bitte Zahl eingeben:";
  cin >> x;

  for(cout << x, x-- ;x>=0; x--)
    cout << ", " << x;

  cout << endl;
}
```

Den Quellcode dieser Lösung finden Sie auf der CD-ROM unter \KAP03\LOESUNG\02.CPP.

Die Schleife ist der aus Übung 1 sehr ähnlich. Nur die Zählrichtung hat sich geändert und die die Zählvariable initialisierende Anweisung fehlt.

Lösung 3

```
#include <iostream>

using namespace std;

int main()
{
  int x,d=1;

  for(x=1;x>0; x+=d)
    {
      cout << x << endl;
      if(x==10)
        d=-d;
    }
}
```

Den Quellcode dieser Lösung finden Sie auf der CD-ROM unter \KAP03\LOESUNG\03.CPP.

Wenn man den Wert, der zur Zählvariablen hinzuaddiert wird, selbst variabel hält, dann kann man, während die Schleife läuft, Äncerungen an der Laufrichtung oder -geschwindigkeit vornehmen.

Lösung 4

```
#include <iostream>

using namespace std;

int main()
{
```

```
  int x,d,start,stop;

  cout << "Startwert:";
  cin >> start;
  cout << "Stopwert :";
  cin >> stop;

  if(start<=stop)
    d=1;
  else
    d=-1;

  for(x=start ;x!=stop; x+=d)
    cout << x << ", ";

  cout << x << endl;
}
```

Den Quellcode dieser Lösung finden Sie auf der CD-ROM unter \KAP03\LOESUNG\04A.CPP.

Da die Zählrichtung der Schleife abhängig von der Wahl des Start- und Stopwertes ist, muss eine Variable eingesetzt werden, die den Wert 1 für Hochzählen oder den Wert -1 für Herunterzählen bekommt. Welcher Wert letztlich genommen wird, lässt sich durch Vergleich des Startwertes mit dem Stopwert ermitteln.

Da wir im Vorhinein nicht wissen, ob die Schleife hoch- oder herunterzählen wird, können wir auch nicht vorhersehen, ob der Endwert von links oder von rechts auf dem Zahlenstrahl erreicht wird. Deswegen benutzen wir als Abbruchkriterium den Fall, dass der aktuelle Wert gleich dem Endwert ist, denn dies muss früher oder später auf jeden Fall eintreten.

Um den Endwert dann trotzdem noch bei der Ausgabe zu berücksichtigen, wird er in einer separaten Anweisung hinter der Schleife ausgegeben.

Allerdings lässt sich das Programm noch verkürzen, indem die zur Bestimmung der Zählrichtung verwendete *if*-Anweisung durch einen ?:-Operator ersetzt wird:

```
#include <iostream>

using namespace std;

int main()
{
  int x,d,start,stop;

  cout << "Startwert:";
  cin >> start;
  cout << "Stopwert :";
```

```
  cin >> stop;

  d=(start<=stop)?1:-1;

  for(x=start ;x!=stop; x+=d)
    cout << x << ", ";

  cout << x << endl;
}
```

Den Quellcode dieser Lösung finden Sie auf der CD-ROM unter \KAP03\LOESUNG\04B.CPP.

Lösung 5

Versuchen wir zuerst – wie bei den Tipps vorgeschlagen – ein Programm zu schreiben, welches unendlich hoch- und herunterzählt. Dies ist nicht so schwer, denn es ist nur ein Sonderfall des Programms aus Übung 3:

```
#include <iostream>

using namespace std;

int main()
{
  int x,d=-1;

  for(x=1; x>0; x+=d)
    {
      cout << x << " ";
      if((x==1)||(x==10))
        d=-d;
    }
  cout << endl;
}
```

Um diese Endlos-Schleife zu terminieren, müssen wir nur die vorgenommenen Wechsel der Zählrichtung mitzählen und zum richtigen Zeitpunkt das Wechseln beenden. In unserem Fall muss das Wechseln nach dem dritten Mal abgebrochen werden. Wir fügen dazu eine zusätzliche Variable ein und erweitern die *if*-Anweisung:

```
#include <iostream>

using namespace std;

int main()
{
  int x,d=-1,s=1;
```

```
  for(x=1;x>0; x+=d)
    {
      cout << x << " ";
      if((s<=4)&&((x==1)||(x==10)))
        {
          d=-d;
          s++;
        }
    }
  cout << endl;

  return(0);
}
```

Den Quellcode dieser Lösung finden Sie auf der CD-ROM unter \KAP03\LOESUNG\05.CPP.

Weil die Schleife bei 1 beginnen muss, 1 aber auch eine Position ist, an der die Zählrichtung geändert werden soll, müssen wir die Zählrichtung zu Anfang umkehren, damit sie direkt beim ersten Schleifendurchlauf in die richtige Richtung gewechselt wird. Diese zusätzliche, programmtechnisch notwendige Änderung der Zählrichtung müssen wir beim Mitzählen natürlich berücksichtigen. Deswegen wird das Wechseln der Zählrichtung erst nach dem vierten Mal beendet.

Lösung 6

```
#include <iostream>

using namespace std;

int main()
{
  int x,d,start,stop;

  cout << "Startwert:";
  cin >> start;
  cout << "Stopwert :";
  cin >> stop;

  d=(start<stop)?1:-1;

  x=start;
  while(x!=stop)
    {
      cout << x << ", ";
      x+=d;
    }
```

```
  cout << x << endl;
}
```

Den Quellcode dieser Lösung finden Sie auf der CD-ROM unter \KAP03\LOESUNG\06.CPP.

Die Umwandlung in eine *while*-Schleife bringt keine Tücken mit sich. Lediglich die Initialisierungsanweisungen von *for* müssen vor und die Zählanweisungen in die *while*-Schleife.

Lösung 7

```
#include <iostream>

using namespace std;

int main()
{
  int x,d,start,stop;

  cout << "Startwert:";
  cin >> start;
  cout << "Stopwert :";
  cin >> stop;

  d=(start<stop)?1:-1;

  x=start;

  if(x!=stop)
    do
      {
        cout << x << ", ";
        x+=d;
      } while(x!=stop);

  cout << x << endl;
}
```

Den Quellcode dieser Lösung finden Sie auf der CD-ROM unter \KAP03\LOESUNG\07.CPP.

Bei *do* muss berücksichtigt werden, dass der Anweisungsblock grundsätzlich einmal ausgeführt wird. Da aber für den Fall, dass Start- und Stopwert den gleichen Wert besitzen, der Anweisungsblock nicht ausgeführt werden darf, muss die *do*-Schleife zusätzlich in einen *if*-Anweisungsblock gesteckt werden, der eben jenes nicht erwünschte Abarbeiten des *do*-Anweisungsblockes ausschließt.

Lösung 8

```
#include <iostream>

using namespace std;

int sum(int a)
{
int summe=0;

  for(;a;a--)
    summe+=a;

  return(summe);
}

int main()
{
  int x;

  cout << "Wert:";
  cin >> x;

  cout << "\nDas Ergebnis lautet " << sum(x) << endl;
}
```

Den Quellcode dieser Lösung finden Sie auf der CD-ROM unter \KAP03\LOESUNG\08.CPP.

Die *for*-Schleife in *sum* besitzt keinen Initialisierungsteil. Das bedeutet, dass mit dem Wert begonnen wird, den *a* bereits hat. Das ist in diesem Fall die obere Grenze für die Summenbildung.

Die Bedingung der *for*-Schleife ist nur *a*. Da alle Werte ungleich Null für eine wahre Bedingung stehen, läuft die Schleife so lange, bis *a* gleich Null ist.

Daraus lässt sich schließen, dass die Schleife die Summenberechnung mit der höchsten Zahl beginnt. Für das Beispiel 5 ist die Summenbildung 5+4+3+2+1.

Lösung 9

```
#include <iostream>

using namespace std;

int sum(int a)
{
  if(a<1) return(0);
```

```
  int summe=0;

  for(;a;a--)
    if((summe+a)<summe)
      return(0);
    else
      summe+=a;

  return(summe);
}

int main()
{
  int x,erg;

  cout << "Wert:";
  cin >> x;

  erg=sum(x);

  if(erg)
    cout << "\nDas Ergebnis lautet " << erg << erdl;
  else
    cout << "\nFalsche Eingabe oder Bereichsueberschreitung!" << endl;
}
```

Den Quellcode dieser Lösung finden Sie auf der CD-ROM unter \KAP03\LOESUNG\09.CPP.

In der *sum*-Funktion wird zuerst geprüft, ob der Funktionsparameter gültig ist.

Wichtig ist, dass das Prüfen auf Bereichsüberschreitung bei jeder Addition – also innerhalb der Schleife – vorgenommen wird. Andernfalls ist keine sichere Prüfung gewährleistet.

Lösung 10

Ein erster Ansatz ist, die *sum*-Funktion selbst dazu zu benutzen, die Grenze festzustellen. Dazu erhöhen wir stetig den Wert des Funktionsparameters, bis der Fehlerwert zurückgegeben wird:

```
int main()
{
  int x=1;

  while(sum(x++));

  cout << "Der hoechstmoegliche Wert betraegt " << (x-=2) << endl;
}
```

Den Quellcode dieser Lösung finden Sie auf der CD-ROM unter \KAP03\LOESUNG\10A.CPP.

Dies ist allerdings sehr rechenintensiv und damit zeitaufwändig.

Schneller geht es, wenn wir die *sum*-Funktion simulieren und schauen, an welcher Stelle der Schleife eine Bereichsüberschreitung auftritt. Dies muss dann auch der erste Wert sein, der als Funktionsparameter eine Bereichsüberschreitung hervorruft:

```
#include <iostream>

using namespace std;


int main()
{
  int x=1,summe=0;

  while(summe<(summe+x)) summe+=x++;

  cout << "Der hoechstmoegliche Wert betraegt " << --x << endl;
}
```

Den Quellcode dieser Lösung finden Sie auf der CD-ROM unter \KAP03\LOESUNG\10B.CPP.

Beide Lösungsansätze kommen zu dem Ergebnis, dass 65535 der höchste Wert ist, der als Funktionsparameter bei *sum* noch ein gültiges Ergebnis liefert.

Lösung 11

```
int potenz(int a, int b)
{
int pot=a;

  if(b==0)
    return(1);

  for(;b>1;b--)
    pot*=a;

  return(pot);
}
```

Den Quellcode dieser Lösung finden Sie auf der CD-ROM unter \KAP03\LOESUNG\11.CPP.

Die Schleife von *potenz* hat starke Ähnlichkeiten mit der von *sum*.

Lösung 12

Da eine Primzahl eine Zahl ist, die nur durch 1 und sich selbst teilbar ist, bleibt uns nichts anderes übrig, als die zu prüfende Zahl durch alle anderen Zahlen zu teilen. Wir brauchen sie allerdings nicht durch Zahlen zu teilen, die größer als die zu prüfende sind, weil wir dort als Ergebnis auf jeden Fall keine Ganzzahl erhalten. Doch hier das Programm:

```
bool isprim(int a)
{
int x;

  if(a<2) return(false);
  for(x=2;x<a;x++)
    if(!(a%x))
      return(false);

  return(true);
}
```

Den Quellcode dieser Lösung finden Sie auf der CD-ROM unter \KAP03\LOESUNG\12.CPP.

Die zu testende Zahl ist *a*. Die Schleife läuft nur von 2 bis *a-1*, weil jede Zahl durch 1 und durch sich selbst teilbar ist. Jetzt muss geprüft werden, ob *a* durch eine Zahl zwischen 1 und *a* teilbar ist. Dies wird mit dem Modulo-Operator realisiert.

Erhält man bei der Division keinen Rest, muss der Quotient eine Ganzzahl sein und *a* ist daher keine Primzahl. Es wird der Wert 0 für falsch zurückgegeben. Läuft die Schleife jedoch durch, ohne eine Zahl gefunden zu haben, durch die *a* teilbar ist, dann muss *a* eine Primzahl sein und es wird der Wert 1 für wahr zurückgegeben.

Lösung 13

```
#include <iostream>

using namespace std;

int fakul(int x)
{

  if(x<0)  return(0);
  if(x<2)  return(1);

  int f=1;

  for(;x>1;x--)
```

```
    if((f*x)<f)
      return(0);
    else
      f*=x;
  return(f);
}

int main()
{
  int x,erg;

  cout << "Zahl:";
  cin >> x;

  erg=fakul(x);

  if(erg)
    cout << "\nDie Fakultaet von " << x <<
         " betraegt " << erg << endl;
  else
    cout << "\nFalscher Parameter oder Bereichsueberschreitung" <<
            endl;
}
```

Den Quellcode dieser Lösung finden Sie auf der CD-ROM unter \KAP03\\LOESUNG\13.CPP.

Als Fehlerwert wurde 0 gewählt, weil die Fakultät einer gültigen Zahl nie 0 werden kann. Man hätte auch eine negative Zahl als Fehlerwert nehmen können, aber mit der Null hat man den praktischen Nebeneffekt, dass bei einer falschen Zahl der Wert für »Falsch« zurückgegeben wird (erinnern Sie sich? 0=Falsch).

Der grundsätzliche Aufbau der Schleife in *fakul* ist analog zu den Lösungen von Übung 9 und Übung 11.

Lösung 14

- Die Schleife zählt von 1 – 99 einschließlich.
- Die Schleife zählt so lange hoch, bis *x* durch eine Bereichsüberschreitung negativ und damit kleiner als 1 wird. Dann bricht sie ab.
- Die Schleife läuft unendlich weiter, *x* bleibt konstant 1.
- Eine Endlosschleife
- Eine Endlosschleife

- Der Anweisungsblock der Schleife wird genau einmal abgearbeitet. Das Programm verhält sich genauso, als stünden die Anweisungen im Anweisungsblock ohne Schleife im Programm.
- Für den Fall, dass *x* zu Anfang kleiner gleich 8 ist, wird *x* im Schleifenkopf immer um 1 erhöht und im Schleifenkörper um 1 vermindert. Weil sich *x* dadurch nie bleibend verändert, läuft die Schleife endlos. Sollte *x* zu Anfang größer als 8 sein, dann wird die Schleife übersprungen.

Lösung 15

```
#include <iostream>

using namespace std;

int ggt(int x, int y)
{
int a;

  a=(x<y)?x:y;

  while((x%a)||(y%a))
    a--;

  return(a);
}

int main()
{
  int x,y,erg;

  cout << "1. Wert:";
  cin >> x;
  cout << "2. Wert:";
  cin >> y;

  erg=ggt(x,y);

  if(erg!=1)
    cout << "\nDer ggT von " << x << " und " <<
            y << " ist " << erg << endl;
  else
    cout << "\nEs gibt keinen ggT fuer " << x <<
            " und " << y << endl;
}
```

Den Quellcode dieser Lösung finden Sie auf der CD-ROM unter \KAP03\LOESUNG\15.CPP.

Die Anweisung, in der der ?:-Operator benutzt wurde, dient dazu festzustellen, welche der beiden Zahlen die kleinere ist. Diese wird nun daraufhin überprüft, ob sie die Voraussetzung des ggT erfüllt, wenn nicht, wird sie um 1 vermindert. Spätestens bei der 1 wird die Routine einen ggT finden, weil alle Zahlen ohne Rest durch 1 teilbar sind. Sollte die Funktion 1 zurückliefern, wissen wir auch, dass es keinen zum Kürzen geeigneten ggT gibt.

Lösung 16

```
#include <iostream>

using namespace std;

int kgv(int x, irt y)
{
int a;

  a=(x>y)?x:y;

  while((a%x)||(a%y))
    a++;

  return(a);
}

int main()
{
  int x,y,erg;

  cout << "1. Wert:";
  cin >> x;
  cout << "2. Wert:";
  cin >> y;

  erg=kgv(x,y);

  cout << "\nDas kgV von " << x << " und " <<
          y << " ist " << erg << endl;
}
```

Den Quellcode dieser Lösung finden Sie auf der CD-ROM unter \KAP03\LOESUNG\16.CPP.

Die Anweisung, in der der ?:-Operator benutzt wurde, dient zur Ermittlung der größeren der beiden Zahlen. Dann wird überprüft, ob diese Zahl schon das kgV ist, wenn nicht, wird sie um 1 erhöht. Spätestens wenn sie den Wert *x*y* hat, haben wir ein gemeinsames Vielfaches gefunden, weil *x*y* sowohl durch *x* (Ergebnis: *y*) als auch durch *y* (Ergebnis: *x*) ohne Rest teilbar ist.

Lösung 17

Die Regelmäßigkeit der Zahlenreihe besteht darin, dass folgende Gleichung gilt: $x_{n+1} = x_n+2$, mit $x_1=2$. Man kann auch sagen $x_n = 2*n$. Anders ausgedrückt: Es wird immer 2 addiert.

```
#include <iostream>

using namespace std;

int main()
{
  int x,y=0;

  for(x=1; x<=20; x++)
    cout << (y+=2) << ", ";

  cout << endl;
}
```

Den Quellcode dieser Lösung finden Sie auf der CD-ROM unter \KAP03\LOESUNG\17A.CPP.

Um noch eine Variable zu sparen, benutzen wir die Gleichung $x_n = 2*n$:

```
#include <iostream>

using namespace std;

int main()
{
  int x;

  for(x=1; x<=20; x++)
    cout << (x*2) << ", ";

  cout << endl;
}
```

Den Quellcode dieser Lösung finden Sie auf der CD-ROM unter \KAP03\LOESUNG\17B.CPP.

Die ersten 20 Zahlen der Folge sehen so aus:

```
2, 4, 6, 8, 10, 12, 14, 16, 18, 20, 22, 24, 26, 28, 30, 32, 34, 36,
38, 40,
```

Lösung 18

Die Regelmäßigkeit der Folge ist $x_{n+1} = x_n+n$ mit $x_0=1$; Das bedeutet, dass zuerst 0, dann 1, dann 2 usw. addiert wird. Das Programm dazu sieht so aus:

```
#include <iostream>

using namespace std;

int main()
{
  int x,y=1;

  for(x=1; x<=20; y+=x-1, x++)
    cout << y << ", ";

  cout << endl;
}
```

Den Quellcode dieser Lösung finden Sie auf der CD-ROM unter \KAP03\LOESUNG\18.CPP.

Wie Sie sehen, wurde zur Vereinfachung des Programms die obige Regel umgeformt in $x_n = x_{n-1}+n-1$ für n>0 und mit $x_0=1$.

Die ersten 20 Werte der Zahlenfolge sind im Folgenden dargestellt:

```
1, 1, 2, 4, 7, 11, 16, 22, 29, 37, 46, 56, 67, 79, 92, 106, 121, 137,
154, 172,
```

Lösung 19

Die zugrunde liegende Regelmäßigkeit ist $x_n = x_{n-1} + x_{n-2}$ für n>1 und mit $x_0=0$ und $x_1=1$. Dies bedeutet, dass eine Zahl die Summe ihrer beiden Vorgänger ist. Diese Regelmäßigkeit bezeichnet man auch als Fibonacci-Zahlen.

Das dazugehörige Programm folgt:

```
#include <iostream>

using namespace std;

int main()
{
  int x,y1=0,y2=1,y3;

  for(x=1; x<=20; x++)
    {
      y3=y1+y2;
      cout << y1<< ", ";
      y1=y2;
      y2=y3;
    }
```

```
  cout << endl;
}
```

Den Quellcode dieser Lösung finden Sie auf der CD-ROM unter \KAP03\LOESUNG\19.CPP.

Die ersten 20 Zahlen der Folge lauten folgendermaßen:

```
0, 1, 1, 2, 3, 5, 8, 13, 21, 34, 55, 89, 144, 233, 377, 610, 987,
1597, 2584, 4181,
```

Lösung 20

Die Folge entsteht dadurch, dass sich der Betrag einer Zahl gegenüber dem ihres Vorgängers um eins erhöht und sich das Vorzeichen umkehrt.

Die Herausforderung liegt in der Formulierung der Vorzeichenumkehrung. Ein Ansatz ist, den auszugebenden Wert in einer Variablen zu erzeugen.

In dieser Lösung wird jedoch nur der Betrag der Zahl tatsächlich in einer Variablen gespeichert. Die Umkehrung des Vorzeichens wird vom Index der Zahl abhängig gemacht und nur für die Ausgabe erzeugt:

```
#include <iostream>

using namespace std;

int main()
{
  int x,y=1;

  for(x=1; x<=20; x++)
    cout << (y++*(1-2*(x%2))) << ", ";

  cout << endl;
}
```

Den Quellcode dieser Lösung finden Sie auf der CD-ROM unter \KAP03\LOESUNG\20.CPP.

In der Mathematik wird ein Wechseln des Vorzeichens allgemein mit einer Potenzierung von -1 formuliert:

$x_n = n*(-1)^n$. Diese Schreibweise deutet übrigens noch auf eine weitere mögliche Vereinfachung des Programms hin. Wir können nämlich anstelle von *y++* einfach *x* schreiben.

Die Zahlenfolge fährt folgendermaßen fort:

```
-1, 2, -3, 4, -5, 6, -7, 8, -9, 10, -11, 12, -13, 14, -15, 16, -17,
18, -19, 20,
```

Lösung 21

```
#include <iostream>
#include <iomanip>

using namespace std;

int main()
{
  long n=3,max;
  double pi=1.0;

  cout << "Bis zu welchem n soll gerechnet werden:";
  cin >> max;

  while(n<max)
    {
      pi=pi-(1.0/n)+(1.0/(n+2));
      n+=4;
      cout << "n=" << n << " : " << setprecision(12) << pi*4.0 <<
endl;
    }

  cout << endl;
}
```

Den Quellcode dieser Lösung finden Sie auf der CD-ROM unter \KAP03\LOESUNG\21.CPP.

Das Programm fragt zuerst nach *max*. Wird dieser Wert von *n* erreicht, bricht die *while*-Schleife ab. *n* steht für den Nenner der Brüche in der unendlichen Reihe. Die Variable *pi* wird mit 1 initialisiert, was dem ersten Summanden in der Reihe entspricht. Innerhalb der *while*-Schleife wird *pi* der Wert *pi – (1/3) + (1/5)* zugewiesen. Die nächsten beiden Summanden sind dazu gekommen. Dadurch, dass *n* um 4 erhöht wird, weist die Zeile darüber der Variablen *pi* beim nächsten Mal den Ausdruck *pi – (1/7) + (1/9)* zu, was dem vierten und fünften Summanden entspricht usw.

Allerdings werden ausreichend genaue Ergebnisse nur durch hohe Iterationstiefen erreicht. Beispielsweise liefert eine Iterationstiefe mit n=500000[1] ein bis auf fünf Nachkommastellen genaues Pi.

Übrigens, eine schnellere Berechnung kann dadurch erreicht werden, dass die Ausgabe des Ergebnisses erst nach dem Schleifendurchlauf und nicht ständig innerhalb der Schleife vorgenommen wird.

1. Was 125000 Schleifendurchläufen entspricht.

Lösung 22

```
#include <iostream>
#include <iomanip>

using namespace std;

int main()
{
double zaehler=2,nenner=1,pi=1;
long count=1,max;

  cout << "Wie viele Produkte :";
  cin >> max;

  while(count<max)
    {
      pi*=(zaehler/nenner);
      if(count&1)
        nenner+=2.0;
      else
        zaehler+=2.0;

      cout << "Schritt " << count++ << ": " << setprecision(12) <<
              pi*2 << endl;
    }

  cout << endl;
}
```

Den Quellcode dieser Lösung finden Sie auf der CD-ROM unter \KAP03\LOESUNG\22.CPP.

zaehler und *nenner* werden entsprechend dem ersten Faktor der Reihe mit 2 und 1 initialisiert. *pi* bekommt als Wert das neutrale Element der Multiplikation, nämlich 1. Da der erste Teil leicht nachvollziehbar ist, schauen wir uns nun den Kern des Programms, die *while*-Schleife, an.

pi wird zuerst mit (2/1) multipliziert[1], was unserem ersten Faktor der Folge entspricht. Wie Ihnen vielleicht aufgefallen ist, werden in der Reihe Zähler und Nenner abwechselnd um 2 erhöht. Dies geschieht durch die *if*-Anweisung, die den Wert auf »gerade« oder »ungerade« hin prüft. Die abwechselnde Erhöhung wird dadurch erreicht, dass bei geradem *count* die Variable *zaehler* und bei ungeradem *count* die Variable *nenner* um zwei erhöht wird. Anschließend wird *count* um 1 erhöht.

---

1. Siehe Initialisierung von *zaehler* und *nenner*.

Vor der Ausgabe von *pi* wird noch mit 2 multipliziert, weil die Reihe ja nur *(pi/2)* berechnet.

Auch hier gilt, dass die Berechnung durch Verlagern der Ausgabe heraus aus dem Schleifenrumpf beschleunigt werden kann.

Lösung 23

Grundsätzlich gibt es nur sieben zu überprüfende Möglichkeiten, nämlich die, dass der 1.1 auf einen Montag, Dienstag, Mittwoch, Donnerstag, Freitag, Samstag oder Sonntag fällt.

Der Funktion *freitag13* wird übergeben, mit welchem Wochentag das Jahr beginnt (Montag=0, ..., Sonntag=6) und ob es sich um ein Schaltjahr handelt. Vom 1.1 ist der 13.1 zwölf Tage entfernt, so dass ((start+12)%7) den Wochentag am 13.1 ergibt. Wenn es ein Freitag ist (Freitag=4), dann wird Anzahl um 1 erhöht. Danach wird entsprechend dem Monat die Anzahl der Tage addiert, damit wir den 1. des nächsten Monats erreichen, usw.

```
#include <iostream>

using namespace std;

int freitag13(int start,bool sjahr)
{
  int anzahl=0;
  for (int x=0;x<12;x++)
    {
      if(((start+12)%7)==4)
        anzahl++;

      switch(x)
        {
          case 0: case 2: case 4: case 6:
          case 7: case 9: case 11:
            start+=31;
            break;
          case 3: case 5: case 8: case 10:
            start+=30;
            break;
          case 1:
            start+=28+sjahr;
        }
      start%=7;
    }
  return(anzahl);
}
```

Die *main*-Funktion macht nun nichts anderes als die Funktion *freitag13* für alle Wochentage aufzurufen, und hält fest, welches die geringste und die größte Anzahl an Freitagen, die auf den 13. fallen, ist.

```
int main()
{
  int min=12,max=0,akt;
  bool sjahr;

  cout << "Schaltjahr? (0=nein, 1=ja):";
  cin >> sjahr;

  for(int x=0;x<7;x++)
    {
      akt=freitag13(x,sjahr);
      if(akt>max)
        max=akt;
      if(akt<min)
        min=akt;
    }
  cout << "Minimal " << min << ", maximal " << max << endl;
}
```

Den Quellcode dieser Lösung finden Sie auf der CD-ROM unter \KAP03\LOESUNG\23.CPP.

Als Ergebnis kommt heraus, dass es mindestens 1, maximal aber 3 Freitage im Jahr geben kann, die auf einen 13. fallen. Dies gilt sowohl für normale Jahre als auch für Schaltjahre.

4 Bitweise Operatoren

Kommen wir nun zu einer weiteren Gruppe von Operatoren, den so genannten bitweisen Operatoren. Wie der Name andeutet, wird die einzelne Operation bitweise ausgeführt.

Der erste hier vorgestellte Operator ist der bitweise **UND**-Operator. Er operiert wie der UND-Operator zur Verknüpfung von Bedingungen, nur dass der bitweise UND-Operator die Operation bitweise durchführt. Die Verknüpfungsvorschrift ist in Tabelle 4.1 aufgelistet. **&**

Tabelle 4.1: Die bitweise UND-Verknüpfung

Bit1	**Bit2**	**(Bit1&Bit2)**
0	0	0
0	1	0
1	0	0
1	1	1

Um nun zwei Werte bitweise zu verknüpfen, werden jeweils zwei positionsgleiche Bits dem verwendeten Operator entsprechend verknüpft. Dieser Vorgang ist in Abbildung 4.1 dargestellt.

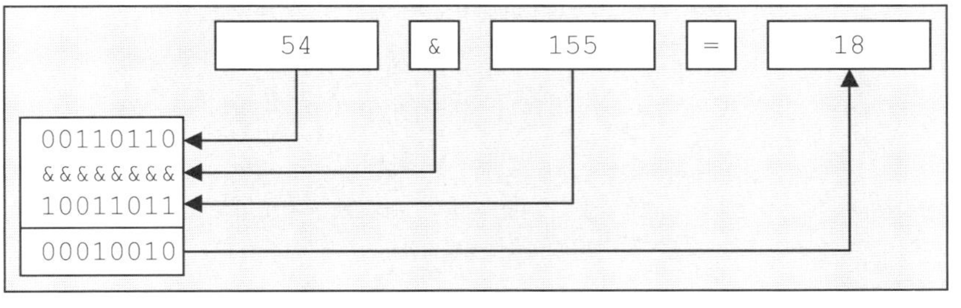

Abbildung 4.1: Beispiel einer bitweisen UND-Verknüpfung

Die nächste zu besprechende bitweise Verknüpfung ist die **ODER**-Verknüpfung. Sie ist in Tabelle 4.2 aufgeführt **|**

Tabelle 4.2: Die bitweise ODER-Verknüpfung

Bit1	**Bit2**	**(Bit1|Bit2)**
0	0	0
0	1	1
1	0	1
1	1	1

~

Für die bitweise Negation wird der **NOT**-Operator ~ verwendet. Die Negation von a ist damit ~a.

^

Bei den bitweisen Operatoren gibt es eine weitere ODER-Verknüpfung, die bei den logischen Operatoren fehlt: die Exklusiv-ODER-Verknüpfung. Diese ODER-Verknüpfung entspricht dem sprachgebräuchlichen »oder«, entweder das eine oder das andere, aber weder beides noch gar keins. Das exklusive ODER ist eine Verknüpfung, die mit normalen Operatoren wie folgt aussieht:

```
(a & ~b) | (~a & b)
```

Der für diese Operation verwendete Operator ist ^. Tabelle 4.3 zeigt die einzelnen Fälle der Verknüpfung.

Tabelle 4.3: Die bitweise Exklusiv-ODER-Verknüpfung

Bit1	Bit2	(Bit1^Bit2)
0	0	0
0	1	1
1	0	1
1	1	0

Verschiebe-Operatoren

<<, >>

Des Weiteren stehen Operatoren zum Verschieben der Bits einer Variablen zur Verfügung. Der Linksschiebe-Operator << schiebt die Bits dabei nach links, wohingegen der Rechtsschiebe-Operator >> die Bits nach rechts schiebt. Dabei gibt der Wert rechts vom Operator an, um wie viel Bits verschoben wird.

Folgende Anweisung schiebt die Bits der Variablen *x* um drei Bits nach rechts:

```
x=x>>3;
```

In Abbildung 4.2 sehen Sie die verschiedenen Möglichkeiten. Die durch das Verschieben der Bits nach links freiwerdenden Bitpositionen auf der rechten Seite werden mit Nullbits aufgefüllt (Abb4.2a).

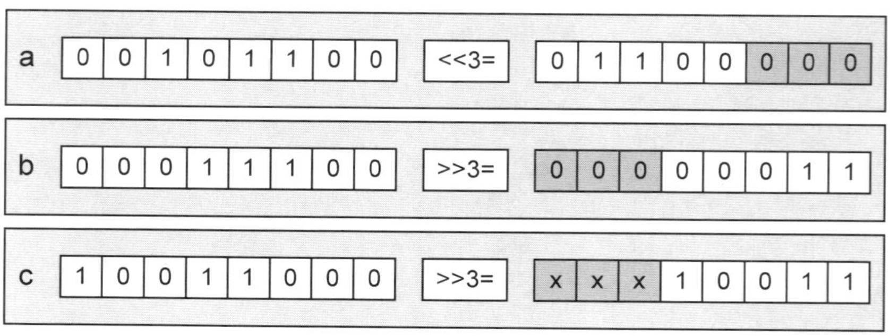

Abbildung 4.2: Unterschiedliche Fälle beim bitweisen Verschieben

Bei der Verschiebung nach rechts müssen zwei Fälle unterschieden werden. Sollte der nach rechts zu verschiebende Wert positiv sein, dann werden die auf der linken Seite freiwerdenden Bitpositionen mit Nullbits aufgefüllt (Abb.4.2b). Handelt es sich um einen negativen Wert, dann ist die Wertigkeit der Füllbits compilerabhängig.

Bei diesen Operatoren handelt es sich um dieselben, die auch bei der Ein- und Ausgabe mit cin und cout verwendet werden. Die Operatoren wurden für diesen Anwendungszweck einfach überladen. Auf das Überladen von Operatoren wird in einem späteren Kapitel eingegangen.

&=, |=, ^=, <<=, >>=

Wie auch bei den Rechenoperatoren gibt es bei einigen bitweisen Operatoren die Möglichkeit, den Operator mit einer Zuweisung zu verknüpfen. Da gibt es die UND-Zuweisung &=, die ODER-Zuweisung |=, die exklusiv-ODER-Zuweisung ^= und die beiden Verschiebe-Zuweisungen <<= und >>=.

4.1 Übungen

Übung 1

Schreiben Sie eine Funktion namens *bits*, der Sie einen Wert übergeben und der dann die Anzahl der auf 1 gesetzten Bits zurückliefert. Benutzen Sie als Funktionsparameter einen *unsigned long*-Wert.

Schreiben Sie zusätzlich eine entsprechende *main*-Funktion, mit der Sie die Funktion *bits* testen können.

Die Ausgabe könnte zum Beispiel folgendermaßen aussehen:

```
Wert:67

Die Anzahl der 1-Bits von 67 betraegt 3.
```

Übung 2

Schreiben Sie eine Funktion *iseven*, die einen wahren Wert zurückliefert, wenn die übergebene Zahl gerade ist, und einen falschen Wert, wenn die übergebene Zahl ungerade ist.

Benutzen Sie dabei keinen Modulo-Operator!

Schreiben Sie eine entsprechende *main*-Funktion, mit der Sie Ihre Funktion überprüfen können.

Übung 3

Überlegen Sie sich eine Möglichkeit, eine Variable mit 4 zu multiplizieren, ohne die Grundrechenoperatoren +, –, *, / und die entsprechenden Zuweisungsoperatoren zu benutzen.

Übung 4

Schreiben Sie eine Funktion *deztobin*, die einen übergebenen *unsigned long*-Wert binär ausgibt. Denken Sie dabei an die Berücksichtigung bestimmter Sonderfälle.

Verzichten Sie auf führende Nullen! Sie schreiben ja im Allgemeinen nicht 00033, sondern 33.

Ergänzend dazu sollten Sie noch eine *main*-Funktion schreiben, mit der Sie die Ausgabe überprüfen können.

Übung 5

Schreiben Sie eine Funktion *groupSize*, der Sie einen *unsigned long*-Wert übergeben und die dann die Bitanzahl der größten Gruppe nebeneinander stehender 1-Bits zurückgibt.

Schreiben Sie eine passende *main*-Funktion und benutzen Sie zusätzlich die Ausgabe von *deztobin*, um *groupSize* zu überprüfen. Die Ausgabe könnte zum Beispiel so aussehen:

```
Wert:115

Die groesste 1-Bit-Gruppe von 115 (Binaer:1110011) hat 3 Bit(s)
```

Übung 6

Schreiben Sie eine Funktion *mul*, die zwei *unsigned int*-Werte miteinander multipliziert und das Produkt als *unsigned long* wieder zurückgibt. Benutzen Sie dafür keine Multiplikationsoperatoren (* oder *=).

Wählen Sie einen effizienteren Ansatz als zum Beispiel beim Produkt x*y die Summe x+x+x+x+... und das y-mal zu bilden.

Schreiben Sie eine *main*-Funktion, um Ihre *mul*-Funktion überprüfen zu können.

Übung 7

Schreiben Sie eine Funktion *bitReverse*, der Sie einen *unsigned long*-Wert übergeben und die dann die Reihenfolge der Bits umdreht und das Ergebnis als *unsigned long*-Wert wieder zurückgibt.

Aus 105 wird dann 75, weil 105 binär geschrieben 1101001 ist und das umgedreht 1001011 ergibt, was dezimal dann 75 ist.

Schreiben Sie eine *main*-Funktion, mit der Sie diese Funktion überprüfen können. Geben Sie zusätzlich noch mit Hilfe der *deztobin*-Funktion sowohl den Originalwert als auch das Ergebnis von *bitReverse* binär aus.

Übung 8

Wenn Sie sich die Beispiellösung von Übung 7 anschauen, dann finden Sie in der Funktion *bitReverse* innerhalb der *while*-Schleife eine *if*-Anweisung. Schreiben Sie die Funktion so um, dass weder *if* noch der ?:-Operator verwendet wird.

Auch die Vergleichsoperatoren (<, =, >, <=, >=, !=) dürfen nicht verwendet werden!

Übung 9

Sie haben in Übung 6 eine *mul*-Funktion geschrieben. Der im Lösungsteil vorgeschlagene Weg sah so aus, dass ein Produkt so in zwei Teilprodukte aufgeteilt wird, dass eins der beiden Teilprodukte eine Zweierpotenz enthält und dadurch durch Linksverschieben berechnet werden kann.

Nun kann dieser Ansatz noch optimiert werden. Und zwar kann jedes Produkt so zerlegt werden, dass es nur noch aus Teilprodukten besteht, die durch Linksverschiebung berechnet werden können. Zum Beispiel kann das Produkt 115*111 so zerlegt werden:

(64*111)+(32*111)+(16*111)+(2*111)+(1*111)

Falls Ihre eigene Lösung für Übung 6 nicht schon diesen Ansatz verfolgte, schreiben Sie nun eine *mul*-Funktion, die genau die oben beschriebene Idee verwirklicht.

Als unterstützende *main*-Funktion können Sie die aus Übung 6 nehmen.

4.2 Tipps

Tipp zu 1

- Überlegen Sie sich, wie Sie überprüfen können, ob ein bestimmtes Bit den Wert 1 oder den Wert 0 hat.

Tipp zu 2

- Schauen Sie sich die Binärdarstellung verschiedener Zahlen an und suchen Sie nach den Gemeinsamkeiten der geraden und nach den Gemeinsamkeiten der ungeraden Zahlen.

Tipps zu 4

- Je nach Lösungsansatz kann ein Sonderfall dann eintreten, wenn der übergebene Wert 0 ist.

- Bedenken Sie, dass bei der binären Ausgabe – genau wie bei der dezimalen auch – die höchstwertige Stelle zuerst ausgegeben wird. Sie müssen daher zuerst bestimmen, wo im Wert die Ausgabe beginnt, denn führende Nullen sind unerwünscht.

Tipps zu 9

Sie kommen auf die Lösung, wenn Sie sich daran erinnern, wie in der Schule schriftlich multipliziert wurde.

Schauen wir es uns einmal an einem Beispiel an:

```
123*2017
2017
 4034
  6051
------------
248091
```

Die rechte Zahl wurde mit jeder einzelnen Ziffer der linken Zahl multipliziert und die jeweiligen Produkte versetzt untereinander geschrieben. Zum Schluss wurden die einzelnen Produkte addiert und man hatte das Ergebnis.

Übertragen Sie dieses Verfahren in das Binärsystem und Sie haben die Lösung.

4.3 Lösungen

Lösung 1

Wir müssen uns zuerst überlegen, wie wir den Zustand eines einzelnen Bits bestimmen können.

Eine einfache Lösung besteht darin, den bitweisen UND-Operator zu benutzen, da die UND-Verknüpfung als Ergebnis nur dann eine 1 liefert, wenn beide bei der Operation beteiligten Bits ebenfalls den Wert 1 haben. Wenn wir also ein Bit einer Variablen überprüfen wollen, dann brauchen wir die Variable nur mit dem Wert zu verknüpfen, den das entsprechende Bit repräsentiert. Sollte das Bit 0 sein, dann erhalten wir als Ergebnis der UND-Verknüpfung ebenfalls den Wert 0, andernfalls den Wert, den das Bit repräsentiert. Dabei repräsentiert Bit x den Wert 2^x.

Ein Beispiel: Angenommen, wir wollen überprüfen, ob Variable *z* Bit 0 gesetzt hat oder nicht. Der Wert, den Bit 0 repräsentiert, ist 2^0, also 1. Deswegen überprüfen wir das Ergebnis der Verknüpfung *z&1*. Sollte 0 herauskommen, dann war das Bit nicht gesetzt. Ist das Ergebnis 1, dann ist das Bit gesetzt.

Ein weiteres Beispiel: Angenommen, wir wollen überprüfen, ob Variable *z* Bit 4 gesetzt hat oder nicht. Der Wert, den Bit 4 repräsentiert, ist 2^4, also 16. Deswegen wird das Ergebnis der Verknüpfung *z&16* überprüft. Sollte 0 herauskommen, dann war das Bit nicht gesetzt. Ist das Ergebnis 16, dann ist das Bit gesetzt.

Ein Wert, der Bit 4 nicht gesetzt hat, ist 38:

```
100110
```

Verknüpfen wir diesen Wert nun bitweise UND mit 16:

```
100110&
010000=
000000
```

Nun noch ein Beispiel mit gesetztem Bit 4. Dazu nehmen wir den Wert 51, den wir ebenfalls bitweise UND mit 16 verknüpfen:

```
110011&
010000=
010000
```

Als Ergebnis erhalten wir 16. Bit 4 ist also 1.

Es gibt grundsätzlich zwei Möglichkeiten, alle Bits einer Variablen zu überprüfen. Der erste Ansatz ist der, dass wir immer das nullte Bit der Variablen überprüfen und die Variable nach jeder Prüfung um ein Bit nach rechts schieben. Dadurch nimmt zwangsläufig jedes Bit einmal die Position 0 ein.

Wir brechen diesen Vorgang ab, wenn die Variable den Wert 0 hat, denn dann kann kein Bit mehr gesetzt sein. Dieses Vorgehen ist in Abbildung 4.3 dargestellt. Das zu testende Bit und die Füllbits sind dunkel unterlegt.

Die Funktion *bits* mit der entsprechenden *main*-Funktion folgt:

```
#include <iostream>

using namespace std;

int bits(unsigned long w)
{
  int anz=0;
  while(w)
    {
      if(w&1) anz++;
      w>>=1;
    }
  return(anz);
}

int main()
{
```

Abbildung 4.3: Eine Möglichkeit der Bitüberprüfung

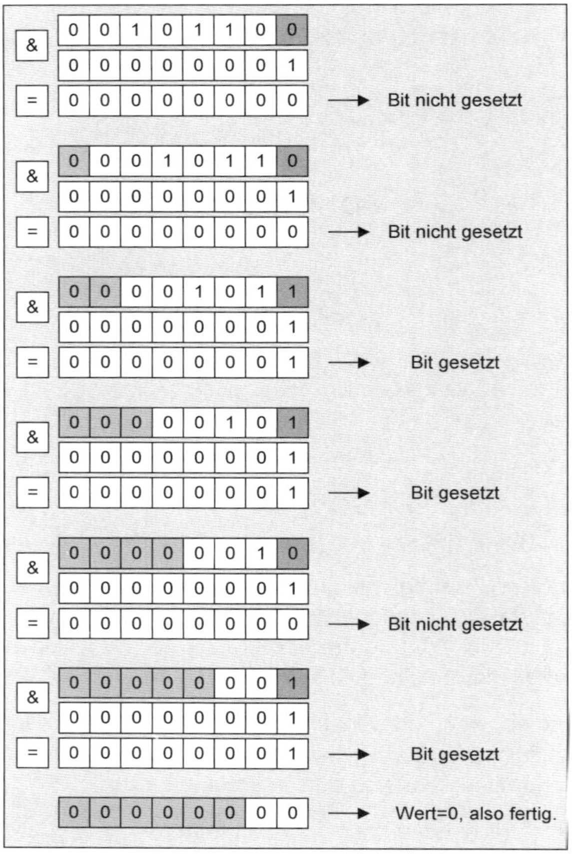


```
  unsigned long wert;

  cout << "Wert:";
  cin >> wert;
  cout << "Die Anzahl der 1-Bits von " << wert <<
          " betraegt " << bits(wert) << endl;
}
```

Den Quellcode dieser Lösung finden Sie auf der CD-ROM unter \KAP04\LOESUNG\01A.CPP.

Der zweite Ansatz sieht so aus, dass nicht die zu untersuchende Variable verändert, sondern die Maske dem jeweils zu untersuchenden Bit angepasst wird. Wir fangen dabei mit Bit0 an. Um nach dem Test die Maske für das nächste Bit anzupassen, brauchen wir sie nur einmal nach links zu schieben. Wir brechen mit der Untersuchung ab, wenn der Wert der Maske größer ist als der Wert der zu untersuchenden Variablen.

Abbildung 4.4 zeigt ein Beispiel für diesen Ansatz.

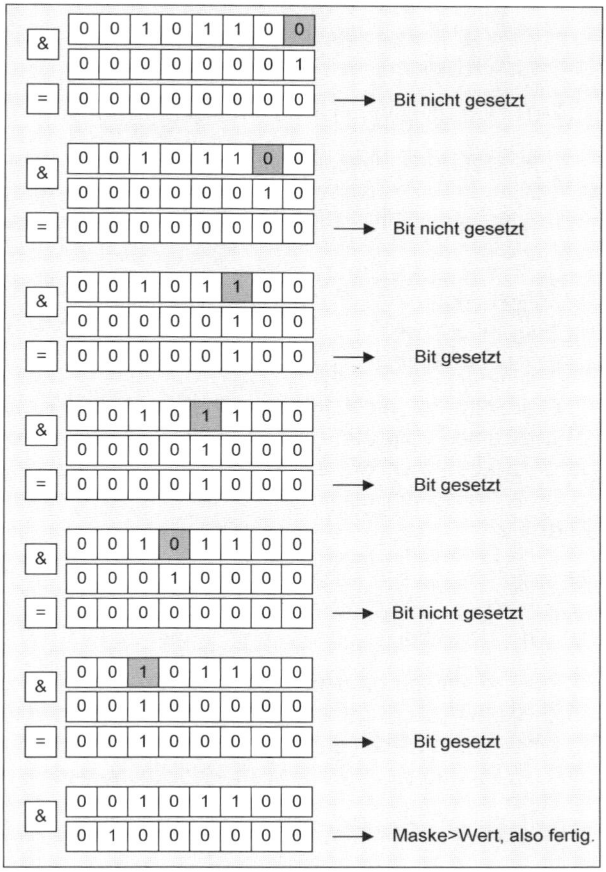

Abbildung 4.4: Eine weitere Möglichkeit der Bitüberprüfung

Die den neuen Ansatz realisierende *bits*-Funktion sieht folgendermaßen aus:

```
int bits(unsigned long w)
{
  int anz=0;
  unsigned long maske=1;

  while(maske<=w)
    {
      if(w&maske) anz++;
      maske<<=1;
    }
  return(anz);
}
```

Den Quellcode dieser Lösung finden Sie auf der CD-ROM unter \KAP04\LOESUNG\01B.CPP.

Doch welche Vor- und Nachteile haben die beiden Ansätze? Schauen wir uns zunächst noch einmal den ersten Ansatz an.

Der Vorteil ist, dass wir eine Variable gespart haben.

Doch es gibt auch einige Nachteile. Zum Beispiel wird der zu untersuchende Wert verändert. In unserem Fall ist das kein Problem, denn es handelt sich nur um eine lokale Variable. Außerdem funktioniert dieses Verfahren nur bei positiven Werten[1].

Die Vorteile des zweiten Verfahrens sind die, dass der zu untersuchende Wert nicht verändert wird und auch negativ sein darf. Allerdings brauchen wir eine zusätzliche Variable.

Als Fazit sollte der erste Ansatz immer dann zum Einsatz kommen, wenn nur positive Zahlen zu prüfen sind. Andernfalls muss auf den zweiten Lösungsansatz zurückgegriffen werden.

Lösung 2

Wenn Sie sich die Binärdarstellung verschiedener Zahlen genau anschauen, dann werden Sie feststellen, dass bei ungeraden Zahlen Bit0 immer gesetzt ist, wohingegen es bei geraden Zahlen immer den Wert 0 hat.

Mit diesem Wissen brauchen wir nur zu überprüfen, ob Bit0 gesetzt ist oder nicht. Wenn es nicht gesetzt ist, dann ist die Zahl gerade und die Funktion liefert einen wahren Wert zurück. Sollte Bit0 gesetzt sein, dann ist die Zahl ungerade und es wird ein falscher Wert zurückgegeben:

```
#include <iostream>

using namespace std;

bool iseven(long w)
{
  return((w&1)==0);
}

int main()
{
  long wert;

  cout << "Wert:";
  cin >> wert;
```

1. Denn wir können beim Rechtsverschieben negativer Werte nicht sicher sein, welche Füllbits verwendet werden. Daher wird die Formulierung einer Abbruchbedingung nicht so einfach.

```
  if(iseven(wert))
    cout << wert << " ist gerade." << endl;
  else
    cout << wert << " ist ungerade." << endl;
}
```

Den Quellcode dieser Lösung finden Sie auf der CD-ROM unter \KAP04\LOESUNG\02A.CPP.

Die *iseven*-Funktion kann man noch folgendermaßen vereinfachen:

```
bool iseven(long w)
{
  return(!(w&1));
}
```

Den Quellcode dieser Lösung finden Sie auf der CD-ROM unter \KAP04\LOESUNG\02B.CPP.

Lösung 3

Da eine Verschiebung nach links den gleichen Effekt wie eine Multiplikation mit 2 hat, muss eine doppelte Verschiebung nach links äquivalent zu einer Multiplikation mit 4 sein. Die Lösung lautet damit:

```
x<<2;
```

Beachten Sie, dass dies nur mit positiven Zahlen funktioniert!

Lösung 4

```
#include <iostream>

using namespace std;

void deztobin(unsigned long z)
{
unsigned long b=1;

  if(!z)
    {
      cout <<"0";
      return;
    }

  while(b<=z)
    b<<=1;

  b>>=1;
```

```
  while(b)
    {
      if(z&b)
        cout << "1";
      else
        cout << "0";
      b>>=1;
    }
}

int main()
{
  unsigned long wert;

  cout << "Wert:";
  cin >> wert;

  cout << wert << " entspricht ";
  deztobin(wert);
  cout << endl;
}
```

Den Quellcode dieser Lösung finden Sie auf der CD-ROM unter \KAP04\LOESUNG\04A.CPP.

Die erste *if*-Anweisung in *deztobin* prüft den Sonderfall, dass der Wert 0 ist.

Die erste *while*-Schleife ermittelt das höchstwertige 1-Bit des Wertes.

Sobald die Wertigkeit eines Bits größer ist als der gesamte Wert, wissen wir, dass alle 1-Bits von *z*, bezogen auf die Position des 1-Bits in *b*, Positionen rechts von *b* haben müssen. Auf dieser Tatsache beruht auch die Abbruchbedingung der Schleife.

Da alle Positionen der 1-Bits rechts von *b* liegen, muss an der Position in *z*, die der Position des 1-Bits in *b* entspricht, ein 0-Bit sein. Deswegen wird b vor der eigentlichen Ausgabe einmal nach rechts geschoben.

Die für die Ausgabe zuständige *while*-Schleife prüft die einzelnen Bits von *z* auf die gleiche Weise, die wir schon in den vorherigen Übungen kennen gelernt haben, und gibt entsprechend das Zeichen '0' oder '1' aus.

Ein anderer Ansatz ist der, den Wert von *b* direkt zu Anfang auf den des höchsten Bits zu setzen. Dazu wird zuerst über *sizeof* ermittelt, aus wie vielen Bytes ein *unsigned long*-Wert besteht. Da ein Byte aus acht Bits besteht, muss das Ergebnis von *sizeof* mit acht multipliziert werden, um die Bitbreite eines *unsigned long*-Wertes zu bekommen.

Wenn in *b* nun das Bit0 gesetzt wird, dann muss eine Linksverschiebung um die Anzahl der in *unsigned long* verwendeten Bits minus eins[1] das höchstwertige Bit setzen.

Anschließend muss *b* nur noch so lange nach rechts verschoben werden, bis *b* nicht mehr größer als die umzuwandelnde Zahl ist. In folgender *deztobin*-Funktion ist der soeben besprochene Ansatz umgesetzt:

```
void deztobin(unsigned long z)
{
  if(!z)
    {
      cout <<"0";
      return;
    }

  unsigned long b=1<<(sizeof(unsigned long)*8-1);

  while(b>z)
    b>>=1;

  while(b)
    {
      if(z&b)
        cout << "1";
      else
        cout << "0";
      b>>=1;
    }
}
```

Den Quellcode dieser Lösung finden Sie auf der CD-ROM unter \KAP04\LOESUNG\04B.CPP.

Ein noch eleganterer Ansatz besteht darin, b direkt über den zu prüfenden Wert zu berechnen. Dies geschieht mit dem Logarithmus Dualis.

Da dieser Logarithmus von der Standardbibliothek nicht zur Verfügung gestellt wird, muss mit der Formel *ld x = log x / log 2* Abhilfe geschaffen werden. *log* steht in der Formel für einen beliebigen zur Verfügung stehenden Logarithmus.

Um die Logarithmus-Funktionen der Standardbibliothek nutzen zu können, muss zusätzlich noch *cmath* mittels *#include* eingebunden werden. Die Umsetzung der *deztobin*-Funktion sieht wie folgt aus:

1. Minus eins deswegen, weil das erste Bit (Bit0) zu Anfang gesetzt wurde, um überhaupt etwas zum Verschieben zu haben.

```
void deztobin(unsigned long z)
{
  if(!z)
    {
      cout <<"0";
      return;
    }

  unsigned long b=1<< static_cast<unsigned long>(log(z)/log(2));

  while(b)
    {
      if(z&b)
        cout << "1";
      else
        cout << "0";
      b>>=1;
    }
}
```

Den Quellcode dieser Lösung finden Sie auf der CD-ROM unter \KAP04\LOESUNG\04C.CPP.

Lösung 5

```
int groupSize(unsigned long z)
{
  unsigned long b=1;
  int max=0, akt=0;

  while(b<=z)
    {
      if(z&b)
        {
          akt++;
        }
      else
        {
          if(akt>max)
            max=akt;
          akt=0;
        }
      b<<=1;
    }

  if(akt>max)
    max=akt;
```

```
  return(max);
}
```

Die äußere *if*-Schleife sorgt bei einem gesetzten Bit dafür, dass der aktuelle Zähler hochgezählt wird. Bei einem 0-Bit wird geprüft, ob die aktuell ermittelte Gruppe von gesetzten Bits größer ist als die bisher größte. Sollte dies der Fall sein, dann wird die neu ermittelte Gruppe als bisher größte eingetragen.

Die *if*-Anweisung hinter der *while*-Schleife dient dazu festzustellen, ob das letzte überprüfte Bit ein 1-Bit war. Für diesen Fall konnte innerhalb der *while*-Schleife nämlich keine Überprüfung mehr stattfinden, ob die aktuelle Gruppe die größte ist.

Kommen wir nun noch zur *main*-Funktion. Um das Ergebnis besser überprüfen zu können, macht sie Gebrauch von der *deztobin*-Funktion:

```
int main()
{
  unsigned long wert;

  cout << "Wert:";
  cin >> wert;

  cout << "Die groesste 1-Bit-Gruppe von " << wert << " (Binaer:";
  deztobin(wert);
  cout << ") hat " << groupSize(wert) << " Bit(s)" << endl;
}
```

Den Quellcode dieser Lösung finden Sie auf der CD-ROM unter \KAP04\LOESUNG\05A.CPP.

Um die zusätzliche *if*-Anweisung hinter der *while*-Schleife in *groupSize* einzusparen, hätte man *groupSize* auch folgendermaßen programmieren können:

```
int groupSize(unsigned long z)
{
  unsigned long b=1;
  int max=0, akt=0;

  while(b<=z)
    {
      if(z&b)
        akt++;
      else
        akt=0;

      if(akt>max)
        max=akt;

      b<<=1;
```

```
    }

  return(max);
}
```

Den Quellcode dieser Lösung finden Sie auf der CD-ROM unter \KAP04\LOESUNG\05B.CPP.

Dadurch wird das Programm zwar kürzer, aber nun muss *if(akt>max)* bei jedem Schleifendurchlauf abgearbeitet werden. In der ersten Version musste diese *if*-Anweisung nur abgearbeitet werden, wenn der Test auf ein 0-Bit stieß.

Der zweite Ansatz ist programmmäßig zwar kürzer, dafür hat der erste Ansatz eine bessere Laufzeit.

Lösung 6

Die Idee dieser Lösung besteht darin, dass man ein Produkt in zwei Produkte und eine Summe aufspalten kann (z.B. 11*7 in (5*7)+(6*7)).

Wenn man ein Produkt nun so aufspaltet, dass ein Teilprodukt eine Zweierpotenz enthält, dann kann man dieses Teilprodukt durch Linksverschieben berechnen. Das andere Teilprodukt wird dann durch wiederholte Addition errechnet. Obiges Beispiel könnte dann aufgespalten werden in (4*11)+(3*11). Das erste Produkt kann somit durch zweimaliges bitweises Verschieben der Zahl 11 nach links berechnet werden.

Und genau diesen Ansatz verfolgt die *mul*-Funktion:

```
#include <iostream>

using namespace std;

unsigned long mul(unsigned int x, unsigned int y)
{
  if(!x||!y)
    return(0);

  unsigned int mul=1, shift=0;
  unsigned long produkt=0;

  while((mul*2)<=x)
    {
      shift+=1;
      mul*=2;
    }

  produkt=y<<shift;
  x-=mul;
```

```
  while(x--)
    produkt+=y;

  return(produkt);
}
```

In der ersten *if*-Anweisung wird der Sonderfall überprüft, ob einer der beiden Faktoren den Wert 0 besitzt, denn dann ist das gesamte Ergebnis 0.

Die erste *while*-Schleife ermittelt dasjenige Teilprodukt, welches durch Linksverschieben berechnet werden kann. Die Anweisungen danach nehmen diese Linksverschiebung vor.

Die zweite *while*-Schleife addiert das zweite Teilprodukt auf.

Hier noch die *main*-Funktion:

```
int main()
{
  unsigned int w1,w2;

  cout << "Wert1:";
  cin >> w1;
  cout << "Wert2:";
  cin >> w2;

  cout << "Das Produkt " << w1 << " * " << w2 <<
          " ergibt " << mul(w1,w2) << endl;
}
```

Den Quellcode dieser Lösung finden Sie auf der CD-ROM unter \KAP04\06.CPP.

Lösung 7

```
unsigned long bitReverse(unsigned long x)
{
  unsigned long e=0;

  do
    {
      e<<=1;

      if(x&1)
        e|=1;

      x>>=1;

    } while(x);
  return(e);
}
```

Man kann die Funktionsweise von *bitReverse* ganz einfach so erklären, dass die Bits, die aus dem Originalwert rausgeschoben werden, in den neuen Wert reingeschoben werden. Dadurch drehen sie sich autormatisch.

Die Idee ist die wie bei einem Stapel Zeitschriften. Wenn Sie von diesem Stapel immer die obere Zeitschrift wegnehmen und diese dann auf einen neuen Stapel legen, dann haben Sie, wenn der Originalstapel keine Zeitschriften mehr besitzt, einen neuen Stapel, auf dem die Zeitschriften genau in umgekehrter Reihenfolge gestapelt sind als im alten Stapel.

Die dazugehörige *main*-Funktion sieht aus wie unten aufgeführt:

```
int main()
{
  unsigned long w,erg;

  cout << "Wert:";
  cin >> w;
  erg=bitReverse(w);
  cout << "Originalwert " << w << ", Binaer ";
  deztobin(w);
  cout << "\nFunktionsergebnis " << erg << ", Binaer ";
  deztobin(erg);
  cout << endl;
}
```

Den Quellcode dieser Lösung finden Sie auf der CD-ROM unter \KAP04\LOESUNG\07.CPP.

Lösung 8

```
unsigned long bitReverse(unsigned long x)
{
  unsigned long e=0;

  do
    {
      e<<=1;
      e|=x&1;
      x>>=1;

    } while(x);
  return(e);
}
```

Den Quellcode dieser Lösung finden Sie auf der CD-ROM unter \KAP04\LOESUNG\08.CPP.

Auch wenn Sie nicht selbst auf die Lösung gekommen sind, sollten Sie in der Lage sein, die Lösung zu verstehen. Wenn nicht, dann sollten Sie das Beispiel, wie die Funktion den Wert 105 in den Wert 75 umwandelt, einmal auf Papier durchspielen, indem Sie zuerst die 105 in ihre Binärdarstellung umwandeln und dann *bitReverse* darauf ansetzen.

Lösung 9

Wenn Sie die schriftliche Multiplikation ins Binärsystem übertragen, werden Sie feststellen, dass aufgrund der Tatsache, dass es nur Nullen und Einsen gibt, bei der Erzeugung der Produkte auch nur die beiden Möglichkeiten *0*faktor2* und *1*faktor2* auftreten können. Das versetzte Untereinanderschreiben der Teilprodukte können wir durch Linksverschiebung realisieren.

Mit diesem Wissen kommen wir zu einem Schema, welches beispielhaft für das Produkt 115*111 in Abbildung 4.5 dargestellt ist.

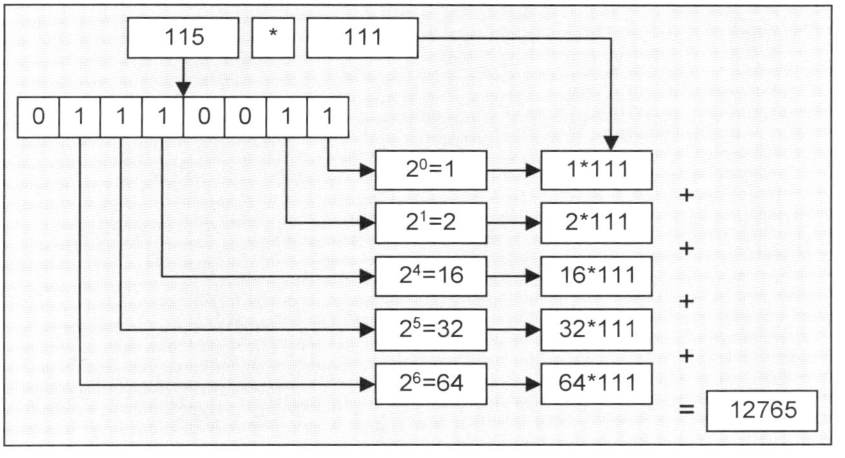

Abbildung 4.5: Das Schema der schriftlichen Multiplikation

Wie Sie sehen, brauchen nur die Stellen betrachtet zu werden, an denen der erste Faktor ein 1-Bit hat. Das Teilprodukt wird berechnet, indem der zweite Faktor mit dem Wert, für den das 1-Bit steht, multipliziert wird. Anders ausgedrückt: Ist Bit x ein 1-Bit, dann berechnet man das Teilprodukt durch Faktor*2<<x*.

Man kann dies noch vereinfachen, indem man kontinuierlich den Faktor2 nach links verschiebt, während man im Faktor1 nach 1-Bits sucht. Diese Idee findet sich in der folgenden *mul*-Funktion wieder:

```
unsigned long mul(unsigned int x, unsigned int y)
{
  if(!x||!y)
    return(0);
```

```
  unsigned long produkt=0;

  while(x)
    {
      if(x&1)
        produkt+=y;
      x>>=1;
      y<<=1;
    }

  return(produkt);
}
```

Den Quellcode dieser Lösung finden Sie auf der CD-ROM unter \KAP04\LOESUNG\09.CPP.

Dieses Verfahren zur Multiplikation zweier Zahlen wird auch in Mikroprozessoren zur Realisierung der Multiplikations-Befehle benutzt.

5 Zeiger, Referenzen und Felder

Dieses Kapitel beschäftigt sich unter anderem mit den Zeigern. Obwohl die Zeiger in C++ in vielen Bereichen durch Referenzen ersetzt werden können, lassen sich einige Probleme nicht ohne sie lösen.

Darüber hinaus kommen in C++ viele Funktionen der ehemaligen C-Standardbibliothek zum Einsatz, die alleine aus dem Grunde schon Zeiger verwenden, weil es in C keine Referenzen gibt.

Schauen wir uns einmal in Abbildung 5.1 eine typische Variable an.

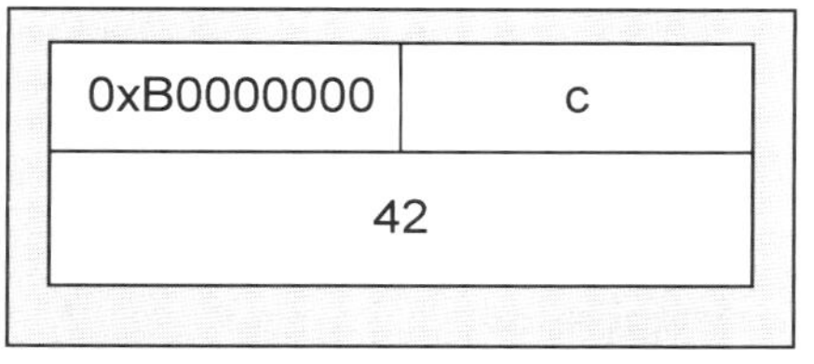

Abbildung 5.1: eine Variable

Die Variable besitzt einen Namen[1], einen Wert[2] und eine Adresse[3]. Über den Namen einer Variablen wird der in ihr gespeicherte Wert angesprochen.

5.1 Zeiger

&

Es gibt aber auch einen Operator, der uns die Adresse einer Variablen liefert. Es ist der **Adressoperator** &.

```
#include <iostream>

using namespace std;

int main()
{

  int x=4;
```

1. Der vom Programmierer festgelegt wird und der für den späteren Benutzer nicht wichtig und daher auch nicht sichtbar ist.
2. Der in irgendeiner Form der Variablen zugewiesen wurde (Initialisierung, Ergebnis einer Rechnung etc.).
3. Auf die weder der Programmierer noch der Benutzer einen Einfluss haben, denn sie hängt davon ab, in welchem Speicherbereich das Programm letztlich abgearbeitet wird. Dieser Speicherbereich liegt bei den meisten Systemen bei jedem Programmstart an einer anderen Stelle.

```
  cout << "x hat den Wert " << x << "und die Adresse " << &x << endl;

  return(0);
}
```

Den Quellcode finden Sie auf der CD-ROM unter \KAP05\BEISPIEL\01.CPP.

Um nun die Adresse der Variablen speichern zu können, brauchen wir einen speziellen Variablentyp: den Zeiger. Ein Zeiger wird immer als ein Zeiger auf einen bestimmten Variablentyp definiert. Das heißt, wenn wir die Adresse einer *int*-Variablen aufnehmen wollen, muss der Zeiger vom Typ »zeigt auf *int*« sein.

Wir ergänzen unser Programm durch folgende Zeilen:

```
int *z=&x;
cout << "x hat den Wert " << *z << "und die Adresse " << z << endl;
```

Den ergänzten Quellcode finden Sie auf der CD-ROM unter \KAP05\BEISPIEL\02.CPP.

* Der Zeiger wird bei der Definition durch einen vorangestellten **Dereferenzierungsoperator** * gekennzeichnet. Wie am vorigen Beispiel zu sehen ist, kann über den Zeiger – wenn er einmal die Adresse einer Variablen des entsprechenden Typs gespeichert hat – mit Hilfe des Dereferenzierungsoperators auf den Inhalt der Variablen zugegriffen werden, deren Adresse der Zeiger beinhaltet.

Abbildung 5.2 stellt eine Zusammenfassung der Zugriffsmöglichkeiten eines Zeigers dar.

Durch bloßes Verwenden des Namens wird der Inhalt des Zeigers angesprochen, also die gespeicherte Adresse.

Die Schreibweise &z ermittelt die Adresse des Zeigers selbst, die wiederum einem Zeiger auf Zeiger zugewiesen werden kann.

Mit *z schließlich wird der Wert der Variablen angesprochen, auf die der Zeiger verweist, sprich: deren Adresse er gespeichert hat.

Zeiger als Funktionsparameter

Zeiger können als Funktionsparameter verwendet werden. Dadurch hat man die Möglichkeit, direkt den Wert der übergebenen Variablen zu verändern. In der Funktion wird dann nicht mehr mit einer Kopie, sondern mit dem Original gearbeitet:

```
#include <iostream>

using namespace std;

void quadrat(int *x)
{
  *x=*x * *x;
}
```

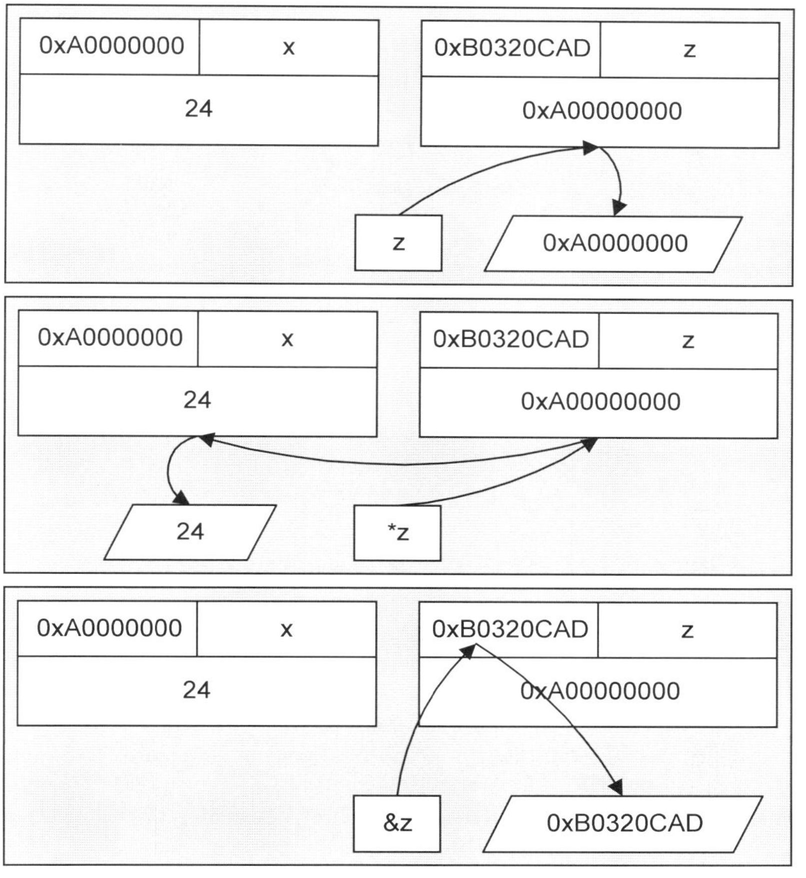

Abbildung 5.2: die drei Zugriffsmöglichkeiten eines Zeigers

```
int main()
{
  int a;

  cout << "Wert:";
  cin >> a;
  quadrat(&a);
  cout << "Das Quadrat betraegt " << a << endl;
}
```

Den Quellcode finden Sie auf der CD-ROM unter \KAP05\BEISPIEL\03.CPP.

5.2 Referenzen

Referenzen können grob als implizite Zeiger verstanden werden, weil die den Referenzen inhärente Zeigerarithmetik nicht von außen zugänglich ist und damit einige Vor- und Nachteile gegenüber richtigen Zeigern mit sich bringt.

Eine Referenz wird folgendermaßen definiert:

```
#include <iostream>

using namespace std;

int main()
{

  int x=4;
  int &r=x;

  cout << "x hat den Wert " << x << " und die Adresse " << &x << endl;
  cout << "x hat den Wert " << r << " und die Adresse " << &r << endl;
}
```

Den Quellcode finden Sie auf der CD-ROM unter \KAP05\BEISPIEL\04.CPP.

Referenzen müssen bei ihrer Definition auch initialisiert werden, weil sie anschließend wie herkömmliche Variablen verwendet werden. Der Unterschied liegt darin, dass die explizite Dereferenzierung wegfällt. Daraus resultiert aber auch der Nachteil: Eine Referenz ist während ihrer gesamten Lebendauer an eine Variable gebunden. Deswegen bezeichnet man Referenzen auch als Alias.

5.3 Felder

Das nächste Thema sind Variablenfelder. Felder werden eingesetzt, wenn viele Variablen desselben Typs benötigt werden, die über einen Index angesprochen werden sollen. Wenn beispielsweise zehn *int*-Variablen benötigt werden, deren Inhalt auf gleiche Weise bearbeitet werden soll, dann wäre folgende Definition schlecht:

```
int x1,x2,x3,x4,x5,x6,x7,x8,x9,x10;
```

Nicht nur, dass die Schreibweise aufwändig ist, der die Variable verwendende Quelltext müsste für jede Variable einzeln ins Programm eingefügt werden. Wollten wir z.B. zehn Werte in diese Variablen einlesen, dann müssten wir zehn *cout*-Anweisungen verwenden, weil wir nicht in der Lage sind, sie in einer Schleife einzulesen.

Deswegen werden Felder eingesetzt:

Syntax

```
int x[10];
```

Auf diese Weise haben wir zehn Variablen vom Typ *int* definiert, auf die dann über einen Index zugegriffen werden kann:

```
#include <iostream>

using namespace std;


int main()
{
  int c,x[10];

  for(c=0;c<10;c++)
    {
      cout << "Wert " << (c+1) << ":";
      cin >> x[c];
    }

  for(c=0;c<10;c++)
    cout << "Wert " << (c+1) << " = " << x[c] << endl;
}
```

Den Quellcode finden Sie auf der CD-ROM unter \KAP05\BEISPIEL\05.CPP.

Das erste Element eines Feldes hat den Index 0. Daher hat das letzte Element eines x-elementigen Feldes den Index x-1.

Der Name eines Feldes ohne Index steht für seine Adresse, deswegen könnten wir in Anlehnung an das vorherige Beispiel Folgendes schreiben:

```
int *z;
  z=x;

  for(c=0;c<10;c++)
    cout << "Wert " << (c+1) << " = " << z[c] << endl;
```

Der Zeiger auf eine Variable ist identisch mit dem Zeiger auf ein Feld.

Genau nach diesem Schema können Felder auch an Funktionen übergeben werden.

Felder können nur als Adresse an eine Funktion übergeben werden. Die Funktion arbeitet daher mit den Originalwerten. Wird eine lokale Kopie benötigt, muss diese selbst angefertigt werden.

Die Funktion, die die Adresse eines Feldes bekommen hat, kann allerdings nicht feststellen, wie viele Elemente das Feld umfasst. Diese Information muss deswegen entweder als Konstante festgelegt oder der Funktion als zusätzlicher Parameter übergeben werden.

5.4 Übungen

Übung 1

Schreiben Sie eine Funktion *swap*, der Sie zwei *int*-Variablen übergeben und die die Werte der beiden Variablen vertauscht. Dies soll sich auch auf die Original-Werte auswirken. Implementieren Sie zwei Varianten, einmal mit Zeigern und einmal mit Referenzen.

Schreiben Sie zum Testen von *swap* eine *main*-Funktion, die ungefähr folgende Ein- und Ausgabe zulässt:

```
Wert1:5
Wert2:9
Die Werte sind 5 und 9
Die Werte sind 9 und 5
```

Übung 2

Schreiben Sie eine Funktion namens *summe*, die

$$\sum_{i=0}^{n-1} x_i$$

berechnet. Das Sigma-Zeichen bedeutet die Summe aller *x* mit Index im Bereich [0, n-1]. Der Funktionskopf soll folgendermaßen aussehen:

```
long double summe(long double *f, int n)
```

f ist ein Zeiger auf ein Feld mit *long double*-Elementen und *n* die Anzahl der Elemente des Feldes, auf das *f* zeigt.

Übung 3

Schreiben Sie eine Funktion namens *durchschnitt*, die den Durchschnittswert eines Feldes berechnet. Der Durchschnittswert ist definiert als

$$\frac{\sum_{i=0}^{n-1} x_i}{n}$$

Wobei *n* die Anzahl der Elemente im Feld ist. Der Funktionskopf soll folgendermaßen aussehen:

```
long double durchschnitt(long double *f, int n)
```

f ist ein Zeiger auf ein Feld mit *long double*-Elementen und *n* die Anzahl der Elemente des Feldes, auf das *f* zeigt.

Übung 4

Schreiben Sie eine Funktion *input*, der Sie die Adresse eines *long*-Feldes und die Anzahl der einzulesenden Werte übergeben. *input* liest dann diese Werte von der Tastatur ein und speichert sie im Feld.

Schreiben Sie darüber hinaus noch eine Funktion *output*, die die gleichen Parameter wie *input* besitzt und die entsprechenden Werte auf dem Bildschirm ausgibt.

Berücksichtigen Sie mögliche Fehlerquellen.

Übung 5

Schreiben Sie eine Funktion *maximum*, der Sie die Adresse eines *long*-Feldes und die Anzahl der in ihm enthaltenen Elemente übergeben. Die Funktion liefert dann die **Position** – nicht den Wert – des größten Elementes in Form des Feldindizes als *long*-Wert zurück.

Schreiben Sie dazu eine *main*-Funktion, die *input* aus Übung 4 benutzt und ungefähr folgende Ein- und Ausgabe aufweist:

```
Geben Sie die Anzahl der Werte ein (1-100):5
Wert 1:12
Wert 2:-17
Wert 3:22
Wert 4:8
Wert 5:-56

Das Maximum ist 22
```

Übung 6

Schreiben Sie eine Funktion *sort*, der die Adresse eines *long*-Feldes und die Anzahl der in ihm enthaltenen Werte übergeben werden. Die Funktion *sort* sortiert dann dieses Feld aufsteigend.

sort soll so entworfen werden, dass sie nützlichen Gebrauch von der Funktion *maximum* aus Übung 5 macht.

Schreiben Sie eine entsprechende *main*-Funktion um *sort* zu überprüfen. Benutzen Sie dazu – wenn Sie wollen – die Funktionen *input* und *output* aus Übung 4.

Übung 7

Stellen Sie sich vor, Sie haben ein Feld mit 8-Bit großen Werten, die Zahlen von 0-255 darstellen können. Nun müssen diese Daten irgendwie irgendwohin übertragen werden. Nehmen wir als Beispiel eines Übertragungsmediums einmal das Internet.

Leider gibt es aber im Internet die unterschiedlichsten Rechnertypen und einige von ihnen sind nur in der Lage, 7-Bit große Werte zu übertragen. Sollte unser Feld über einen solchen Rechner übertragen werden[1], dann kommen die Daten nicht mehr komplett am Zielort an. Wir müssen daher die 8-Bit-Daten in 7-Bit-Daten umkodieren. Am einfachsten geschieht dies, indem man die einzelnen Daten zusammenfasst und als Bitstrom betrachtet. Schauen wir uns einmal drei beliebige 8-Bit-Werte an: 233, 110 und 41. Binär dargestellt sehen sie folgendermaßen aus:

```
00101001   01101110   11101001
```

Weil das niederwertigste Bit immer am weitesten rechts steht, gehen wir, um die Ordnung zu wahren, davon aus, dass der rechte der drei Werte der erste und der linke der dritte Wert ist.

Wir fassen diese drei Werte nun zusammen, indem wir ihre Bits einfach hintereinander schreiben:

```
001010010110111011101001
```

Diesen Bitstrom teilen wir nun in 7-Bit-Gruppen auf. Dabei beginnen wir wieder von rechts, weil dort das niederwertigste Bit steht:

```
001   0100101   1011101   1101001
```

Den vierten Wert können wir noch mit 0-Bits auffüllen, um einen kompletten 7-Bit-Wert zu erhalten. Die umkodierten Werte sind 105, 93, 37 und 1. Wir sind nun in der Lage, die so umkodierten Daten ohne Verluste zu verschicken. Der Empfänger kann diese Daten dann wieder in die Originalform zurückkodieren.

Ihre Aufgabe besteht nun darin, eine Funktion *encode* zu schreiben, die die oben beschriebene Umkodierung vornimmt und folgenden Funktionskopf besitzen soll:

```
void encode(long *qf, long *zf, long anz, int bits)
```

qf ist das 8-Bit Zeichen umfassende Feld, *zf* ist das Feld, in dem die umkodierten Daten gespeichert werden sollen, *anz* ist die Anzahl der zu kodierenden 8-Bit-Daten und *bits* schließlich ist die Anzahl der Bits, die für die neu kodierten Daten maximal verwendet werden dürfen. (Im oberen Beispiel wäre dies 7 gewesen.) Für *bits* sollten Werte von 1-16 zu einem korrekten Ergebnis führen.

Schreiben Sie dazu eine *main*-Funktion, die *input* und *output* aus Übung 4 verwendet und folgende Ein- und Ausgabe ermöglicht:

1. Es liegt in der Natur des Internets, dass nicht vorhergesagt werden kann, welche Route die zu übertragenden Daten von der Quelle zum Ziel nehmen werden. Es geht sogar so weit, dass die zu übertragenden Daten in Pakete aufgeteilt werden und diese selbst unterschiedliche Routen nehmen können.

```
Geben Sie die Anzahl der Werte ein (1-100):3
Geben Sie die Anzahl der Bits ein (1-7):7
Wert 1:233
Wert 2:110
Wert 3:41

Umkodiert:
Wert 1:105
Wert 2:93
Wert 3:37
Wert 4:1
```

Übung 8

Schreiben Sie eine Funktion *decode*, die die mit der *encode*-Funktion aus Übung 7 kodierten Daten wieder zurück in ihr Originalformat kodiert.

Lösen Sie diese Aufgabe nicht, bevor Sie Übung 7 gelöst haben.

Die *decode*-Funktion soll folgenden Funktionskopf haben:

```
void decode(long *qf, long *zf, long anz, int bits)
```

qf ist das Quellfeld (die kodierten Daten), *zf* ist das Zielfeld, *anz* beinhaltet die Anzahl kodierter Daten und *bits* gibt an, wie viel Bits für die Kodierung verwendet wurden.

Erweitern Sie die *main*-Funktion aus Übung 7, um die *decode*-Funktion testen zu können.

Übung 9

Schreiben Sie ein Programm, in welches Sie eine Reihe von Fließkommazahlen eingeben können. Das Programm soll dann die Summe, den Durchschnitt, das Minimum, das Maximum sowie die größte Abweichung vom Durchschnitt nach oben und nach unten ausgeben. Die Ausgabe soll ähnlich der folgenden aussehen:

```
Geben Sie die Anzahl der Werte ein:4
Wert 1:2.64
Wert 2:8.43
Wert 3:-2.5564
Wert 4:22.53
Summe        :31.043600
Minimum      :-2.556400
Maximum      :22.530000
Durchschnitt:7.760900
Max. negative Abweichung vom Durchschnitt:14.769100
Max. positive Abweichung vom Durchschnitt:10.317300
```

Versuchen Sie das Programm so effizient wie möglich zu programmieren.

Übung 10

Schreiben Sie eine Funktion *quadrat*, die eine Variable quadriert. *quadrat* muss aus einer anderen Funktion heraus aufgerufen werden können und in der Lage sein, zum Beispiel eine lokale Variable der aufrufenden Funktion zu quadrieren. Diese Quadratur muss sich auf die originale Variable auswirken.

Die Funktion *quadrat* darf **keine Funktionsparameter** besitzen. Lediglich ein Rückgabewert ist erlaubt.

5.5 Tipps

Tipps zu 5

- Überlegen Sie sich, welche Schwierigkeiten beim Initialisieren der für die Maximum-Bestimmung nötigen Variablen auftreten können.
- Denken Sie darüber nach, welche Werte diese Variablen zu Beginn annehmen sollen bzw. dürfen.

Tipps zu 6

- Seien Sie sich darüber im Klaren, welche Vorteile die *maximum*-Funktion für die Sortierung eines Feldes bietet.
- In dem Moment, wo Sie das größte Element eines Feldes kennen, können Sie es schon an die in einem sortierten Feld richtige Stelle kopieren.
- Denken Sie darüber nach, wie Sie das Problem der Sortierung, nachdem das größte Element an seinem richtigen Platz steht, so vereinfachen können, dass Ihnen die *maximum*-Funktion erneut weiterhilft.

Tipps zu 7

- Sie müssen eine Schleife entwerfen, die die einzelnen Bits der 8-Bit-Daten so anspricht, als handle es sich nicht um einzelne Werte, sondern um einen einzigen Strom von Bits.
- Entwerfen Sie dann eine zweite Schleife, die diesen Bitstrom in die entsprechenden Pakete einteilt, die Bits also wieder zu Werten gruppiert.
- Sie müssen diese beiden Schleifen dann so ineinander verflechten, dass die zweite Schleife ein Bit bearbeitet, sobald die erste Schleife ein Bit liefert.
- Als Ergebnis erhalten Sie dann eine einzige Schleife, die aus dem Quellfeld bitweise liest und in das Zielfeld bitweise schreibt, dabei aber die Neugruppierung der Bits vornimmt.

Tipps zu 10

- Sie müssen irgendwie der Funktion *quadrat* den zu quadrierenden Wert übergeben, ohne die Funktionsparameter zu verwenden.
- Versuchen Sie, einen Zeiger auf eine lokale Variable der *quadrat*-Funktion zu bekommen, und darüber den zu quadrierenden Wert an die Funktion weiterzuleiten.
- Sie müssen dabei Variablen benutzen, die nach Beendigung der Funktion nicht gelöscht werden.

5.6 Lösungen

Lösung 1

Zuerst schauen wir uns die Lösung mit Zeigern an:

```
#include <iostream>

using namespace std;

void swap(int *x, int *y)
{
  int a=*x;
  *x=*y;
  *y=a;
}

int main()
{
  int x,y;

  cout << "Wert1:";
  cin >> x;
  cout << "Wert2:";
  cin >> y;

  cout << "Die Werte sind " << x << " und " << y << endl;
  swap(&x, &y);
  cout << "Die Werte sind " << x << " und " << y << endl;
}
```

Den Quellcode dieser Lösung finden Sie auf der CD-ROM unter \KAP05\LOESUNG\01A.CPP.

Die *swap*-Funktion mit Referenzen sieht wie folgt aus:

```
void swap(int &x, int &y)
{
  int a=x;
  x=y;
  y=a;
}
```

Den Quellcode dieser Lösung finden Sie auf der CD-ROM unter \KAP05\LOESUNG\01B.CPP.

Weil Referenzen nicht explizit dereferenziert werden müssen, ist die Schreibweise identisch mit normalen Variablen. Aus diesem Grund ändert sich auch der Aufruf von *swap*:

```
swap(x, y);
```

Lösung 2

```
long double summe(long double *f, int n)
{
long double x=0.0;

  for(n-=1;n>=0;n--)
    x+=f[n];

  return(x);
}
```

Den Quellcode dieser Lösung finden Sie auf der CD-ROM unter \KAP05\LOESUNG\02.CPP.

Durch das Einsetzen von *n* als Zählvariable der Schleife kann eine sonst notwendige zusätzliche Zählvariable eingespart werden *n* wird im Initialisierungsteil der *for*-Schleife um eins vermindert, weil das x-te Element eines Feldes den Index *x-1* hat.

Lösung 3

```
long double durchschnitt(long double *f, int n)
{
  return(summe(f,n)/n);
}
```

Den Quellcode dieser Lösung finden Sie auf der CD-ROM unter \KAP05\03.CPP.

durchschnitt vereinfacht sich stark, wenn die bereits implementierte Funktion *summe* zum Einsatz kommt. Das Ergebnis von *summe* muss dann nur noch durch die Anzahl der Elemente dividiert werden.

Lösung 4

```
bool input(long *feld, long anz)
{
  if(anz<1)
    return(false);

  for(int x=0;x<anz;x++)
    {
      cout << "Wert " << (x+1) << ":";
      cin >> feld[x];
    }
  return(true);
}
```

Bevor die Eingabeschleife startet, wird überprüft, ob die übergebene Anzahl einen Wert größer gleich 1 hat. Ansonsten ist eine Eingabe unsinnig, und die Funktion bricht mit einem Fehlerwert ab.

```
bool output(long *feld, long anz)
{
  if(anz<1)
    return(false);

  for(int x=0;x<anz;x++)
    cout << "Wert " << (x+1) << ":" << feld[x] << endl;

  return(true);
}
```

Den Quellcode dieser Lösung finden Sie auf der CD-ROM unter \KAP05\LOESUNG\04.CPP.

Lösung 5

```
long maximum(long *feld, long anz)
{
  long max=feld[0],pos=0;
  for(int x=1;x<anz;x++)
    if(feld[x]>max)
      {
        max=feld[x];
        pos=x;
      }

  return(pos);
}
```

Den Quellcode dieser Lösung finden Sie auf der CD-ROM unter \KAP05\LOESUNG\05.CPP.

Zur *maximum*-Funktion ist zu sagen, dass man sich darüber klar werden musste, welchen Wert man als Initialisierungswert von *max* wählt.

Man sollte erkennen, dass ein konstanter Wert nicht in Frage kommt, es sei denn, man nähme den kleinstmöglichen Wert, der aber von Maschine zu Maschine variieren kann.

```
int main()

{

  long x[100],anz;

  cout << "Geben Sie die Anzahl der Werte ein (1-100):";

  cin >> anz;

  input(x,anz);

  cout << "\nDas Maximum ist " << x[maximum(x,anz)] << endl;

}
```

In *main* muss darauf geachtet werden, dass *maximum* lediglich die Position des Maximums im Feld zurückliefert. Um den tatsächlichen Wert des Maximums zu bekommen, muss der Rückgabeparameter von *maximum* als Feldindex für *x* eingesetzt werden.

Lösung 6

```
void sort(long *feld, long anz)
{
  long x,s,spos;
  for(x=anz-1;x>0;x--)
    {
      spos=maximum(feld,x+1);
      s=feld[spos];
      feld[spos]=feld[x];
      feld[x]=s;
    }
}
```

Den Quellcode dieser Lösung finden Sie auf der CD-ROM unter \KAP05\LOESUNG\06.CPP.

Die hinter diesem Verfahren liegende Idee ist die des **Selection-Sort**. Sie sieht folgendermaßen aus:

- Suche das größte Element des Feldes.
- Das größte Element hat in einem aufsteigend sortierten Feld die letzte Position bzw. den höchsten Index im Feld, deswegen vertauschen wir das größte gefundene Element mit dem letzten Element des Feldes.

- Das letzte Element des Feldes ist jetzt an seinem richtigen Platz. Wir verkleinern nun das Feld um ein Element, so dass das bisher letzte Element nicht mehr zum Feld gehört, und beginnen die Betrachtungen für das um ein Element verminderte Feld erneut.
- Dies führen wir so lange fort, bis das zu betrachtende Feld nur noch aus einem Element besteht. Dann sind wir fertig.

Dieser Vorgang ist grafisch in Abbildung 5.3 dargestellt. Ein Beispiel für die Sortierung eines sieben-elementigen Feldes finden Sie in Abbildung 5.4.

Es ist noch anzumerken, dass diese Implementation des Sortierverfahrens nicht stabil ist. Dies bedeutet, dass die relative Reihenfolge gleicher Werte zueinander verändert wird. Das spielt bei bloßen Zahlen keine Rolle. Ginge es jedoch darum, eine Adresskartei zu sortieren, dann müsste auf so etwas geachtet werden.

Man kann das Sortierverfahren allerdings stabil machen, indem man entweder den Vergleich > in *maximum* in >= umändert oder die Suchrichtung in *maximum* umdreht, also am Ende des Feldes beginnt und am Anfang aufhört.

Um die Zuweisungen innerhalb des *if*-Anweisungsblockes gering zu halten, sollte man sich für letztere Möglichkeit entscheiden.

Zum Abschluss der Lösung wird noch die geforderte *main*-Funktion abgedruckt:

```
int main()
{

  long x[100],anz;

  cout << "Geben Sie die Anzahl der Werte ein (1-100):";
  cin >> anz;
  input(x,anz);
  sort(x,anz);
  cout << "\nSortiert:\n-------------\n";
  output(x,anz);
}
```

Lösung 7

Schauen wir uns zunächst eine einfach und daher leichter verständliche Lösung an:

```
void encode(long *qf, long *zf, long anz, int bits)
{
  int q=0,z=0,qb=1,zb=1,qp=0,zp=0;

  while(qp<anz)
    {
```

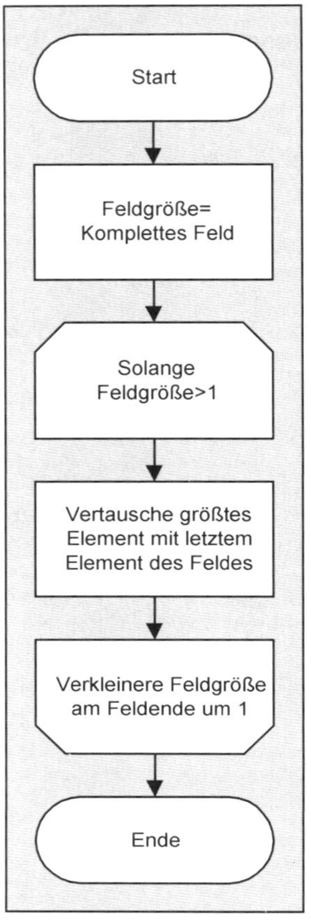

Abbildung 5.3: Eine Form des Selection-Sort

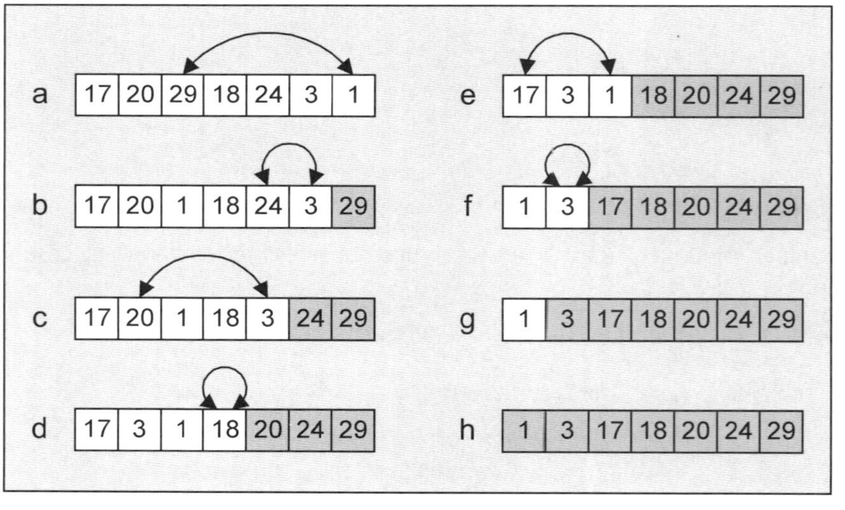

Abbildung 5.4: Ein Beispiel zu Selection-Sort

```
      if(qf[qp]&qb)
        zf[zp]|=zb;

      zb<<=1;
      qb<<=1;
      q++;
      z++;

      if(q==8)
        {
          q=0;
          qp++;
          qb=1;
        }
      if(z==bits)
        {
          z=0;
          zp++;
          zb=1;
        }
    }
}
```

Den Quellcode dieser Lösung finden Sie auf der CD-ROM unter \KAP05\LOESUNG\07A.CPP.

Die Namensgebung sieht so aus, dass sich alle Variablen, die mit 'q' anfangen, auf die Quelldaten und alle Variablen, die mit 'z' beginnen, auf die Zieldaten beziehen.

q und *z* sind die aktuell betroffenen Bitpositionen innerhalb des aktuellen Datums.

qp und *zp* geben den Index des Feldes an, also das aktuell zu bearbeitende Datum.

qb und *zb* schließlich geben den tatsächlichen Wert an, den jeweils das Bit an Position *q* und *z* besitzt. Dabei gelten die Gleichungen $qb=2b$ und $zb=2z$.

Die Funktion geht davon aus, dass das leere Zielfeld ausschließlich Nullen enthält.

Die *while*-Schleife läuft so lange, bis alle Daten des Quellfeldes bearbeitet wurden.

Die erste *if*-Anweisung sorgt dafür, dass das aktuell zu bearbeitende Bit im Quellfeld an die richtige Position im Zielfeld kopiert wird. Kopieren heißt in diesem Fall, dass das Bit im Zielfeld gesetzt wird, wenn es auch im Quellfeld gesetzt ist. Denn nicht gesetzte Bits werden schon durch die Forderung, dass das Zielfeld nur Nullen enthält, abgedeckt. Wenn Sie das Kapitel über die bitweisen Operatoren verstanden haben, müsste Ihnen diese Anweisung klar sein.

Danach werden die betroffenen Variablen so verändert, dass das nächste Bit bearbeitet werden kann.

Sollte das zu bearbeitende Bit des Quellfeldes die Position 8 haben (bei 8 Bits sind ja nur die Positionen 0-7 benutzt), dann muss auf das nächste Datum gewechselt werden. Dazu wird der Feldindex *qp* um eins erhöht und die Variablen *q* und *qb* auf das erste Bit (Bit0) gesetzt.

Das Gleiche gilt für die Variablen des Zielfeldes, wenn dort kein gültiges Bit mehr angesprochen wird. (Da die Anzahl der verwendeten Bits pro Datum *bits* ist, können nur an den Positionen *0 – (bits-1)* verwendbare Bits sein.

Falls Sie die Funktion noch nicht so ganz verstanden haben, sollten Sie das Programm einmal für das in der Übung beschriebene Beispiel durchspielen.

Um die Funktion zu überprüfen, brauchen wir noch eine *main*-Funktion:

```
int main()
{
  long x[100],y[800],anz;
  int bits;

  for(anz=0;anz<800; anz++)
    y[anz]=0;

  cout << "Geben Sie die Anzahl der Werte ein (1-100):";
  cin >> anz;
  cout << "Geben Sie die Anzahl der Bits ein (1-7):";
  cin >> bits;
  input(x,anz);
  encode(x,y,anz,bits);
  cout << "\nUmkodiert:\n";
  output(y,(long)(ceil(anz*8.0/bits)));
}
```

Das Zielfeld wurde achtmal so groß gewählt wie das Quellfeld, weil im schlimmsten Fall (wenn *bits* gleich 1 ist) für jedes Bit ein Feldelement benötigt wird. Anschließend wird das Zielfeld unter Missbrauch von *anz* als Zählvariable gelöscht.

Interessant ist hier vielleicht auch der Aufruf von *output*. Die Anzahl der 8-Bit-Werte mal 8 ergibt die Anzahl der benutzten Bits. Teilt man die Anzahl der Bits durch die Anzahl der verwendeten Bits pro umkodiertem Wert, dann erhalten wir die Anzahl der benötigten Werte. Wir runden dann nur noch mit *ceil* auf, um ein eventuell nicht komplett belegtes Element am Schluss miteinzubeziehen. Es muss eine explizite Typumwandlung nach *long* erfolgen, weil *ceil* einen Rückgabewert vom Typ *double* hat.

Wir wollen nun noch die *encode*-Funktion etwas vereinfachen. Es wurde weiter oben bereits erwähnt, dass eine Beziehung zwischen *q, z, qb* und *zb* besteht, nämlich *qb=2b* und *zb=2z.*

Mit diesen Gleichungen können wir die Variablen *qb* und *zb* eliminieren. Gleichzeitig legen wir das Inkrementieren von *q* und *z* in die entsprechende *if*-Bedingung:

```
void encode(long *qf, long *zf, long anz, int bits)
{
  int q=0,z=0;
  long bytes=0;

  while(bytes<anz)
    {
      if(*qf&(1<<q))
      *zf|=(1<<z);

      if(++q==8)
        {
          q=0;
          qf++;
          bytes++;
        }
      if(++z==bits)
        {
          z=0;
          zf++;
        }
    }
}
```

Den Quellcode dieser Lösung finden Sie auf der CD-ROM unter \KAP05\LOESUNG\07B.CPP.

Da die Berechnung von 2^x eine Potenz-Funktion erfordern würde, ist von der Gleichung *2x = 1<<x* Gebrauch gemacht worden.

Des weiteren wurde auf den Index-Operator [ ] verzichtet und an seiner Stelle der Dereferenzierungsoperator * benutzt, wodurch dann nur noch die Adressen der Zeiger erhöht werden müssen.

Aber wir sind noch nicht am Ende. Denn schließlich lesen Sie dieses Buch, weil Sie eine einfache und tolle Sprache lernen wollen. Bitteschön:

```
void encode(long *qf, long *zf, long anz, int bits)
{
  long pos=0;

  do{
      if(*(qf+(pos/8))&(1<<(pos%8)))
        *(zf+(pos/bits))|=1<<(pos%bits);
    } while((++pos/8)<anz);
}
```

Den Quellcode dieser Lösung finden Sie auf der CD-ROM unter \KAP05\LOESUNG\07C.CPP.

Wenn Sie die bisherigen Kapitel alle verstanden haben, dürfte die hinter dieser Lösung stehende Idee mit etwas Nachdenken zu erkennen sein.

Lösung 8

```
void decode(long *qf, long *zf, long anz, int bits)
{
  long pos=0;

  do{
      if(*(qf+(pos/bits))&(1<<(pos%bits)))
        *(zf+(pos/8))|=1<<(pos%8);
    } while((++pos/bits)<anz);
}

int main()
{
  long x[100],y[800],z[100],anz;
  int bits;

  for(anz=0;anz<800; anz++)
    y[anz]=0;
  for(anz=0;anz<100; anz++)
    z[anz]=0;

  cout << "Geben Sie die Anzahl der Werte ein (1-100):";
  cin >> anz;
  cout << "Geben Sie die Anzahl der Bits ein (1-7):";
  cin >> bits;
  input(x,anz);
  encode(x,y,anz,bits);
  cout << "\nUmkodiert:\n";
  output(y,(long)(ceil(anz*8.0/bits)));
  decode(y,z,(long)(ceil(anz*8.0/bits)),bits);
```

```
  cout << "\nZurueckkodiert:\n";
  output(z,anz);
}
```

Den Quellcode dieser Lösung finden Sie auf der CD-ROM unter \KAP05\LOESUNG\08.CPP.

Die *decode*-Funktion unterscheidet sich nicht wesentlich von der *encode*-Funktion. Und die vorhandenen Unterschiede müssten sich selbst erklären.

Lösung 9

```
#include <iostream>

using namespace std;

int main()
{
  double x,min,max,summe=0.0;
  int anz;

  cout << "Geben Sie die Anzahl der Werte ein:";
  cin >> anz;

  for(int c=0;c<anz;c++)
    {
      cout << "Wert " << (c+1) << ":";
      cin >> x;
      if(!c)
        max=min=x;
      if(x>max)
        max=x;
      if(x<min)
        min=x;
      summe+=x;
    }
  cout << "Summe       :" << summe << "\nMinimum     :" << min;
  cout << "\nMaximum     :" << max <<"\nDurchschnitt:" << (summe/anz);
  cout << "\nMax. negative Abweichung vom Durchschnitt:" << (max-
          summe/anz);
  cout << "\nMax. positive Abweichung vom Durchschnitt:" <<
          (summe/anz-min) << endl;
}
```

Den Quellcode dieser Lösung finden Sie auf der CD-ROM unter \KAP05\LOESUNG\09.CPP.

Weil die Eingabe und die Verarbeitung der Daten in eine Schleife gefasst wurde, brauchen wir die eingegebenen Daten nicht in einem Feld zwischenzuspeichern.

Lösung 10

```
#include <iostream>

using namespace std;

int **quadrat(void)                                // 1
{
  static int dummy,*a=&dummy;                      // 2
  *a*=*a;                                          // 3
  return(&a);                                      // 4
}

int main()
{
  int **sptr=quadrat(),x;                          // 5
  cout << "Wert:";
  cin >> x;                                        // 6
  *sptr=&x;                                        // 7
  quadrat();                                       // 8
  cout << "Das Quadrat betraegt " << x << endl; // 9
}
```

Den Quellcode dieser Lösung finden Sie auf der CD-ROM unter \KAP05\LOESUNG\10.CPP.

Die Lösung dieser Übung hat es in sich. Einem Verfechter der OOP werden sich hier die Nackenhaare sträuben, aber es geht ja nicht darum, es wirklich anzuwenden, sondern darum, ob man die Zusammenhänge begriffen hat. Wir werden die Lösung schrittweise durchsprechen.

- Die Aufgabenstellung erlaubt es uns, einen Rückgabeparameter zu benutzen. Wir definieren daher als Rückgabeparameter einen Zeiger, der auf einen Zeiger vom Typ *int* zeigt.
- Nun haben wir zwei statische Variablen erzeugt. Die erste – *dummy* – ist eine einfache *int*-Variable. Die zweite – *a* – ist ein Zeiger auf *int*, der mit der Adresse von *dummy* initialisiert wird[1].
- Die Variable, auf die *a* zeigt, wird mit sich selbst multipliziert. Im Augenblick bedeutet dies konkret *dummy*=dummy*. Das spielt aber keine Rolle, denn wie der Name schon sagt, brauchen wir *dummy* nur, damit *a* beim ersten Mal nicht ins Leere greift.

1. Sie erinnern sich: Eine statische Variable muss man bei ihrer Definition initialisieren. Weil eine statische Variable auch nach Beendigung der Funktion noch weiterexistiert, wird die Initialisierung nur beim ersten Aufruf der Funktion vorgenommen.

- Die Funktion gibt dann die Adresse von *a* zurück. Da *a* ein Zeiger auf *int* ist, muss die Adresse von *a* eine Adresse eines Zeigers auf *int* sein. Wir gehen also konform mit dem Typ des Rückgabeparameters der Funktion.
- Wir haben nun einen Zeiger auf einen Zeiger vom Typ *int* definiert (der gleiche Typ wie der Rückgabeparameter von *quadrat*). *sptr* wird bei ihrer Definition direkt mit dem Rückgabeparameter von *quadrat* initialisiert. *sptr* zeigt somit auf die Variable *a* aus *quadrat*. Des Weiteren definieren wir noch eine konventionelle *int*-Variable.
- Die Variable *x* nimmt den Wert auf, der später quadriert wird.
- Mit **sptr* sprechen wir den Inhalt der Variablen *a* aus *quadrat* an, also die Adresse, auf die *a* zeigt. Wir weisen damit die Adresse von *x* der Variablen *a* zu. Ab jetzt zeigt *a* auf *x*.
- Durch den Aufruf von *quadrat* wird jetzt der Wert, auf den *a* zeigt, quadriert[1], also *x*.
- Zum Schluss wird dann noch das quadrierte *x* ausgegeben.

Sie sehen, was mit Zeigern alles angestellt werden kann. Solche enormen Manipulationsmöglichkeiten sind aber auch eine potenzielle Fehlerquelle.

Da solche Fehler von Crackern oder Hackern ausgenutzt werden können, verzichtet zum Beispiel die Programmiersprache Java, die im Internet weite Verbreitung findet, komplett auf Zeiger.

1. Da wir in *quadrat* statische Variablen benutzt haben, werden diese beim zweiten Aufruf nicht mehr initialisiert. Die Änderungen an *a*, die wir in *main* vornahmen, sind damit noch vorhanden.

6 Strings

In diesem Kapitel werden wir uns mit der Darstellung von Zeichen und Zeichenketten (Strings) beschäftigen.

char

Doch zunächst zu den Zeichen. Ein Zeichen wird mit dem Schlüsselwort **char** definiert. Soll z.B. die Variable *a* ein Zeichen aufnehmen können, dann schreiben wir dies so:

```
char a;
```

Wir können der Variablen *a* nun ein Zeichen zuweisen:

```
a='B';
```

Zeichenkonstanten stehen immer zwischen einfachen Anführungsstrichen.

Die *char*-Variablen sind eine Art Zwitter, ihnen können sowohl Zeichenkonstanten als auch Werte zugewiesen werden. Deswegen kann man ihren Inhalt bei der Ausgabe auch als Zeichen oder Wert betrachten. cout gibt einen char-Wert aber grundsätzlich als Zeichen aus, es sei denn, es wird vorher eine Typumwandlung vorgenommen.

Genau genommen wird eine Zeichenkonstante auch als Wert betrachtet, denn man kann mit ihm sogar rechnen:

```
a=3+'s';
```

Ein Zeichen innerhalb einfacher Anführungsstriche wird als Wert betrachtet, der überall dort stehen kann, wo konstante Werte stehen können.

Strings

Schauen wir uns nun an, welche Eigenschaften *char*-Felder besitzen. Da ein *char*-Feld eine Aneinanderreihung von *char*-Werten darstellt, können wir sie benutzen, um ganze Wörter oder Sätze zu speichern.

Diese *char*-Felder werden von den Ein- und Ausgabefunktionen besonders unterstützt, wenn sie ein gewisses Format besitzen. Sie erinnern sich, dass wir bei den Feldern einer Funktion zusätzlich zur Feldadresse immer noch die Anzahl der Elemente übergeben mussten, damit sie ordungsgemäß arbeiten konnte.

Endekennung

Bei Strings geht man nun einen andern Weg: Man benutzt eine Endekennung. Der Wert 0 wird für diese Endekennung verwendet, da der Wert 0 keinem Zeichen entspricht.

```
#include <iostream>

using namespace std;

int main()
```

```
{
char a[7];

  a[0]='S';
  a[1]='t';
  a[2]='r';
  a[3]='i';
  a[4]='n';
  a[5]='g';
  a[6]=0;

  cout << "Der erzeugte String ist :" << a << endl;
}
```

Den Quellcode finden Sie auf der CD-ROM unter \KAP06\BEISPIEL\01.CPP.

Mit *cin* können auch Strings eingelesen werden, jedoch erweist sich eine Eigenschaft von *cin* als Problem: Wie Sie vielleicht wissen, kann man mit einer *cin*-Anweisung mehrere Werte einlesen. *cin* erwartet dann, dass diese Werte durch Leerzeichen getrennt werden.

getline

Wenn Sie aber einen Satz eingeben wollen, dann enthält dieser zwangsläufig Leerzeichen und *cin* geht dann davon aus, dass mehrere Strings eingelesen werden sollen.

Um diesem Dilemma zu entgehen, benutzen wir die zu *cin* gehörende Methode **getline**:

```
cin.getline(char *string, int groesse, char trennzeichen);
```

string steht für die Adresse des Zielstrings, *groesse* bestimmt die maximal einzulesenden Zeichen und *trennzeichen* definiert das Zeichen, welches die Eingabe beendet. Wenn Sie kein Trennzeichen angeben, wird voreingestellt *\n* verwendet, so dass eine mit *getline* getätigte Eingabe im Normalfall durch Drücken der Return-Taste beendet wird. Ein Beispiel:

```
#include <iostream>

using namespace std;

int main()
{
  char a[81];

  cout << "Bitte einen max. 80 Zeichen langen Text eingeben:";
  cin.getline(a,80);
  cout << "Sie gaben \"" << a << "\" ein." << endl;
}
```

Den Quellcode finden Sie auf der CD-ROM unter \KAP06\BEISPIEL\02.CPP.

Genau wie bei den anderen Feldern gibt es auch bei *char*-Feldern keine Möglichkeit, mehreren Feldelementen auf einmal verschiedene Werte zuzuweisen. **cstring**

Um nun aber trotzdem einem String eine Stringkonstante zuweisen zu können, benutzen wir die **strcpy**-Funktion aus **cstring**: **strcpy**

```
char a[80];
strcpy(a,"Ich programmiere in C++");
```

6.1 Übungen

Übung 1

Schreiben Sie eine Funktion namens *ostrcpy*, die genauso wie *strcpy* den Inhalt eines Strings – **einschließlich** der Endekennung – in einen anderen kopiert, aber keinen Rückgabewert hat. Die Funktion sollte folgendermaßen aufgerufen werden können: *ostrcpy(zielstring,quellstring)*. Benutzen Sie zur Lösung ausschließlich selbst geschriebene Funktionen.

Schreiben Sie eine *main*-Funktion, mit der Sie die *ostrcpy*-Funktion überprüfen können.

Übung 2

Schreiben Sie eine Funktion namens *ostrlen*, die die Länge eines Strings **einschließlich** der Endekennung zurückgibt, was *strlen* aus der Standardbibliothek bekanntlich nicht macht. Benutzen Sie zur Lösung ausschließlich selbstgeschriebene Funktionen.

Schreiben Sie eine *main*-Funktion, mit der Sie Ihre Lösung überprüfen können.

Übung 3

Schreiben Sie eine Funktion namens *upstring*, die alle Kleinbuchstaben eines Strings in Großbuchstaben umwandelt, Großbuchstaben und andere Zeichen aber unverändert lässt. Die Funktion soll die Anzahl der **umgewandelten** Buchstaben zurückliefern.

Zum Beispiel würde die Funktion aus »Andre Willms« den String »ANDRE WILLMS« machen und den Wert 9 zurückliefern.

Schreiben Sie eine *main*-Funktion, mit der Sie Ihre Lösung überprüfen können.

Übung 4

Schreiben Sie eine Funktion namens *reversstring*, die einen String umdreht. Das ursprünglich erste Zeichen steht danach an letzter Stelle, das zweite an vorletzter Stelle usw. Die Funktion soll keinen Rückgabewert haben.

Zum Beispiel wird aus dem String »Andre Willms« der String »smlliW erdnA«.

Schreiben Sie eine *main*-Funktion, um Ihre Funktion zu testen.

Übung 5

Schreiben Sie eine Funktion namens *mixstring*, der Sie drei Strings übergeben (Ziel, Quelle1, Quelle2), wobei der Zielstring aus den beiden Quellstrings so erzeugt wird, dass er das erste Zeichen des ersten Strings, das erste Zeichen des zweiten Strings, das zweite Zeichen des ersten Strings usw. enthält.

Ein Beispiel: Wenn Quelle1="Anton« und Quelle2="Willi« ist, dann sollte die Funktion den Zielstring »AWnitlolni« erzeugen.

Sollte einer der Strings länger sein, dann werden die übrig gebliebenen Zeichen angehängt: Quelle1="Tim«, Quelle2="Adelheid«, dann ist Ziel="TAidmelheid«.

Die Funktion liefert keinen Wert zurück. Implementieren Sie die Funktion einmal mit Indizes und einmal mit Dereferenzierungsoperatoren. Benutzen Sie nur selbst geschriebene Funktionen.

Schreiben Sie eine *main*-Funktion, mit der Sie *mixstring* überprüfen können. Denken Sie beim Ausprobieren daran, dass der Zielstring so groß sein muss wie die Quellstrings zusammengenommen.

Übung 6

Schreiben Sie eine Funktion namens *ostrstr*, die überprüft, ob ein String in einem anderen enthalten ist. Ist dies der Fall, sollte *ostrstr* den **Index** zurückgeben, an dem der String steht, und nicht wie *strstr* die Adresse. Ist der gesuchte String nicht enthalten, soll die Funktion -1 zurückgeben.

Beispiel: String1="Otto«, String2="Und Otto geht baden.«, dann sollte *ostrstr(String2,String1)* den Wert 4 zurückliefern, weil »Otto« im String2 bei Index 4 beginnt.

Implementieren Sie *ostrstr* nur mit selbst geschriebenen Funktionen. Schreiben Sie sich eine *main*-Funktion, die eine Überprüfung von *ostrstr* zulässt.

Übung 7

Schreiben Sie eine Funktion namens *leftstr*, die Sie mit *leftstr(ziel,quelle,anz)* aufrufen können und die die ersten *anz* Zeichen des Quellstrings in den Zielstring kopiert. Der Zielstring soll mit einer Endekennung versehen werden. Die Funktion soll keinen Rückgabewert haben. Schützen Sie Ihre Funktion vor Bereichsüberschreitung. Es soll zum Beispiel verhindert werden, dass die ersten 8 Zeichen eines nur 6 Zeichen langen Strings kopiert werden. In diesem Fall werden nur 6 Zeichen kopiert. Es dürfen nur selbst geschriebene Funktionen benutzt werden.

Übung 8

Schreiben Sie eine Funktion namens *rightstr*, die Sie mit *rightstr(ziel,quelle,anz)* aufrufen können, und die die letzten *anz* Zeichen des Quellstrings in den Zielstring kopiert. Der Zielstring soll mit einer Endekennung versehen werden. Die Funktion soll keinen Rückgabewert haben. Schützen Sie diese Funktion ebenfalls vor Bereichsüberschreitung. Es dürfen nur selbst geschriebene Funktionen benutzt werden.

Übung 9

Schreiben Sie eine Funktion namens *midstr*, die Sie mit *midstr(ziel, quelle,pos,anz)* aufrufen können und die ab dem Index *pos* des Quellstrings *anz* Zeichen in den Zielstring kopiert. Der Zielstring soll mit einer Endekennung versehen werden. Die Funktion soll keinen Rückgabewert haben. Schützen Sie diese Funktion ebenfalls vor Bereichsüberschreitung. Es dürfen nur selbst geschriebene Funktionen benutzt werden.

Übung 10

Schreiben Sie eine Funktion *toWord*, der Sie einen *unsigned-long*-Wert und die Adresse eines Strings übergeben. Die Funktion wandelt diesen Wert dann in ein Wort um und speichert dieses Wort in dem String, dessen Adresse übergeben wurde. Ein paar Beispiele:

Aus 0 wird »Null«

Aus 1 wird »Eins«

Aus 101 wird »Einhunderteins«

Aus 73489 wird »Dreiundsiebzigtausendvierhundertneunundachtzig«

Aus 1000012 wird »Einemillionzwoelf«

Aus 2000012 wird »Zweimillionenzwoelf«

Die größte umwandelbare Zahl sollte 999999999999 sein[1].

Die Funktion soll die im Sprachgebrauch üblichen Besonderheiten berücksichtigen. Zum Beispiel:

Es heißt »Einemillion« und »Zweimillionen«, nicht »Zweimillion«.

Es heißt »Eins« und »Einhunderteins«, nicht »Einshunderteins«

1. Weil ein *unsigned-long*-Wert nur Werte bis ca. 4,2 Milliarden darstellen kann, wird dies natürlich auch die Grenze für Ihre Ausgabe sein. Die Funktion *toWord* soll aber trotzdem so ausgelegt sein, dass für den Fall, dass eine *unsigned-long*-Variable die Zahl 999999999999 darstellen könnte, Ihre Funktion sie auch umwandeln würde.

Es heißt »Eintausendneunhundertsiebenundneunzig«, nicht »Neunzehnhundertsiebenundneunzig" [1]

Schreiben Sie eine *main*-Funktion, mit der Sie Ihre Funktion überprüfen können.

Übung 11

Schreiben Sie eine Funktion *monthToWord*, der die eine Adresse eines Strings übergeben wird. Dieser String enthält ein Datum in der Form TT.MM.JJJJ. Die Funktion wandelt dieses Datum so um, dass der Monat als Wort ausgeschrieben ist. Führende Nullen der Tagesangabe sollen gelöscht werden.

Wenn der Funktion zum Beispiel »04.5.1970« übergeben wird, dann ändert sie den String in »4. Mai 1970« um. Für den Fall, dass ein ungültiges Datum übergeben wird, bleibt der übergebene String unverändert.

Die Funktion soll einen wahren Wert zurückliefern, wenn die Umwandlung durchgeführt wurde. Konnte keine Umwandlung erfolgen, wird ein falscher Wert zurückgegeben.

Schreiben Sie eine *main*-Funktion, mit der Sie die Funktion überprüfen können. *main* soll den Rückgabeparameter von *monthToWord* auswerten.

Übung 12

Schreiben Sie eine Funktion *dateToDays*, der die Adresse eines Strings übergeben wird. Dieser String soll ein Datum der Form TT.MM.JJJJ beinhalten. *dateToDays* berechnet dann die Tage, die seit dem 1.1.1900 bis zu dem übergebenen Datum vergangen sind. Dabei soll der 1.1.1900 der Tag 1 sein (Der 4.2.1901 wäre damit der 400. Tag). Die Anzahl der Tage soll als *unsigned-long*-Wert zurückgeliefert werden.

Definieren Sie das Jahr (1900) und die Tatsache, dass der 1.1.1900 Tag 1 sein soll, als Konstante, damit eventuelle Änderungen leichter fallen.

Schreiben Sie dazu eine *main*-Funktion, die folgende Ein-/Ausgabe ermöglicht:

```
Bitte Datum eingeben (TT.MM.JJJJ):23.5.1997

Der 23.5.1997 ist der 35572. Tag seit dem 1.1.1900
```

Übung 13

Schreiben Sie eine Funktion *daysToDate*, die sich als Umkehrfunktion von *dateToDays* aus Übung 12 versteht. *daysToDate* soll einen *unsigned-long*-Wert, der

1. Bedenken Sie, dass wir nur reine Zahlen ausgeben wollen. Für Jahreszahlen nämlich würde in diesem Fall das Umgekehrte gelten: Die Schreibweise "Neunzehnhundertsiebenundneunzig" ist die übliche und "Eintausendneunhundertsiebenundneunzig" wird so gut wie nie benutzt.

die Anzahl der Tage enthält, und eine Adresse auf einen String übergeben bekommen. Die Funktion schreibt dann das berechnete Datum in diesen String.

Verwenden Sie die gleichen Konstanten wie bei Übung 12.

Übung 14

Schreiben Sie eine Funktion *isLater*, die folgenden Funktionskopf haben soll:

```
bool isLater(char *s1, char *s2)
```

s1 und *s2* zeigen jeweils auf einen String, der ein Datum der Form TT.MM.JJJJ enthält. Die Funktion *isLater* soll nun einen *int*-Wert zurückliefern, der eine wahre Aussage repräsentiert, wenn das in *s1* gespeicherte Datum zeitlich nach dem in *s2* gespeicherten Datum liegt. In allen anderen Fällen soll ein Wert zurückgeliefert werden, der eine falsche Aussage repräsentiert.

Schreiben Sie dazu eine passende *main*-Funktion.

Übung 15

Schreiben Sie eine Funktion *getvalue*, der die Adresse eines Strings übergeben wird, der eine Ganzzahl enthält. *getvalue* soll diese Ganzzahl nun in einen tatsächlichen Wert umwandeln und als *int* zurückliefern. Die Funktion soll vorzeichenbehaftete und vorzeichenlose Werte umsetzen können.

Benutzen Sie für die Implementation nur selbst geschriebene Funktionen und Funktionen aus *cctype*.

Schreiben Sie eine *main*-Funktion, um die Ergebnisse überprüfen zu können.

Übung 16

Schreiben Sie einen ganz einfachen Formelinterpreter als Funktion. Dem Formelinterpreter wird ein String übergeben, in dem eine Rechnung steht, z.B. »20+4*2-13+105/2«. Die Funktion gibt dann einen *int*-Wert zurück, der das Ergebnis repräsentiert. In diesem Beispiel wäre das 70.

Das Programm soll nur Ganzzahlen bearbeiten können. Es sollen nur die Grundrechenarten +, –, * und / erkannt werden. Klammerungen dürfen im String nicht vorkommen. Auch die bekannte Punkt-vor-Strich-Regel soll vernachlässigt werden[1]. Die Rechnung wird von links nach rechts durchgeführt.

Übung 17

Sie kennen bestimmt den berühmt-berüchtigten Freitag, den 13. Um abergläubigen Menschen die Möglichkeit der Vorausplanung zu geben, sollen Sie ein

1. Für die Formel "3+4*5" wird die Formelinterpreter-Funktion daher 35 als Ergebnis liefern und nicht 23, wie es korrekt wäre.

Programm schreiben, welches ermittelt, wann ein Freitag, der 13., auftritt. Überlegen Sie sich, von welchem Parameter es abhängt in welchem Monat ein Freitag, der 13., auftritt.

Ihr Programm soll für alle Möglichkeiten auflisten, in welchem Jahr wie viele Freitage, der 13., auftreten und in welchen Monat sie fallen.

Die größte Schwierigkeit dieser Übung liegt darin, die hinter dem Problem liegende Regelmäßigkeit zu erkennen. Eine ähnliche Aufgabe hatten Sie schon in Kapitel 3, Übung 23 zu lösen.

Übung 18

Schreiben Sie eine Funktion *dateToWeekday*, die berechnet, auf welchen Wochentag ein entsprechendes Datum fällt. Die Funktion sollte folgenden Kopf besitzen:

```
void dateToWeekday(char *datum, char *wochentag)
```

Wobei *datum* ein Zeiger auf das relevante Datum und *wochentag* ein Zeiger auf einen String ist, in den der ermittelte Wochentag als Wort hineingeschrieben werden soll.

Um einen Anhaltspunkt zur Wochentagsbestimmung zu haben, sollten Sie ein Referenzdatum verwenden. Zum Beispiel:

```
#define REFDATE "1.1.1997"
#define REFDAY 2
```

Die obigen Definitionen gehen davon aus, dass die Wochentage der Reihenfolge nach durchnummeriert sind, und zwar bei Montag beginnend mit 0.

Demnach besagt das Referenzdatum, dass der 1.1.97 ein Mittwoch war.

6.2 Tipps

Tipp zu 1

- Falls Sie auf Anhieb zu keiner Lösung kommen, sollten Sie zuerst versuchen, die einzelnen Zeichen des Strings über Indizes anzusprechen. Wenn Sie auf diese Weise zu einer Lösung gekommen sind, sollten Sie an Verbesserungen denken.

Tipps zu 3

- Behandeln Sie jedes Zeichen des Strings einzeln. Benutzen Sie dazu die Funktion *toupper*.

- Da *toupper* keine Informationen darüber liefert, ob das Zeichen umgewandelt wurde oder nicht, muss die Abfrage darauf vor der Verwendung von *toupper* stattfinden.
- Sie können vor der eigentlichen Umwandlung überprüfen, ob z.B. *c!=toupper(c)* ist. Wenn ja, wird eine Umwandlung erfolgen. Sie können aber auch die Funktion *islower* verwenden.

Tipps zu 4

- Eine simple Methode besteht darin, einen zweiten leeren String anzulegen und den Originalstring dann von hinten zeichenweise in den leeren String zu kopieren.
- Eine andere Möglichkeit ist die, jeweils das erste Zeichen mit dem letzten Zeichen, das zweite Zeichen mit dem vorletzten Zeichen usw. zu vertauschen.

Tipps zu 5

- Die Schleife darf nur dann terminieren, wenn bei beiden Strings das Ende erreicht wurde.
- Damit bei unterschiedlich langen Strings nicht über die Grenzen des kürzeren hinweg Zeichen kopiert werden, muss für jeden Quellstring eine extra Abfrage implementiert werden, ob das Ende schon erreicht wurde.

Tipps zu 6

- Die Lösung besteht aus zwei verschachtelten Schleifen.
- Die innere Schleife muss den zu suchenden String zeichenweise mit einem Ausschnitt des Strings vergleichen, in dem gesucht werden soll. Die äußere Schleife hat dafür Sorge zu tragen, dass bei keiner Übereinstimmung der zu vergleichende Ausschnitt innerhalb des Strings, in dem gesucht wird, um ein Zeichen verschoben wird.
- Es ist wichtig zu berücksichtigen, dass gegen Ende des Strings, in dem gesucht wird, der Suchstring nicht mehr komplett mit dem Ausschnitt verglichen werden kann, weil der Vergleich sonst über das Stringende hinausgehen würde.

Tipps zu 10

- Es ist wichtig, sich über die Gemeinsamkeiten der geschriebenen Zahlen im Klaren zu sein. Dadurch erkennt man zwangsläufig die Besonderheiten.
- Es bietet sich an, die Gemeinsamkeiten in separaten Funktionen zusammenzufassen, um das Programm kurz und effizient zu halten.

Tipp zu 11

- Zuerst sollte man das Datum in seine Bestandteile (Tag, Monat, Jahr) zerlegen und dann in der gewünschten Form wieder zusammensetzen.

Tipps zu 12

- Zuerst muss das Datum in seine Bestandteile (Tag, Monat, Jahr) zerlegt und diese dann in ein nummerisches Format (z.B. *int*) umgewandelt werden.
- Es darf nicht vergessen werden, die Schaltjahre zu berücksichtigen.
- Vom Startdatum aus müssen zuerst die Tage der vollen Jahre, dann vom angebrochenen Jahr die Tage der vollen Monate und zum Schluss noch die Tage des angebrochenen Monats aufaddiert werden.

Tipps zu 14

- Überlegen Sie sich eine Form, in der zwei Daten besonders gut verglichen werden können.
- Sie müssen das Datum in eine kontinuierliche Form umwandeln, so dass Vergleichsoperatoren wie < oder > darauf angewendet werden können.
- Eine mögliche Form der Kontinuität ist die Anzahl der vergangenen Tage, wie sie schon in Übung 12 bestimmt wurde.

Tipps zu 16

- Es muss abwechselnd eine Zahl und ein Operator eingelesen werden, bis das Formelende erreicht ist.
- Da die Formel von links nach rechts ohne Berücksichtigung der Bindungsstärke der Operatoren berechnet werden soll, kann ein eingelesener Operand sofort mit der durch den Operator definierten Operation mit dem bisher bestimmten Teilergebnis verknüpft werden.

Tipps zu 17

- Man muss sich zuerst im Klaren darüber sein, wie viele verschiedene Möglichkeiten es geben kann.
- Da das zu lösende Problem vom Wochentag abhängig ist, kommen nur sieben verschiedene Möglichkeiten in Betracht.
- Berücksichtigt man noch die Existenz von Schaltjahren, verdoppelt sich die Anzahl der zu untersuchenden Fälle auf 14.

Tipps zu 18

- Man sollte das Datum zuerst in ein kontinuierliches Format umwandeln.
- Weist man den einzelnen Wochentagen eine Zahl zu, kann man durch eine Rechnung auf den Wochentag schließen, wenn man in diese Rechnung das Referenzdatum mit einbezieht.

6.3 Lösungen

Lösung 1

```
void ostrcpy(char *z, char *q)
{
int a=0;

  do
    {
      z[a]=q[a];
      a++;
    } while(q[a-1]!=0);
}
```

Den Quellcode dieser Lösung finden Sie auf der CD-ROM unter \KAP06\LOESUNG\01A.CPP.

In der *while*-Anweisung wird überprüft, ob *q[a-1]* ungleich Null ist, weil nach dem Kopieren *a* schon um eins erhöht wurde. Durch diese Abfrage wird überprüft, ob das zuletzt kopierte Zeichen die Endekennung war. Die Funktion leistet zwar das Geforderte, es gibt aber eine viel elegantere Lösung:

```
void ostrcpy(char *z, char *q)
{
  do
    {
      *(z++)=*(q++);
    } while(*(q-1)!=0);
}
```

Den Quellcode dieser Lösung finden Sie auf der CD-ROM unter \KAP06\LOESUNG\01B.CPP.

Diese Lösungsvariante nutzt den Dereferenzierungsoperator, wodurch die Zählvariable eingespart wird. *z* und *q* beinhalten die Adressen der beiden Strings. Da sie aber auch Zeiger auf *char* sind, erhält man z.B. mit **q* den Inhalt der Adresse, auf die *q* zeigt. Das ist zu Beginn das erste Zeichen des Strings. Deswegen wird mit **z=*q* das erste Zeichen des Quellstrings ins erste Zeichen des Zielstrings kopiert.

In der Funktion wird die Zuweisung noch durch Postinkrementoperatoren ergänzt, so dass zuerst eine Zuweisung erfolgt und dann die Inhalte von *q* und *z*, die ja die Adressen der Strings sind, um eins erhöht werden. Dadurch zeigen sie anschließend jeweils auf das zweite Zeichen usw.

In der *while*-Anweisung wird das zuletzt kopierte Zeichen durch **(q-1)!=0* daraufhin überprüft, ob es die Endekennung war. *q-1* deswegen, weil durch das Postinkrement die von den Zeigern gespeicherte Adresse schon um eins erhöht wurde.

Da man in C/C++ die explizite Prüfung auf Null weglassen kann, lässt sich die *while*-Anweisung noch wie folgt vereinfachen: *while(*(q-1))*.

Nun noch die *main*-Funktion:

```
int main()
{
char quelle[160],ziel[160];

  cout << "Bitte String eingeben:";
  cin.getline(quelle,160);
  ostrcpy(ziel,quelle);

  cout << "Kopierter String:" << ziel << endl;
}
```

Lösung 2

```
#include <iostream>

using namespace std;

int ostrlen(char *s)
{
int a=0;

  while(s[a++]);
  return(a);
}

int main()
{

  char quelle[160];

  cout << "Bitte String eingeben:";
  cin.getline(quelle,160);

  cout << "Stringlaenge mit Endekennung: ";
  cout << ostrlen(quelle) << endl;
}
```

Den Quellcode dieser Lösung finden Sie auf der CD-ROM unter \KAP06\LOESUNG\02.CPP.

Bei dieser Lösung brauchen wir eine Zählvariable, weil Zählen die Hauptaufgabe der Funktion ist. Die *while*-Anweisung bricht ab, wenn die Bedingung falsch ist. Und die Bedingung ist dann falsch, wenn *s[a]* gleich Null ist, was der Endekennung entspricht. Die Endekennung wird auch mitgezählt, weil *a* durch das Postinkrement auch dann noch einmal erhöht wird, wenn *while* durch die Endekennung abbricht.

Lösung 3

```
#include <iostream>
#include <cctype>

using namespace std;

int upstring(char *s)
{
int a=0;

  while(*s)
    {
      if(islower(*s))
        {
          *s=toupper(*s);
          a++;
        }
      s++;
    }
  return(a);
}

int main()
{

  char quelle[160];
  int umw;

  cout << "Bitte String eingeben:";
  cin.getline(quelle,160);
  umw=upstring(quelle);
  cout << "Umgewandelter String :\"" << quelle << "\".\n";
  cout << "Umwandlungen:" << umw << endl;
}
```

Den Quellcode dieser Lösung finden Sie auf der CD-ROM unter \KAP06\LOESUNG\03.CPP.

Die Funktion macht Gebrauch vom Dereferenzierungsoperator, um eine Zählvariable zu sparen. Die *while*-Schleife wird so lange ausgeführt, bis *s* auf die

Endekennung zeigt. Zu Beginn zeigt *s* auf den Anfang des Strings, weshalb **s* das erste Zeichen liefert.

Jedes Zeichen des Strings wird daraufhin überprüft, ob es ein Kleinbuchstabe ist. Wenn ja, wird es in einen Großbuchstaben umgewandelt und die Zählvariable um eins erhöht. Schließlich wird *s* um eins erhöht, so dass der Zeiger nun auf das nächste Zeichen des Strings zeigt usw.

Lösung 4

```
#include <iostream>
#include <cstring>

using namespace std;

void reversstring(char *s)
{
char k[1000];
int x,y=0;

  strcpy(k,s);
  x=strlen(k)-1;
  while(x>=0)
    s[y++]=k[x--];
}

int main()
{

  char quelle[160];

  cout << "Bitte String eingeben:";
  cin.getline(quelle,160);
  reversstring(quelle);
  cout << "Umgewandelter String :\"" << quelle << "\"." << endl;
}
```

Den Quellcode dieser Lösung finden Sie auf der CD-ROM unter \KAP06\LOESUNG\04A.CPP.

Diese Lösung ist ziemlich einfach. Zuerst wird eine Kopie des Strings angefertigt. *x* bekommt den Index des letzten Zeichens des Strings *k*, so dass mit *x* der String *k* von hinten nach vorne und mit *y* der String *s* von vorne nach hinten durchlaufen wird. *x* bekommt den um eins erniedrigten Wert von *strlen* zugewiesen, weil das erste Zeichen des String den Index 0 hat.

Dies hat allerdings den Nachteil, dass die Strings, die mit der Funktion bearbeitet werden können, begrenzt sind. Sobald in diesem Fall der zu bearbeitende String länger als 1000 Zeichen ist, passt er nicht mehr in die Kopie. Nun bringt es aber auch nichts, die Kopie z.B. 10000 Zeichen lang zu machen, weil ein String mit 10001 Zeichen wieder nicht hineinpasst.

Sinnvoller wäre daher eine Lösung, die keine Kopie benötigt:

```
void reversstring(char *s)
{
char *b,z;

  b=s+strlen(s)-1;
  while(b>s)
    {
      z=*b;
      *(b--)=*s;
      *(s++)=z;
    }
}
```

Den Quellcode dieser Lösung finden Sie auf der CD-ROM unter \KAP06\LOESUNG\04B.CPP.

Diese Lösung basiert auf der Idee, dass ein String auch umgedreht wird, wenn das erste Zeichen mit dem letzten vertauscht wird, das zweite Zeichen mit dem vorletzten usw.

s zeigt auf den Anfang des Strings. Zusätzlich wird ein zweiter Zeiger *b* angelegt, dem die von *s* gespeicherte Adresse plus der Länge des Strings minus 1 zugewiesen wird. Damit zeigt *b* nun auf das letzte Zeichen des Strings. Zudem ist eine *char*-Variable erforderlich, die das zu kopierende Zeichen zwischenspeichert.

Die Schleife ist dann zu Ende, wenn die zu erhöhende Adresse größer geworden ist als die zu vermindernde, denn genau dann wurde die Mitte des Strings passiert. Die Inkrement- und Dekrementoperatoren wurden so in die Anweisungen integriert, dass keine zusätzlichen Anweisungen benötigt werden. Man könnte sie auch der Verständlichkeit wegen als gesonderte Anweisungen schreiben:

```
z=*b;
*(b)=*s;
*(s)=z;
s++;
b++;
```

Lösung 5

Zuerst die Lösung mit Indizes:

```
#include <iostream>

using namespace std;
```

```
void mixstring(char *z, char *q1, char *q2)
{
int cz=0,cq1=0,cq2=0;

  do
    {
      if(q1[cq1])  z[cz++]=q1[cq1++];
      if(q2[cq2])  z[cz++]=q2[cq2++];
    } while((q1[cq1])||(q2[cq2]));

  z[cz]=0;
}

int main()
{

  char quelle1[160],quelle2[160],ziel[320];

  cout << "Bitte String1 eingeben:";
  cin.getline(quelle1,160);
  cout << "Bitte String2 eingeben:";
  cin.getline(quelle2,160);
  mixstring(ziel,quelle1,quelle2);
  cout << "Vermischter String:" << ziel << "\"." << endl;
}
```

Den Quellcode dieser Lösung finden Sie auf der CD-ROM unter \KAP06\LOESUNG\05A.CPP.

Und nun die Lösung mit Dereferenzierungsoperatoren:

```
void mixstring(char *z, char *q1, char *q2)
{
  do
    {
      if(*q1)  *z++=*q1++;
      if(*q2)  *z++=*q2++;
    } while((*q1)||(*q2));
  *z=0;
}
```

Den Quellcode dieser Lösung finden Sie auf der CD-ROM unter \KAP06\LOESUNG\05B.CPP.

Die Funktionen sind so einfach, dass sie keiner Erklärung bedürfen. Wenn wider Erwarten doch Verständnisprobleme auftreten sollten, dann spielen Sie die Funktion einmal per Hand mit Teststrings durch.

Lösung 6

```
#include <iostream>

using namespace std;

int strlen(char *s)
{
int a=0;

  while(s[a++]);
  return(a-1);
}

int ostrstr(char *s1, char *s2)
{
int x,y,z;

  for(x=0;x<(strlen(s1)-strlen(s2));x++)
    {
      z=1;
      for(y=0;y<strlen(s2);y++)
        if(s2[y]!=s1[x+y])
          {
            z=0;
            break;
          }
      if(z)  return(x);
    }
  return(-1);
}

int main()
{

  char quelle1[160],quelle2[160];
  int index;

  cout << "Bitte String eingeben:";
  cin.getline(quelle1,160);
  cout << "Bitte Suchstring eingeben:";
  cin.getline(quelle2,160);
  index=ostrstr(quelle1,quelle2);
  if(index!=-1)
    cout << "String an Position " << index << " gefunden" << endl;
  else
    cout << "Suchstring nicht enthalten!" << endl;
}
```

Den Quellcode dieser Lösung finden Sie auf der CD-ROM unter \KAP06\LOESUNG\06.CPP.

Diese Lösung benötigt die Funktion *strlen*. Da jedoch die Aufgabenstellung ein Benutzen fremder Funktionen nicht erlaubt, wurde *strlen* selbst implementiert. Die selbst geschriebene Funktion *strlen* ist mit *ownstrlen* aus Übung 2 identisch, nur dass *a-1* anstatt *a* zurückgegeben wird. Dies ist notwendig, um ein der *strlen*-Funkion aus *cstring* identisches Verhalten zu erzeugen[1].

Sollte die Funktion *ostrstr* in einem Programm benutzt werden, kann *strlen* mittels *cstring* zur Verfügung gestellt und die eigene *strlen*-Funktion weggelassen werden.

Die erste Schleife geht alle möglichen Positionen des zu durchsuchenden Strings durch, an denen der Suchstring stehen könnte. *x* läuft bis zur Länge des zu durchsuchenden Strings minus der Länge des Suchstrings, damit während des Vergleichs nicht der Bereich des größeren Strings überschritten wird.

Die nächste Schleife prüft, ob an der aktuellen Stelle *x* des zu durchsuchenden Strings der Suchstring steht. Wenn nicht, bricht die Schleife mit z=0 ab. Hinter der Schleife wird die Funktion verlassen und *x* zurückgegeben, wenn *z* wahr (ungleich 0) ist, was genau dann der Fall ist, wenn alle Vergleiche der vorherigen Schleife stimmten. Sollte der ganze String erfolglos druchsucht worden sein, wird -1 zurückgegeben.

Lösung 7

```
void leftstr(char *z, char *q, int n)
{
  for(n-=1;n>=0;n--)
    {
      if(!*q) break;
      *(z++)=*(q++);
    }
  *z=0;
}
```

Den Quellcode dieser Lösung finden Sie auf der CD-ROM unter \KAP06\LOESUNG\07.CPP.

Der Bereichsschutz wurde mit der *if*-Anweisung realisiert, die bei Erreichen der Endekennung mit einem *break* die Schleife abbricht.

Lösung 8

```
void rightstr(char *z, char *q, int n)
{
```

1. Unsere selbst geschriebene *strlen*-Funktion aus Übung 2 hat ja die Endekennung im Rückgabewert mitberücksichtigt. Die originale *strlen*-Funktion macht dies nicht.

```
  if((int)strlen(q)-n>0)
    q=q+strlen(q)-n;
  leftstr(z,q,n);
}
```

Den Quellcode dieser Lösung finden Sie auf der CD-ROM unter \KAP06\LOESUNG\08.CPP.

rightstr benutzt die Funktionen *strlen* und *leftstr*, die jedoch in Übung 6 und 7 schon programmiert wurden und deswegen hier nicht erneut aufgeführt werden.

Lösung 9

```
void midstr(char *z, char *q, int p, int n)
{
  if((int)strlen(q)-p>0)
    q+=p;
  leftstr(z,q,n);
}
```

Den Quellcode dieser Lösung finden Sie auf der CD-ROM unter \KAP06\LOESUNG\09.CPP.

midstr benutzt die Funktionen *strlen* und *leftstr*, die in Übung 6 und 7 programmiert wurden. Sie können zur Übung einmal versuchen, bei der oberen Funktion *rightstr* anstelle von *leftstr* zu benutzen.

Lösung 10

Sie sollten immer versuchen, ein größeres Problem zunächst in Teilprobleme aufzuspalten, diese Teilprobleme zu lösen und das Gesamtproblem dann durch Zusammensetzen der einzelnen Teillösungen zu bewältigen.

Wenn ich zum Beispiel die Zahlen von 1-999 in Worte umformen kann, dann nützt mir dies auch bei größeren Zahlen. Denn ab 1000 beginnt der Sprachgebrauch wieder bei 1 (Eintausend).

Das heißt mit der Funktion 1-999, die Zahlen von 1-999 in ein Wort umwandelt, kann ich Zahlen bis 999999 darstellen, wenn ich alle Zahlen größer 999 in folgendes Schema aufteile:

1-999 + »tausend + 1-999

Zum Beispiel ergibt 234899 Zweihundertvierunddreißig + »tausend« + achthundertneunundneunzig

Dies wären Gemeinsamkeiten. Die Besonderheiten sind zum Beispiel die Wörter »Million« und »Milliarde« mit ihrem anders lautenden Plural (»Millionen« und »Milliarden«).

Doch beschäftigen wir uns zuerst mit dem Problem der Umformung der Zahlen von 1 bis 999. Dazu sollten wir uns über die Gemeinsamkeiten dieser Zahlen Gedanken machen.

Die Zahlen von 1-20 haben keine nennenswerten Gemeinsamkeiten, weswegen wir für sie eine besondere Funktion entwerfen:

```
#include <iostream>
#include <cstring>
#include <cctype>

using namespace std;

void unter20(unsigned long wert, char *s, bool eins)
{
  switch(wert)
    {
      case 1:
        if(eins)
          strcat(s,"eins");
        else
          strcat(s,"ein");
      break;
      case 2: strcat(s,"zwei"); break;
      case 3: strcat(s,"drei"); break;
      case 4: strcat(s,"vier"); break;
      case 5: strcat(s,"fuenf"); break;
      case 6: strcat(s,"sechs"); break;
      case 7: strcat(s,"sieben"); break;
      case 8: strcat(s,"acht"); break;
      case 9: strcat(s,"neun"); break;
      case 10: strcat(s,"zehn"); break;
      case 11: strcat(s,"elf"); break;
      case 12: strcat(s,"zwoelf"); break;
      case 13: strcat(s,"dreizehn"); break;
      case 14: strcat(s,"vierzehn"); break;
      case 15: strcat(s,"fuenfzehn"); break;
      case 16: strcat(s,"sechszehn"); break;
      case 17: strcat(s,"siebzehn"); break;
      case 18: strcat(s,"achtzehn"); break;
      case 19: strcat(s,"neunzehn"); break;
    }
}
```

Eine Besonderheit ist die Zahl 1. Kommt sie alleine vor, dann wird sie »eins« geschrieben. Wird sie jedoch in Kombination mit einer anderen Zahl verwendet, dann schreibt man sie »ein« (z.B. »Einhundert« oder »einunddreißig«).

Die Funktion *unter20* wurde deshalb mit einem Parameter ausgestattet, der es uns ermöglicht, eine Wahl zwischen beiden Schreibweisen zu treffen.

Wir sind nun in der Lage, Zahlen von 1-19 darzustellen. Wenn wir uns die Zahlen ansehen, die größer als 19 sind, dann erkennen wir als nächste Gruppe die Zahlen 20-99. Diese Zahlen können nach folgendem Schema aufgebaut werden:

```
1-9 + "und" + Zehnerwert
```

Wobei *Zehnerwert* für »Zwanzig«, Dreißig«, »Vierzig« usw. steht. Da wir die Zahlen 1-9 aber schon mit unserer *unter20*-Funktion darstellen können, lässt sich das Schema vereinfachen:

```
unter20 + "und" + Zehnerwert
```

Wir schreiben dazu eine Funktion namens *unter100*, die zuerst schaut, ob die umzuformende Zahl kleiner als 20 ist, denn damit wird die *unter20*-Funktion alleine fertig. Sollte die Zahl größer als 19 sein, dann wird eine Zahl *xy* so aufgespalten, dass die Komponente *y* von *unter20* und die Komponente *x* von *unter100* umgeformt wird:

```
void unter100(unsigned long wert, char *s, bool eins)
{

  if(wert<20)
    {
      unter20(wert,s,eins);
      return;
    }

  if(wert%10)
    {
      unter20(wert%10,s,false);
      strcat(s,"und");
    }

  switch(wert/10)
    {
      case 2: strcat(s,"zwanzig"); break;
      case 3: strcat(s,"dreissig"); break;
      case 4: strcat(s,"vierzig"); break;
      case 5: strcat(s,"fuenfzig"); break;
      case 6: strcat(s,"sechzig"); break;
      case 7: strcat(s,"siebzig"); break;
      case 8: strcat(s,"achtzig"); break;
      case 9: strcat(s,"neunzig"); break;
    }
}
```

Die Funktion *unter100* benutzt die Funktion *unter20*, weswegen auch hier der Parameter *eins* Verwendung findet, der zwischen »Ein« und »Eins« entscheidet. Wollen wir nur Zahlen kleiner 100 ausgeben, können wir dies tun, indem wir den Wert 1 für Parameter *eins* wählen.

Die nächste Gruppe mit Gemeinsamkeiten sind die Zahlen 100-999. Wenn Sie sich einmal über das Schema dieser Zahlen Gedanken machen, werden Sie sehen, dass jede Zahl von 100-999 folgendermaßen dargestellt werden kann:

```
unter20 + "hundert" + unter100
```

Weil die Funktion *unter1000* auch Zahlen umformen soll, die kleiner als 100 sind, muss dies speziell abgefragt werden, damit in diesem Fall nur die Funktion *unter100* aufgerufen wird.

Des Weiteren müssen wir darauf achten, dass der Wert, der im oberen Schema von *unter100* umgeformt wird, nicht 0 ist. Denn man sagt ja für 100 nicht »Einhundertnull«.

```
void unter1000(unsigned long wert, char *s, bool eins)
{
  if(wert<100)
    {
      unter100(wert,s,eins);
      return;
    }
  unter20(wert/100,s,false);
  strcat(s,"hundert");

  if(wert%100)
    {
      unter100(wert%100,s,eins);
    }
  return;
}
```

Damit wäre das Schwierigste programmiert.

Die nächste Gruppe von Zahlen ist 1000-999999. Jede dieser Zahlen lässt sich so umformen:

```
unter1000 + "tausend" + unter1000
```

Auch hier muss wieder darauf geachtet werden, dass der zweite Aufruf von *unter1000* nicht 0 ist, denn es heißt nicht »Dreiundzwanzigtausendnull«.

```
void tausend(unsigned long wert, char *s)
{
  if(wert>=1000)
    {
      unter1000(wert/1000,s,false);
```

```
      strcat(s,"tausend");
    }
  if(wert%1000)
    unter1000(wert%1000,s,true);
}
```

Die letzen beiden Funktionen *million* und *milliarde* sind fast identisch mit der Funktion *tausend*. Es muss nur auf die Unterschiede zwischen Singular und Plural geachtet werden.

```
void million(unsigned long wert, char *s)
{
  if(wert>=1000000)
    {
      int mil=wert/1000000;
      if(mil==1)
        {
          strcat(s,"einemillion");
        }
      else
        {
          unter1000(mil,s,false);
          strcat(s,"millionen");
        }
      wert%=1000000;
    }
  tausend(wert,s);
}

void milliarde(unsigned long wert, char *s)
{
  if(wert>=1000000000)
    {
      int mil=wert/1000000000;
      if(mil==1)
        {
          strcat(s,"einemilliarde");
        }
      else
        {
          unter1000(mil,s,false);
          strcat(s,"milliarden");
        }
      wert%=1000000000;
    }

  million(wert,s);
}
```

Wir können nun alle gewünschten Zahlen darstellen bis auf die Null. Sie ist ein Sonderfall, der in der *toWord*-Funktion selbst abgefangen wird.

Außerdem sorgt die *toWord*-Funktion durch einen *toupper*-Aufruf dafür, dass die umgeformte Zahl groß geschrieben wird.

```
void toWord(unsigned long wert, char *s)
{
  if(wert==0)
    {
      strcat(s,"Null");
      return;
    }

  milliarde(wert,s);
  s[0]=toupper(s[0]);
  return;
}
```

Zum Schluss noch die triviale *main*-Funktion:

```
int main()
{
  unsigned long wert;
  char nummer[500];

  nummer[0]=0;

  cout << "Bitte Zahl eingeben:";
  cin >> wert;
  toWord(wert,nummer);
  cout << nummer << endl;
}
```

Den Quellcode dieser Lösung finden Sie auf der CD-ROM unter \KAP06\LOESUNG\10.CPP.

Lösung 11

```
#include <iostream>
#include <cstdlib>
#include <cstring>
#include <cctype>

using namespace std;

bool monthToWord(char *s)
{
  char d[100],*c=d,*o=s;
```

```
  while(!isdigit(*o)||*o=='0') o++;
  do{
      *(c++)=*(o++);
    } while(*(o-1)!='.');
  *c=0;
  switch(atoi(o))
    {
      case 1: strcat(d," Januar "); break;
      case 2: strcat(d," Februar "); break;
      case 3: strcat(d," Maerz "); break;
      case 4: strcat(d," April "); break;
      case 5: strcat(d," Mai "); break;
      case 6: strcat(d," Juni "); break;
      case 7: strcat(d," Juli "); break;
      case 8: strcat(d," August "); break;
      case 9: strcat(d," September "); break;
      case 10: strcat(d," Oktober "); break;
      case 11: strcat(d," November "); break;
      case 12: strcat(d," Dezember "); break;
      default:  return(false);
    }

  while(*(o++)!='.');
  strcat(d,o);
  strcpy(s,d);
  return(true);
}

int main()
{
  char datum[100];

  cout << "Bitte Datum eingeben (TT.MM.JJJJ):";
  cin.getline(datum,100);
  if(monthToWord(datum))
    cout << "Neues Datum:" << datum << endl;
  else
    cout << "Datum konnte nicht konvertiert werden!" << endl;
}
```

Den Quellcode dieser Lösung finden Sie auf der CD-ROM unter \KAP06\LOESUNG\11.CPP.

Der String *d* nimmt das neue Datum auf. *c* ist ein Zeiger auf *d*, der verwendet wird, um auf den Indexoperator und damit auf eine Zählvariable verzichten zu können. *o* ist ein Zeiger, der auf denselben String zeigt wie *s*. *o* wird verwendet, damit mit *s* immer noch ein Zeiger auf den Anfang des Originalstrings zur Verfügung steht.

Die erste *while*-Schleife überspringt eventuelle Leerzeichen und Nullen, die dem Tagesdatum vorausgehen.

Die *do*-Schleife kopiert das Tagesdatum einschließlich des ersten Punktes in den neuen String.

Danach wird das Monatsdatum mit *atoi* in eine Ganzzahl umgewandelt. Mit Hilfe der *switch*-Anweisung wird aufgrund dieser Ganzzahl der entsprechende Monat als Wort in den neuen String kopiert.

Die folgende *while*-Schleife läuft den Originalstring bis hinter den zweiten Punkt durch. Alles, was diesem zweiten Punkt folgt, wird mit *strcat* an den neuen String gehängt.

Zum Schluss wird der Originalstring mit dem neu gebildeten Datum überschrieben.

Lösung 12

Um diese Aufgabe zu lösen, benötigen wir eine Funktion, die uns sagt, ob ein bestimmtes Jahr ein Schaltjahr ist oder nicht, denn davon hängt ab, ob das Jahr 365 oder 366 Tage hat.

Weil das Thema »Schaltjahr« schon ausführlich in Kapitel 2 mit den Übungen 15 und 17 besprochen wurde, wird für eine Erklärung der Funktion dorthin verwiesen.

Der Vollständigkeit halber ist die *isSchaltjahr*-Funktion hier aber noch einmal aufgeführt:

```
#include <iostream>
#include <cstdlib>

using namespace std;

const unsigned long STARTYEAR=1900;
const unsigned long STARTDAY=1;

bool isSchaltjahr(int x)
{
  if(x%4) return(false);
  if(x%100) return(true);
  if(x%400) return(false);
  return(true);
}
```

Um die tatsächliche Berechnung der Tage weiter zu vereinfachen, schreiben wir eine Hilfsfunktion *daysPerMonth*, die uns für einen bestimmten Monat im Jahr sagt, wie viele Tage dieser besitzt. Dabei muss berücksichtigt werden, dass der Februar eines Schaltjahres 29 Tage besitzt.

```
int daysPerMonth(int month, int year)
{
  switch(month)
    {
      case 0: case 2: case 4: case 6:
      case 7: case 9: case 11:
        return(31);
      case 3: case 5: case 8: case 10:
        return(30);
      case 1:
        return(28+isSchaltjahr(year));
      default:
        return(0);
    }
}

//*********************************************************

unsigned long dateToDays(char *s)
{
  int day=atoi(s)-1;
  while(*(s++)!='.');
  int month=atoi(s)-2;
  while(*(s++)!='.');
  int year=atoi(s);

  unsigned long daysum=STARTDAY+day;

  while(month>=0)
    daysum+=daysPerMonth(month--,year);

  while(year>STARTYEAR)
    daysum+=365+isSchaltjahr(year--);

  return(daysum);
}
```

Zuerst werden Tag, Monat und Jahr aus dem String extrahiert und in Ganzzahlen umgewandelt. Der Tag wird um eins vermindert, weil der aktuelle Tag des Datums nicht mit eingerechnet wird.

Der Monat wird um zwei vermindert, weil erstens der aktuelle Monat nicht mitgerechnet wird und zweitens die *daysPerMonth*-Funktion den ersten Monat als Monat 0 bezeichnet.

Zuerst werden die Tage des angebrochenen Monats zu der Gesamtzahl der Tage addiert. Dann werden in der ersten Schleife zuerst die im aktuellen Jahr bereits verstrichenen Monate aufaddiert und danach die Tage der seit 1900 vergangenen Jahre, wobei bei den Jahren wieder die Schaltjahre berücksichtigt werden müssen. (Bei den Monaten brauchen wir uns an dieser Stelle nicht um Schaltjahre zu kümmern, weil dafür bereits die Funktion *daysPerMonth* Sorge trägt.)

```
int main()
{
  char datum[100];
  unsigned long dayanz;

  cout << "Bitte Datum eingeben (TT.MM.JJJJ):";
  cin.getline(datum,100);
  dayanz=dateToDays(datum);
  cout << "Der " << datum << " ist der " << dayanz;
  cout << ". Tag seit dem 1.1." << STARTYEAR << endl;
}
```

Den Quellcode dieser Lösung finden Sie auf der CD-ROM unter \KAP06\LOESUNG\12.CPP.

Die *main*-Funktion ist wie in den meisten Fällen trivial.

Lösung 13

Die Funktion *daysToDate* benutzt die Funktionen *isSchaltjahr* und *daysPerMonth*, die in Übung 12 erklärt sind.

```
void daysToDate(unsigned long daysum, char *s)
{
  int day=0,month=0,year=STARTYEAR;

  daysum-=STARTDAY;
  while((daysum)>=(unsigned long)((365+isSchaltjahr(year))))
    daysum-=365+isSchaltjahr(year++);

  while((daysum)>=(unsigned long)(daysPerMonth(month,year)))
    daysum-=daysPerMonth(month++,year);

  month++;
  day=daysum+1;
  sprintf(s,"%i.%i.%i",day,month,year);
}
```

Solange die Gesamtzahl der Tage größer ist als die Tage des folgenden Jahres, solange werden die Tage des Jahres (Schaltjahr berücksichtigen) von der Gesamtzahl der Tage abgezogen.

Das Gleiche wird mit den Monaten gemacht, bis schließlich nur noch die Tage des angebrochenen Monats übrig bleiben.

Um den Datumsstring zu erzeugen, wird in dieser Lösung die C-Funktion *sprintf* verwendet. Eine entsprechende Lösung mit C++-Elementen sähe so aus:

```
ostringstream os;
os << day << "." << month << "." << year;
strcpy(s,os.str().c_str());
```

sstream

Um die String-Streams verwenden zu können, muss zusätzlich noch die Datei **sstream** eingebunden werden.

Als Nächstes folgt die *main*-Funktion, die ein Überprüfen des Ergebnisses ermöglicht:

```
int main()
{
  char datum[100];
  unsigned long dayanz;

  cout << "Wie viele Tage sind vergangen:";
  cin >> dayanz;
  daysToDate(dayanz,datum);
  cout << "Es ist der " << datum << endl;
}
```

Den Quellcode dieser Lösung finden Sie auf der CD-ROM unter \KAP06\LOESUNG\13.CPP.

Lösung 14

Wie bei vielen Lösungsansätzen kann man auch hier zwei verschiedene Strategien anwenden. Die erste ist die, dass wir eine eigenständige und unabhängige Funktion schreiben.

Die Funktion spaltet zuerst die beiden Daten in Tage, Monate und Jahre auf. Dann werden zuerst die beiden Jahreszahlen verglichen. Sollte bei ihnen noch keine Entscheidung fallen, werden die Monate und zum Schluss gegebenenfalls die Tage verglichen.

Die zum Testen notwendige *main*-Funktion wird direkt mit aufgelistet:

```
#include <iostream>
#include <cstdlib>

using namespace std;

bool isLater(char *s1, char *s2)
{
  int day1=atoi(s1)-1;
  while(*(s1++)!='.');
  int month1=atoi(s1)-2;
  while(*(s1++)!='.');
```

```
  int year1=atoi(s1);

  int day2=atoi(s2)-1;
  while(*(s2++)!='.');
  int month2=atoi(s2)-2;
  while(*(s2++)!='.');
  int year2=atoi(s2);

  if(year1==year2)
    {
      if(month1==month2)
        {
          return(day1>day2);
        }
      else
        {
          return(month1>month2);
        }
    }
  else
    {
      return(year1>year2);
    }
}

int main()
{
  char datum1[100],datum2[100];

  cout << "1. Datum :";
  cin.getline(datum1,100);
  cout << "2. Datum :";
  cin.getline(datum2,100);
  if(isLater(datum1,datum2))
    {
      cout << "Der " << datum1 << " ist spaeter als der ";
      cout << datum2 << endl;
    }
  else
    {
      cout << "Der " << datum1 << " ist frueher oder ";
      cout << "gleich dem " << datum2 << endl;
    }
}
```

Den Quellcode dieser Lösung finden Sie auf der CD-ROM unter \KAP06\LOESUNG\14A.CPP.

Dies war die erste Strategie. Der zweite Ansatz sagt: »Warum versuche ich nicht, etwas bereits Programmiertes zu verwenden, um meine Lösung eleganter und in einer kürzeren Zeit entwerfen zu können?«

Deswegen benutzt die folgende Lösung die bereits in Übung 12 programmierte Funktion *dateToDays*, um die Lösung kurz zu halten:

```
bool isLater(char *s1, char *s2)
{
  return(dateToDays(s1)>dateToDays(s2));
}
```

Den Quellcode dieser Lösung finden Sie auf der CD-ROM unter \KAP06\LOESUNG\14B.CPP.

Diese Lösung ist eleganter als die vorherige, aber dafür auch langsamer. Man sollte daher für den konkreten Fall unterscheiden, ob dieser Zeitunterschied bei der heutigen Computergeneration relevant ist[1].

Lösung 15

Die Funktion benutzt zur Potenzierung die Funktion *potenz*, die in Kapitel 3, Übung 11 bereits programmiert wurde.

Kommen wir nun zur *getvalue*-Funktion. Zuerst wird geprüft, ob die Zahl ein Vorzeichen besitzt. Sollte die Zahl kein Vorzeichen oder ein positives Vorzeichen besitzen, muss dies lediglich übersprungen werden, weil die Variable *sign*, die das Vorzeichen enthalten soll, schon mit 1 initialisiert wurde. Ist das Vorzeichen negativ, dann wird *sign* der Wert -1 zugewiesen und das Vozeichen im String ebenfalls übersprungen.

Man weiß, dass die x-te Stelle einer dezimalen Zahl die Wertigkeit 10^{x-1} hat. Um sich diese Information zunutze zu machen, muss erst festgestellt werden, aus wie vielen Ziffern die Zahl besteht. Diese Aufgabe übernimmt die erste *while*-Schleife.

Die zweite *while*-Schleife berechnet die Zahl anhand der oben aufgeführten Informationen.

Zum Schluss wird die ermittelte Zahl unter Berücksichtigung des Vorzeichens zurückgeliefert.

```
#include <iostream>
#include <cctype>

using namespace std;

int potenz(int a, int b)
```

1. Benutzen Sie zum Beispiel einen Algorithmus, der *isLater* millionenfach aufruft, dann sollten Sie der ersten Lösung den Vorzug geben. Müssen Sie jedoch nur einen Beleg zeitlich richtig einsortieren, reicht der zweite Ansatz allemal.

```
{
int pot=a;

  if(b==0)
    return(1);

  for(;b>1;b--)
    pot*=a;

  return(pot);
}

int getvalue(char *str)
{
int x=0,value=0,sign=1;

  if(*str=='+')
    str++;
  else
    if(*str=='-')
      {
        sign=-1;
        str++;
      }

  while(isdigit(str[x+1])) x++;
  while(x>=0) value+=potenz(10,x--)*((*(str++))-'0');
  return(value*sign);
}

int main()
{
char swert[80];
int wert;

  cout << "Bitte Wert eingeben :";
  cin.getline(swert,80);
  wert=getvalue(swert);
  cout << "Das Ergebnis lautet :" << wert << endl;
}
```

Den Quellcode dieser Lösung finden Sie auf der CD-ROM unter \KAP06\LOESUNG\15.CPP.

Lösung 16

```
#include <iostream>
#include <cctype>

using namespace std;
```

Zuerst werden ein paar Funktionen definiert, die kleinere, aber wichtige Aufgaben übernehmen:

```
bool iscalc(char x)
{
  return((x=='+')||(x=='-')||(x=='*')||(x=='/'));
}

int isvalue(char *str)
{
int x=0;
  while(isdigit(str[x])) x++;
  return(x);
}

bool isvalid(char *str)
{
int x=0;

  while(str[x])
    {
      if((!isdigit(str[x]))&&(!iscalc(str[x])))
        return(false);
      x++;
    }

  if(!isvalue(str)) return(false);
  str+=isvalue(str);
  while(*str)
    {
      if(!iscalc(*(str++))) return(false);
      if(!isvalue(str)) return(false);
      str+=isvalue(str);
    }
  return(true);
}
```

Die Funktion *iscalc* prüft, ob es sich bei dem übergebenen Zeichen um eins der gültigen Rechenzeichen handelt. Dementsprechend gibt sie wahr oder falsch zurück. *isvalue* überprüft, ob der Zeiger auf einen nummerischen ganzzahligen Wert verweist. Die Funktion gibt die Länge des Wertes in Zeichen zurück oder Null, falls es sich um einen ungültigen Wert handelt. Die Funktion *isvalid* überprüft, ob es sich um eine gültige Formel handelt. Eine gültige Formel darf nur aus Ziffern und den vier gültigen Rechensymbolen bestehen. Des Weiteren muss eine gültige Formel mit einer Zahl beginnen und enden. Und innerhalb der Formel müssen Rechensymbole und Zahlen immer abwechselnd hintereinander stehen.

```
int interpreter(char *fptr)
{
int ergeb=getvalue(fptr);

  fptr+=isvalue(fptr);
  while(*fptr)
    {
      switch(*(fptr++))
        {
          case '+':  ergeb+=getvalue(fptr);
                     break;
          case '-':  ergeb-=getvalue(fptr);
                     break;
          case '*':  ergeb*=getvalue(fptr);
                     break;
          case '/':  ergeb/=getvalue(fptr);
                     break;
        }
      fptr+=isvalue(fptr);
    }
  return(ergeb);
}

int main()
{
char formel[80];
  cout << "Bitte Formel eingeben :";
  cin.getline(formel,80);
  if(!isvalid(formel))
    cout << "Ungueltige Formel!!" << endl;
  else
    cout << "Das Ergebnis lautet :" << interpreter(formel) << endl;
}
```

Den Quellcode dieser Lösung finden Sie auf der CD-ROM unter \KAP06\LOESUNG\16.CPP.

Der Formelinterpreter benutzt die Funktion *getvalue*, die in der vorigen Übung implementiert wurde.

Lösung 17

Da es hier um Wochentage geht und es von diesen nur sieben verschiedene gibt, können grundsätzlich nur sieben verschiedene Möglichkeiten auftreten. Zum Beispiel für den Fall, dass der 1.1. eines Jahres ein Montag ist oder ein Dienstag usw.

Allerdings müssen wir ergänzend noch berücksichtigen, dass manche Jahre Schaltjahre sind und manche nicht. Deswegen ergeben sich insgesamt 14 verschiedene Möglichkeiten, die betrachtet werden müssen.

Die Vorgehensweise sieht folgendermaßen aus. Zuerst beginnen wir mit dem Jahr, in dem der 1.1. auf einen Montag fällt. Wir nummerieren die Wochentage mit Montag beginnend bei Null der Reihenfolge nach durch.

Wenn also der 1.1. auf einen Tag 0 (Montag) fällt, dann fällt der 13.1. auf den Tag 13%7, das ergibt 6 und ist demnach ein Sonntag. Da der 1. Monat 31 Tage besitzt, erhalten wir den 13.2. durch (6+31)%7. Dies ist ein Mittwoch (2).

Der 13.3. fällt daher auf den Tag (2+28)%7. Es ist also ebenfalls ein Mittwoch (2)[1].

Dies spielen wir für alle zwölf Monate durch und beginnen dann mit dem Fall, dass der 1.1. ein Dienstag ist, usw.

Zum Schluss wird dies alles noch einmal für den Fall wiederholt, dass es sich um Schaltjahre handelt.

Als Erstes schreiben wir ein paar Hilfsfunktionen.

```
#include <iostream>
#include <cstring>

using namespace std;

void month(int x, char *s)
{
  switch(x)
    {
      case 0: strcat(s," Januar "); break;
      case 1: strcat(s," Februar "); break;
      case 2: strcat(s," Maerz "); break;
      case 3: strcat(s," April "); break;
      case 4: strcat(s," Mai "); break;
      case 5: strcat(s," Juni "); break;
      case 6: strcat(s," Juli "); break;
      case 7: strcat(s," August "); break;
      case 8: strcat(s," September "); break;
      case 9: strcat(s," Oktober "); break;
```

1. Dieses Beispiel geht davon aus, dass es sich nicht um ein Schaltjahr handelt. Bei einem Schaltjahr würde der 13.3. auf einen Donnerstag fallen.

```
      case 10: strcat(s," November "); break;
      case 11: strcat(s," Dezember "); break;
    }
}
```

Die Funktion *month* wandelt einen Monat in nummerischer Form in ein Wort um und hängt es an den übergebenen String an.

```
int daysPerMonth(int month, int syear)
{
  switch(month)
    {
      case 0: case 2: case 4: case 6:
      case 7: case 9: case 11:
        return(31);
      case 3: case 5: case 8: case 10:
        return(30);
      case 1:
        return(28+syear);
      default:
        return(0);
    }
}
```

Die Funktion *daysPerMonth* haben wir in ähnlicher Form bereits kennen gelernt. Allerdings wurde hier die Berücksichtigung des Schaltjahres nicht von einer tatsächlichen Jahreszahl, sondern von einem zusätzlichen Funktionsparameter abhängig gemacht.

```
int main()
{
  char wochentage[7][15]={"Montag","Dienstag","Mittwoch","Donnerstag",
            "Freitag","Samstag","Sonntag"};
  char outstr[160];

  int start,anzahl;

  for(int z=0;z<2;z++)
    {
      if(z)
        cout << "Fuer Schaltjahre:" << endl;
      else
        cout << "Fuer Nicht-Schaltjahre:" << endl;

      for(int x=0;x<7;x++)
        {
          cout << "1.1. ist ein " << wochentage[x] << " : ";
          start=x;
          anzahl=0;
```

```
          outstr[0]=0;
          for (int y=0;y<12;y++)
            {
              if(((start+12)%7)==4)
                {
                  anzahl++;
                  month(y,outstr);
                }
              start=(start+daysPerMonth(y,z))%7;
            }
          cout << anzahl << " Freitage (" << outstr;
          cout << ")" << endl;
        }
      cout << endl;
    }
}
```

Den Quellcode dieser Lösung finden Sie auf der CD-ROM unter \KAP06\LOESUNG\17.CPP.

Die *main*-Funktion geht nun mit Schleifen für alle 14 Möglichkeiten die Monate durch und gibt für den Fall, dass der 13. auf einen Freitag fällt, den entsprechenden Monat aus.

Die Ausgabe sieht folgendermaßen aus:

```
Fuer Nicht-Schaltjahre:
1.1. ist ein Montag : 2 Freitage ( April  Juli )
1.1. ist ein Dienstag : 2 Freitage ( September  Dezember )
1.1. ist ein Mittwoch : 1 Freitage ( Juni )
1.1. ist ein Donnerstag : 3 Freitage ( Februar  Maerz  November )
1.1. ist ein Freitag : 1 Freitage ( August )
1.1. ist ein Samstag : 1 Freitage ( Mai )
1.1. ist ein Sonntag : 2 Freitage ( Januar  Oktober )

Fuer Schaltjahre:
1.1. ist ein Montag : 2 Freitage ( September  Dezember )
1.1. ist ein Dienstag : 1 Freitage ( Juni )
1.1. ist ein Mittwoch : 2 Freitage ( Maerz  November )
1.1. ist ein Donnerstag : 2 Freitage ( Februar  August )
1.1. ist ein Freitag : 1 Freitage ( Mai )
1.1. ist ein Samstag : 1 Freitage ( Oktober )
1.1. ist ein Sonntag : 3 Freitage ( Januar  April  Juli )
```

Lösung 18

Die Lösung besteht darin, mit Hilfe der *dateToDays*-Funktion aus Übung 12 die vergangenen Tage sowohl für das relevante Datum als auch für das Referenzdatum zu berechnen.

Die Differenz der beiden Werte bedeutet dann, um wie viele Tage sich das aktuelle Datum vom Referenzdatum unterscheidet. Zum Schluss muss nur noch der Wochentag mit Hilfe der Modulo-Operation bestimmt werden.

Es ist jedoch noch wichtig zu berücksichtigen, dass für den Fall einer negativen Differenz durch Aufaddieren eines Vielfachen von 7 ein positiver Wert erzeugt wird. Die wird in der *dayToWord*-Funktion erledigt, die auch den entsprechenden Wochentag als Wort in einen String kopiert.

```
void dayToWord(int d, char *s)
{
  if(d<0) d=d+((abs(d)/7+7)*7);
  d%=7;
  switch(d)
    {
      case 0: strcpy(s,"Montag"); break;
      case 1: strcpy(s,"Dienstag"); break;
      case 2: strcpy(s,"Mittwoch"); break;
      case 3: strcpy(s,"Donnerstag"); break;
      case 4: strcpy(s,"Freitag"); break;
      case 5: strcpy(s,"Samstag"); break;
      case 6: strcpy(s,"Sonntag"); break;
    }
}
```

Die Funktion *dateToWeekday* wandelt die Daten in Tage um und bildet unter Berücksichtigung des Referenztages die für *dayToWord* benötigte Differenz.

```
void dateToWeekday(char *s, char *w)
{
  unsigned long refdate=dateToDays(REFDATE);
  unsigned long aktdate=dateToDays(s);

  dayToWord(aktdate-refdate+REFDAY,w);
}

int main()
{
  char datum[100], wochentag[100];

  cout << "Bitte Datum eingeben (TT.MM.JJJJ):";
  cin.getline(datum,100);
  dateToWeekday(datum,wochentag);
  cout << "Der " << datum << " ist ein ";
  cout << wochentag << "." << endl;
}
```

Die *main*-Funktion erledigt die nötigen Ein- und Ausgaben.

Den Quellcode dieser Lösung finden Sie auf der CD-ROM unter \KAP06\LOESUNG\18.CPP.

7 Strukturen, Klassen und Templates

In diesem Kapitel werden wir uns mit den zusammengesetzten Datentypen – den **Strukturen** – und deren objektorientierte Erweiterungen – den **Klassen** – beschäftigen.

7.1 Strukturen

struct

Die Deklaration einer Klasse wird mit dem Schlüsselwort **struct** eingeleitet. Ihm folgen der Name der Struktur sowie in geschweiften Klammern eingeschlossen die einzelnen Strukturelemente.

Syntax

```
struct Name
{
};
```

Hier ein Beispiel:

```
struct Haustier
{
  char Name[80];
  int Alter;
  int Preis;
};
```

Um jetzt eine Variable vom Typ *Haustier* zu definieren, benutzt man die folgende Schreibweise:

```
Haustier h1;
```

.

Um nun auf die einzelnen Elemente der Struktur zugreifen zu können, verwendet man den .-Operator. Die drei Elemente der Struktur Haustier werden demnach wie folgt angesprochen:

```
h1.Alter=1;
h1.Preis=120;
strcpy(h1.Name,"Hasso")
```

Man kann auch einen Zeiger auf eine Strukturvariable definieren und über sie dann mit Hilfe des Operators -> auf die einzelnen Elemente zugreifen:

```
Haustier *h1ptr;
h1ptr=&h1;
cout << "Name:" << h1ptr->Name;
cout << ", Alter: " << h1ptr->Alter << endl;
```

7.2 Klassen

class

Ähnlich der Struktur ist in C++ die Klasse aufgebaut. Der einzige Unterschied in der Syntax besteht darin, dass anstelle des Schlüsselwortes *struct* das Schlüsselwort **class** verwendet wird:

```
class Nutztier
{
  char Name[80];
  int Alter;
  int Preis;
};
```

Attribut

Die einzelnen Datenelemente einer Klasse bezeichnet man als **Attribute**.

Zwischen Strukturen und Klassen gibt es jedoch auch noch einen semantischen Unterschied. So ist man bei der eben definierten Klasse nicht in der Lage, in folgender Weise auf die Attribute zuzugreifen:

```
Nutztier h2;
h2.Alter=4;
```

7.2.1 Private und öffentliche Attribute

Das liegt an der Fähigkeit von C++, Attributen unterschiedliche Zugriffsrechte zuzuweisen.

private

Zuerst gibt es da die privaten Attribute. Sie werden mit dem Schlüsselwort **private** eingeleitet. Auf private Attribute kann nur über Anweisungen zugegriffen werden, die zur Klasse selbst gehören. Dies sind die so genannten Methoden oder Elementfunktionen. Wird in einer Klasse das Zugriffsrecht nicht explizit festgelegt, dann sind die Elemente der Klasse automatisch privat. Deswegen konnte mit der oben aufgeführten Anweisung auch nicht auf das Attribut *Alter* zugegriffen werden.

public

Eine andere Form des Zugriffsrechts sind die öffentlichen Attribute. Sie werden mit dem Schlüsselwort **public** eingeleitet und sind von jeder Stelle des Programms aus erreichbar. Öffentliche Attribute verhalten sich exakt wie Strukturelemente unter C. Deswegen sind in C++ alle Elemente einer Struktur automatisch öffentlich, wenn kein Zugriffsrecht explizit angegeben wurde[1].

Sowohl in Klassen als auch in Strukturen können private und öffentliche Attribute gemischt werden:

```
class Anrufbeantworter
{
  private:
    char Nachrichten[10][80];
```

1. Dadurch ist bezüglich der Strukturen eine Abwärtskompatibilität zu C gewährleistet.

```
    int Nachrichtenanzahl;

  public:
    char Ansagetext[160];
};
```

Auf die Nachrichten des Anrufbeantworters kann nur die Klasse selbst zugreifen. Der Ansagetext ist allerdings jedem zugänglich und kann daher auch von jedem ausgelesen oder verändert werden.

Die Schlüsselwörter *private* und *public* können innerhalb einer Klasse mehrfach verwendet werden. Allerdings sollte man sich der Übersichtlichkeit wegen an folgende Regel halten:

Fassen Sie immer Attribute mit gleichem Zugriffsrecht zusammen und beginnen Sie mit dem kleinsten Zugriffsrecht.

7.2.2 Methoden

Die Frage, die sich stellt, ist natürlich, wie man als Benutzer der Klasse überhaupt an die Nachrichten herankommen kann. Man muss die Klasse dazu mit einer Methode ausstatten, die selbst öffentlich – und damit von außen ansprechbar – ist, aber aufgrund der Klassenzugehörigkeit auf die privaten Elemente der Klasse zugreifen kann:

```
class Anrufbeantworter
{
  private:
    char Nachrichten[10][80];
    int Nachrichtenanzahl;

  public:
    char Ansagetext[160];

    const char *holeNachricht(int n)
    {
      return(Nachrichten[n]);
    }
};
```

Es wurde eine Methode namens *holeNachricht* definiert, die einen Zeiger auf eine Stringkonstante zurückgibt. Dadurch wird verhindert, dass eine außen stehende Instanz über den zurückgelieferten Zeiger dann doch auf die Nachrichten zugreifen kann.

inline

Die Methode wurde in diesem Beispiel direkt innerhalb der Klasse definiert und ist somit **inline**. Das bedeutet, dass bei entsprechenden Aufrufen der Methode nicht der Aufruf in das Programm eingebunden wird, sondern der Code der

Methode selbst. Dadurch wird das Programm bei häufigem Aufrufen der Methode zwar länger, aber die Laufzeit verbessert sich.

Anstatt die Methode innerhalb der Klasse zu definieren, kann man dies auch außerhalb tun. Allerdings muss die Methode dann in der Klasse deklariert werden:

```
class Anrufbeantworter
{
  private:
    char Nachrichten[10][80];
    int Nachrichtenanzahl;

  public:
    char Ansagetext[160];

    const char *holeNachricht(int);
};

const char *Anrufbeantworter::holeNachricht(int n)
{
  return(Nachrichten[n]);
}
```

War bei der Definition der Methode innerhalb der Klasse klar, zu welcher Klasse die Methode gehört, muss jetzt bei der Definition außerhalb der Klasse die Klassenzugehörigkeit explizit angegeben werden. Dazu wird der Klassenname, gefolgt von zwei Doppelpunkten, dem Methodennamen vorangestellt.

inline

Dadurch, dass die Funktion außerhalb der Klasse definiert wurde, ist sie nicht mehr inline. Wenn Sie dennoch eine *inline*-Funktion wollen, dann müssen Sie dies explizit angeben:

```
inline const char *Anrufbeantworter::holeNachricht(int n)
{
  return(Nachrichten[n]);
}
```

Die Möglichkeit der expliziten Definition als inline haben Sie auch bei Funktionen, die keiner Klasse angehören.

Das Schlüsselwort *inline* ist nur eine Empfehlung. Es ist nicht bindend und kann vom Compiler ignoriert werden, wenn der dadurch entstehende Vorteil fraglich ist (die Funktion ist zu lang oder wird zu häufig aufgerufen).

7.2.3 Konstruktoren und Destruktoren

Um die Initialisierung eines Objektes bei seiner Erzeugung und eventuelle »Aufräumarbeiten« bei seiner Zerstörung eleganter abwickeln zu können, wurden die so genannten Konstruktoren und Destruktoren eingeführt.

Konstruktor

Beschäftigen wir uns zunächst mit den Konstruktoren. Ein Konstruktor ist eine besondere Methode, die exakt den gleichen Namen hat wie die Klasse, zu der er gehört. Ein Konstruktor kann nur Funktionsparameter, nicht aber einen Rückgabeparameter besitzen. Für unsere Beispielklasse Anrufbeantworter könnten wir zum Beispiel einen parameterlosen Konstruktor entwerfen, der die zu Anfang leeren Nachrichten als Nullstring definiert und die Nachrichtenanzahl auf 0 setzt:

```
Anrufbeantworter::Anrufbeantworter(void)
{
   for(int x=0;x<10;x++)
     Nachrichten[x][0]=0;

   Nachrichtenanzahl=0;
}
```

Oder Sie schreiben einen Konstruktor, dem man zusätzlich noch einen Ansagetext übergeben kann:

```
Anrufbeantworter::Anrufbeantworter(const char *s)
{
   for(int x=0;x<10;x++)
     Nachrichten[x][0]=0;

   Nachrichtenanzahl=0;

   strcpy(Ansagetext,s);
}
```

Natürlich müssen die beiden Konstruktoren noch in der Klasse selbst deklariert werden:

```
class Anrufbeantworter
{
  private:
    char Nachrichten[10][80];
    int Nachrichtenanzahl;

  public:
    char Ansagetext[160];

    const char *holeNachricht(int);
```

```
    Anrufbeantworter(void);
    Anrufbeantworter(const char *);
};
```

7.2.4 Überladen von Funktionen

Vielleicht wundern Sie sich als C-Programmier jetzt, dass wir in der Klasse zwei Methoden mit demselben Namen haben. In C++ ist dies möglich, solange die einzelnen Methoden eine unterschiedliche Parameterliste besitzen.

Dies können Sie auch auf Funktionen anwenden, die zu keiner Klasse gehören. Brauchen Sie zum Beispiel eine *max*-Funktion mit zwei Parametern und eine mit drei Parametern, dann müssten Sie diese in C unterschiedlich benennen. In C++ ist dies kein Problem:

```
int max(int a, int b)
{
  return((a>b)?a:b);
}

int max(int a, int b, int c)
{
  return(max(max(a,b),c));
}
```

Wenn Sie Funktionen überladen wollen, dann reicht es nicht, dass sie sich im Rückgabeparameter unterscheiden. Es muss ein Unterschied in der Parameterliste vorliegen.

Konstruktor

Doch wenden wir uns nun wieder den Konstruktoren zu. Um die beiden Konstruktoren der Klasse *Anrufbeantworter* zu benutzen, definieren wir ganz einfach eine Variable dieses Typs. Der Konstruktor ohne Parameter wird automatisch bei der normalen Definition aufgerufen:

```
Anrufbeantworter ab1;
```

Um den zweiten Konstruktor zu verwenden, müssen wir den zu übergebenden Parameter in runden Klammern hinter den Variablennamen schreiben:

```
Anrufbeantworter ab2("Bitte sprechen Sie nach dem Signalton");
```

Destruktor

Kommen wir nun zu den Destruktoren. Ein Destruktor wird automatisch aufgerufen, wenn das Objekt zerstört wird. Destruktoren haben weder einen Rückgabewert noch Übergabeparameter. Sie heißen genauso wie die Klasse, zu der sie gehören, allerdings mit einer vorangestellten Tilde.

Für unseren Anrufbeantworter könnten wir als Destruktor z.B. eine Methode verwenden, die noch vorhandene Nachrichten auf den Bildschirm ausgibt, damit sie nicht verloren gehen:

```
Anrufbeantworter::~Anrufbeantworter()
{
   for(int x=0;x<Nachrichtenanzahl;x++)
     cout << Nachrichten[x] << endl;
}
```

7.2.5 Elementinitialisierungsliste

Zum Schluss ist noch eine Besonderheit der Konstruktoren zu erwähnen. Um Elemente der Klasse in einem Konstruktor zu initialisieren, muss man dies nicht explizit im Körper der Methode tun.

Es gibt die so genannte Elementinitialisierungsliste, die hinter dem Funktionskopf mit einem Doppelpunkt getrennt aufgeführt wird. Unser parameterloser Konstruktor könnte dadurch folgendermaßen vereinfacht werden:

```
Anrufbeantworter::Anrufbeantworter(void) : Nachrichtenanzahl(0)
{
   for(int x=0;x<10;x++)
     Nachrichten[x][0]=0;
}
```

Die Elementinitialisierungliste wird unverzichtbar, wenn Sie in einer Klasse Referenzen als Elemente verwenden. Da Referenzen bei ihrer Definition initialisiert werden müssen, käme eine Zuweisung im Konstruktorkörper zu spät.

Eine Referenz muss in der Elementinitialisierungsliste initialisiert werden.

Sie finden den Anrufbeantworter mit allen bisher entworfenen Methoden auf der CD-ROM unter \KAP07\BEISPIEL\01.CPP.

7.2.6 Freunde

Um den Zugriff auf die privaten Elemente einer Klasse explizit für außen stehende Funktionen oder Klassen zu ermöglichen, kann die Klasse, auf deren private Elemente zugegriffen werden soll, so genannte Freunde definieren. Das Schlüsselwort dazu ist **friend**. Freunde haben die gleichen Zugriffsmöglichkeiten auf die Klasse wie die Klasse selbst. Dazu einmal drei Beispiele:

```
class Anrufbeantworter
{
  friend class Besitzer;
  friend void changeMessage(const char*);
  friend void Hersteller::Wartung(void);

  private:
    char Nachrichten[10][80];
    int Nachrichtenanzahl;
```

```
  public:
    char Ansagetext[160];

    const char *holeNachricht(int);
    Anrufbeantworter(void);
    Anrufbeantworter(const char *);
};
```

Als Freunde wurden die Klasse *Besitzer*, die Funktion *changeMessage* und die Elementfunktion *Wartung* der Klasse *Hersteller* deklariert.

7.2.7 Statische Attribute

Eine Besonderheit bilden in C++ die statischen Attribute. Sie haben keine direkten Gemeinsamkeiten mit den statischen Variablen der Funktionen. Bei Klassen bedeutet eine statische Variable bzw. ein statisches Attribut, dass für jede Instanz der Klasse dasselbe statische Attribut verwendet wird.

Würden wir von unserem Anrufbeantworter zwei Instanzen definieren, dann hätte jede Instanz ihre eigenen Attribute. Das heißt, dass eine Änderung z.B. des Attributs *Nachrichtenanzahl* keine Auswirkungen auf das gleiche Attribut der anderen Klasse hat.

Dies ist bei statischen Attributen nicht der Fall:

```
#include <iostream.h>

class Counter
{
  private:
  static int anzahl;
  int wert;

  public:
    Counter(void) {anzahl++;}
    ~Counter() {anzahl--;}
    void print(void){cout << anzahl << endl;}
};

int Counter::anzahl=0;

int main()
{
  Counter v1;
  v1.print();

  Counter v2[5];
  v1.print();
}
```

Den Quellcode finden Sie auf der CD-ROM unter \KAP07\BEISPIEL\02.CPP.

Wie Sie sehen, teilen sich alle Instanzen der Klasse *Counter* das Attribut *anzahl*. Auf diese Weise lässt sich sehr schön verfolgen, wie viele Instanzen augenblicklich existent sind.

Ein statisches Attribut muss außerhalb der Klasse initialisiert werden, weil ein statisches Attribut nur einmal initialisiert werden darf, der Konstruktor einer Klasse jedoch bei jeder Instanzerzeugung aufgerufen wird.

7.2.8 Templates

Es gibt häufig Situationen, bei denen man eine bestimmte Klasse für mehrere Datentypen gebrauchen könnte. Nehmen wir einmal eine einfache Klasse namens *Paar*, welche zwei Werte vom Typ *int* aufnehmen kann:

```
class Paar
{
  private:
    int a,b;

  public:
    Paar(int x, int y) : a(x), b(y) {};
    int W1(void) {return(a);}
    int W2(void) {return(b);}

};
```

Diese Klasse hat in ihrer jetzigen Form keinen praktischen Nutzen. Man könnte sie allerdings um eine *swap*-Methode erweitern, die die beiden Werte vertauscht, usw.

Unter der Voraussetzung, dass diese Klasse nun nützlich wäre, könnte sie auch für andere Typen wie *float* oder *bool* interessant sein. Anstatt nun aber drei Klassen namens *IntPaar*, *FloatPaar* und *BoolPaar* zu implementieren, schreiben wir die aktuelle Klasse einfach als Template[1] um:

```
template<class T>
class Paar
{
  private:
    T a,b;

  public:
    Paar(T x, T y) : a(x), b(y) {};
    T W1(void) {return(a);}
```

1. "Template" heißt auf deutsch soviel wie "Schablone"

```
    T W2(void) {return(b);}

};
```

Ein Template wird mit dem Schlüsselwort template eingeleitet, gefolgt von der Liste der Datentypen, die variabel gehalten werden sollen. Diese Liste der Datentypen steht in eckigen Klammern.

In unserem Fall wollen wir nur einen Datentypen variabel halten, den wir willkürlich *T* nennen. An jeder Stelle, an der der variable Datentyp verwendet wird, benutzen wir nun den Typ *T*.

Wenn wir nun ein Paar für den Typ *int* definieren wollen, dann sieht dies so aus:

```
Paar<int> x1(2,4);
```

Der gewünschte Datentyp wird hinter dem Template-Namen in eckigen Klammern angegeben. An jeder Stelle im Template, an der wir den variablen Typ *T* verwendet haben, wird nun intern der Typ *int* eingesetzt. Wir erhalten damit die Klasse, wie sie vor der Umwandlung in ein Template aussah. Wir können aber auch für andere Datentypen ein Paar definieren:

```
Paar<double> x2(27.842,5.346);
Paar<bool> x3(false, true);
```

Für den Fall, dass Sie eine Methode des Templates außerhalb der Klassendefinition definieren wollen, müssen Sie explizit angeben, dass es sich um eine Methode des entsprechenden Tempates handelt:

```
template<class T>
T Paar<T>::W1(void)
{
  return(a);
}
```

Sie sehen, dass der Name der Template-Klasse ebenfalls um den variablen Datentyp erweitert wurde.

7.2.9 Dynamische Speicherverwaltung

Bevor wir nun mit den Übungen beginnen, schauen wir uns noch die neuen Möglichkeiten der dynamischen Speicherverwaltung an, die uns C++ bietet.

new Das Schlüsselwort zum Anfordern von Speicher heißt **new**. Der Rückgabewert ist die Adresse des reservierten Speicherbereichs. Der Typ dieser Adresse hängt von dem Typ ab, für den Speicher angefordert wird.

Wollen wir zum Beispiel einen *Anrufbeantworter* dynamisch anfordern, dann brauchen wir zuerst einen Zeiger auf den Typ *Anrufbeantworter*, der die Adresse aufnehmen kann:

```
Anrufbeantworter *abptr;
```

Diesem Zeiger wird dann die von *new* gelieferte Adresse zugewiesen:

```
abptr=new Anrufbeantworter("Testnachricht");
```

Die Parameter für den Konstruktor werden hinter den Typnamen geschrieben.

delete

Der so reservierte Speicher muss auch vom Programmierer wieder freigegeben werden. Dies geschieht mit **delete**:

```
delete(abptr);
```

Wollen Sie ein Feld von Anrubeantwortern reservieren, dann machen Sie das folgerndermaßen:

```
abptr=new Anrufbeantworter[10];
```

Beachten sie, dass Sie in diesem Fall keine Parameter an den Konstruktor übergeben können. Das heißt, dass die Klasse dann auf jeden Fall einen parameterlosen Konstruktor besitzen muss.

Freigegeben wird der Speicher wieder mit *delete*:

```
delete[](abptr);
```

Die eckigen Klammern hinter *delete* sind wichtig, damit für jede einzelne Instanz des Feldes der Destruktor aufgerufen wird und nicht nur für die erste.

7.3 Übungen

Übung 1

Schreiben Sie eine Klasse *Bruch*, die als Attribute die *long*-Variablen *Zaehler* und *Nenner* besitzt. Die Klasse soll folgenden Konstruktor haben:

```
Bruch(long zaehler, long nenner);
```

Um mit der Klasse arbeiten zu können, werden die folgenden Methoden benötigt:

```
long Zaehler(void);
long Nenner(void);
double Wert(void);
```

Zaehler liefert den Zähler des Bruches. Analog dazu liefert *Nenner* den Nenner des Bruches und *Wert* den reellen Wert des Bruches, der sich aus Zähler und Nenner ergibt.

Überlegen Sie sich, welche Zugriffsrechte den einzelnen Attributen und Methoden zugewiesen werden sollten.

Schreiben Sie dazu eine *main*-Funktion, die eine Bruch-Variable definiert, die mit dem Bruch 22/7 initialisiert wird. Danach sollen Zähler, Nenner und resultierender Wert ausgegeben werden können.

Übung 2

Schreiben Sie eine Klasse *Nibble*, die ein Nibble repräsentiert. Zur Erinnerung: Ein Nibble ist ein halbes Byte, besteht also aus 4 Bit. Die Klasse *Nibble* soll einen Konstruktor besitzen, die aus einem *unsigned int*-Wert ein Nibble erzeugt. Da ein Nibble nur Werte von 0-15 darstellen kann, müssen Sie bei größeren Werten den Modulo-Operator verwenden.

Die Klasse soll außerdem die Methoden *Get* und *Set* besitzen, mit der das Nibble gelesen und beschrieben werden kann.

Übung 3

Schreiben Sie eine Klasse *Stack*, die einen Stack[1] repräsentiert.

ADT

Ein Stack ist ein **abstrakter Datentyp**. Abstrakte Datentypen – abgekürzt **ADT** – zeichnen sich durch eine spezielle Organisation der in ihnen gespeicherten Daten aus, auf die man mit fest definierten Methoden zugreifen kann. Die Bezeichnung »abstrakt« rührt daher, dass es dem Benutzer des ADT egal ist, wie der entsprechende ADT tatsächlich implementiert wurde. Ein Stack z.B. kann sowohl mit einem Feld als auch mit einer Liste implementiert werden. Der Benutzer aber darf keinen Unterschied bemerken.

Schauen wir uns einmal die Eigenschaften des ADTs Stack an. Ein Stack ist organisiert wie ein realer Stapel. Man stapelt einzelne Objekte (z.B. Zeitschriften) aufeinander. Ein Stapel grenzt den Zugriff auf die einzelnen Objekte so ein, dass es nur möglich ist, auf die obere Schicht des Stapels zuzugreifen.

Das heißt, dass ein Objekt nur oben auf den Stapel draufgelegt werden kann. Und man kann nur das Element vom Stapel nehmen, das als oberstes auf dem Stapel liegt. Dies hat zur Folge, dass dasjenige Element, das als letztes auf den Stack gelegt wurde, auch als erstes wieder von ihm entfernt wird. Man bezeichnet einen Stack daher auch als **LIFO**-Struktur[2]. Die Methode zum Ablegen auf den Stack nennt man **Push**[3] und die zum Entfernen vom Stack **Pop**[4]. Abbildung 7.1 stellt die beiden Methoden grafisch dar

Implementieren Sie einen Stack für *int*-Werte. Entwerfen Sie die Methoden *Push* und *Pop*, wobei *Push* mit dem Rückgabewert darüber informieren soll, ob noch Platz für das auf den Stapel zu legende Element ist oder nicht.

---

1. "Stack" ist englisch und wird im Deutschen auch als "Stapel" bezeichnet.
2. LIFO steht für "Last In First Out", was auf Deutsch soviel wie "Zuletzt rein, zuerst raus" bedeutet.
3. Zu deutsch "drücken".
4. Zu deutsch u.a. "herausplatzen".

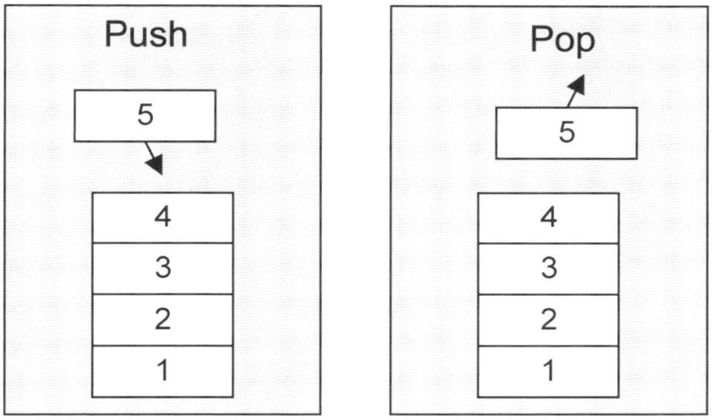

Abbildung 7.1: Push und Pop bei Stacks

Des Weiteren benötigt der Stack eine Methode namens *isEmpty*, die zurückliefert, ob der Stack leer ist oder Elemente beinhaltet.

Der Konstruktor des Stacks soll als Argument die Größe des Stacks besitzen. Der vom Stack verwendete Speicher soll dynamisch angefordert werden.

Implementieren Sie den Stack so, dass die Klassendefinition in einer Header-Datei steht.

Übung 4

Schreiben Sie eine *main*-Funktion, die Sie zur Eingabe eines Strings auffordert. Geben Sie den eingegebenen String rückwärts wieder aus. Benutzen Sie dazu unterstützend die Klasse *Stack*.

Übung 5

Schreiben Sie eine Klasse *Queue*, die eine Queue repräsentiert. »Queue« bedeutet auf Deutsch »Schlange« oder »Warteschlange«. Genau wie bei den Warteschlangen in den Ämtern kommt immer derjenige zuerst dran, der auch als Erster da war. Man bezeichnet eine Queue daher auch als **FIFO**-Struktur[1].

Die beiden Operationen einer Queue heißen **Enqueue**, um ein Element an die Queue zu hängen, und **Dequeue**, um ein Element aus der Queue zu entfernen. Abbildung 7.2 stellt die Wirkungsweise der beiden Methoden dar.

Die Queue soll *int*-Werte verwalten können und außer den beiden Methoden *Enqueue* und *Dequeue* noch die Methode *isEmpty* besitzen, die ein booleschen Wert zurückliefert, der Auskunft darüber gibt, ob die Queue leer ist oder noch Elemente beherbergt.

1. FIFO ist die Abkürzung für "First In First Out". Übersetzt bedeutet es "Zuerst rein, zuerst raus".

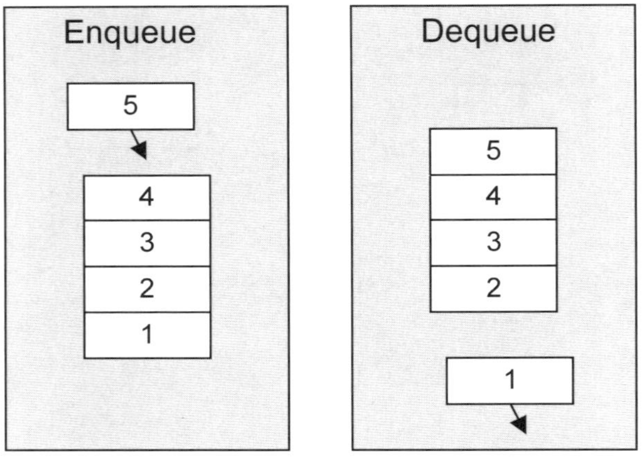

Abbildung 7.2: Enqueue und Dequeue bei Queues

Der Konstruktor soll einen Parameter besitzen, der es ermöglicht, die maximale Größe der Queue festzulegen. Der benötigte Speicher soll dynamisch angefordert werden.

Übung 6

Sie haben in den vorherigen zwei Übungen die ADTs Stack und Queue kennen gelernt. Beide ADTs haben wir intern als Felder implementiert.

Implementieren Sie nun die Klasse *SQueue*, die intern keine Felder, sondern Stacks verwendet. Für den Benutzer darf es keinen Unterschied zwischen *SQueue* und *Queue* geben. Das heißt, dass alle für Queues definierten Methoden (*Enqueue*, *Dequeue* und *isEmpty*) existieren müssen.

Übung 7

Formen Sie die Klasse *Stack* aus Übung 3 in ein Template um. Nennen Sie die Template-Klasse *TStack*.

Übung 8

Erweitern Sie die Klasse *Bruch* aus Übung 1 um die folgenden Konstruktoren:

```
Bruch(long);
Bruch(double);
```

Bedenken Sie, dass die Methoden *Zaehler* und *Nenner* immer noch funktionieren müssen.

Übung 9

Diese Übung ist umfangreich und abstrakt. Nehmen Sie sich hierfür Zeit und Ruhe.

Entwerfen Sie eine Template-Klasse *TDListe*, die Ihnen eine doppelt verkettete Liste zur Verfügung stellt. Mit der Liste sollen beliebige Datentypen verwaltet werden können. Benutzen Sie für die Liste den in Abbildung 7.3 dargestellten internen Aufbau.

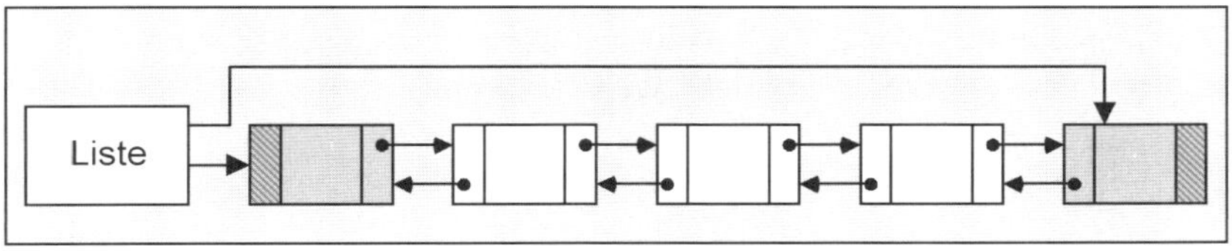

Abbildung 7.3: Der Aufbau einer doppeltverketteten Liste

Dabei müssen sowohl der Listenkopf als auch die Knoten in einer eigenen Klasse gekapselt werden. Die grau unterlegten Knoten gehören zur Liste und dienen nur zu Verwaltungszwecken, sie enthalten keine Nutzdaten. Das hat den positiven Effekt, dass auch eine leere Liste noch aus zwei Knoten besteht und damit das Einfügen von Knoten immer nur zwischen zwei bereits bestehenden Knoten vorgenommen werden muss.

Schreiben Sie zwei Methoden *Link* und *Unlink*, wobei erstere einen Knoten an eine bestimmte Stelle innerhalb der Liste einfügt und letztere einen Knoten aus der Liste entfernt.

Für den Benutzer sollen folgende Methoden zur Verfügung stehen:

```
bool isEmpty(void) {return(lsize==0);}
bool push_back(Typ&);
bool pull_back(void);
Typ &back(void);
```

- *push_back*. hängt Nutzdaten an das Ende der Liste an.
- *pull_back*. löscht den Listenknoten am Ende der Liste, ohne die Nutzdaten zurückzuliefern.
- *back*. liefert die Nutzdaten aus dem letzten Element der Liste

Mit diesen Funktionen lässt sich ein Stack simulieren. Schreiben Sie zum Abschluss eine entsprechende *main*-Funktion, die diese Funktionalität mit der selbst implementierten Liste umsetzt.

7.4 Tipps

Tipps zu 3

- Lösen Sie die Übung mit Hilfe eines *int*-Feldes, welches dynamisch angefordert wird.
- Verwenden Sie eine Positionsvariable, damit Sie wissen, an welcher Stelle Sie einfügen oder entnehmen müssen.
- Zählen Sie mit, wie viele Elemente auf dem Stack sind, damit die *isEmpty*-Methode effizient implementiert werden kann.
- Schützen Sie den Stack vor Überlauf.

Tipps zu 5

- Sie sollten die Queue als Feld implementieren.
- Zählen Sie mit, wie viele Elemente die Queue beinhaltet, damit die *isEmpty*-Methode effizient implementiert werden kann.
- Bedenken Sie, dass sich die Einfüge- und Entnahmeposition bei einer Queue unterscheidet. Sie brauchen deshalb zwei Positionsvariablen.
- Schützen Sie die Queue vor Überlauf.

Tipps zu 6

- Elemente in die Queue einfügen ist kein Problem. Sie legen sie einfach auf den Stack, den Sie intern verwenden sollen.
- Sie müssen sich nur überlegen, wie Sie bei der Entnahme eines Elementes vorgehen. Das benötigte Element liegt ganz unten auf dem Stack, der Stack gibt Ihnen jedoch nur das oberste Element.
- Sie müssen eine einfache Möglichkeit finden, die Elemente, die alle auf dem von Ihnen benötigten Element liegen, an anderer Stelle zwischenzuspeichern.
- Benutzen Sie einen zweiten temporären Stack für die Zwischenspeicherung der Elemente.

Tipps zu 8

- Denken Sie daran, dass Zähler und Nenner nur Ganzzahlen sein dürfen. Einen Bruch wie 1.254/1 soll es nicht geben.
- Erzeugen Sie einen Bruch, den Sie so lange erweitern, bis Zähler und Nenner Ganzzahlen sind.
- Für das Erweitern bietet sich der Faktor 10 an.

Tipps zu 9

- Machen Sie sich Gedanken darüber, wie ein einzelner Knoten als Klasse aussehen könnte und welche Attribute für die Verwaltung unabdingbar sind.
- Ein wesentliches Verwaltungsmerkmal eines Knotens sind die Verweise auf Vorgänger und Nachfolger.
- Die Methode Link sollte als Parameter eine Position innerhalb der Liste und einen Verweis auf ein entsprechendes Nutzobjekt besitzen.
- Link ist dafür verantwortlich, dass innerhalb der Liste nur Kopien der Originaldaten verwendet werden.
- Die Funktionsweise von Link sollte am in Abbildung 7.4 dargestellten Ablauf angelehnt sein. Dabei gibt die Nummerierung die Bearbeitungsreihenfolge der einzelnen Verweise an.

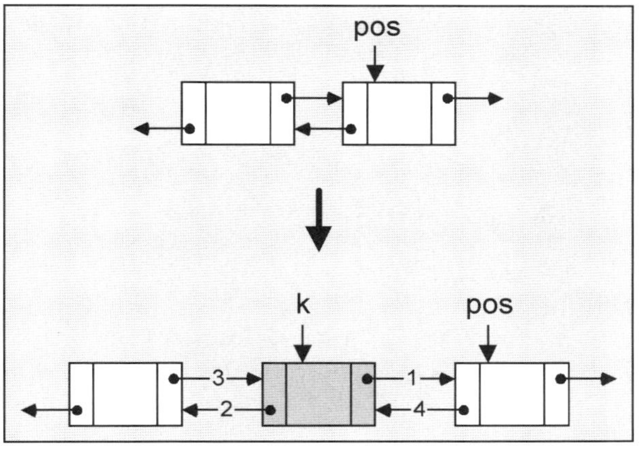

Abbildung 7.4: Die Funktionsweise von Link

7.5 Lösungen

Lösung 1

```
#include <iostream>

using namespace std;

class Bruch
{
  private:
    long zaehler,nenner;

  public:
```

```
    Bruch(long z, long n) : zaehler(z),nenner(n) {}
    long Zaehler(void) {return(zaehler);}
    long Nenner(void) {return(nenner);}
    double Wert(void)

{return(static_cast<double>(zaehler)/static_cast<double>(nenner));}

};

int main()
{
  Bruch b(22,7);

  cout << b.Zaehler() << "  " << b.Nenner() << "  ";
  cout << b.Wert() << endl;
}
```

Den Quellcode dieser Lösung finden Sie auf der CD-ROM unter \KAP07\LOESUNG\01.CPP.

Lösung 2

```
class Nibble
{
  private:
    unsigned int nibble;
  public:
    Nibble(unsigned int n) :nibble(n%16) {}
    void Set(unsigned int n){nibble=n%16;}
    unsigned int Get(void){return(nibble);}
};
```

Den Quellcode dieser Lösung finden Sie auf der CD-ROM unter \KAP07\LOESUNG\02.CPP.

Der Typ der Variablen, die das Nibble aufnimmt, ist *unsigned int*, weil ein Nibble nur positive Werte haben kann.

Lösung 3

Schauen wir uns zuerst die Header-Datei an, die sinnigerweise STACK.H genannt wurde:

```
#ifndef __STACK_H
#define __STACK_H

class Stack
{
  private:
```

```
    int *data;
    unsigned long anz;
    unsigned long maxanz;

  public:
    explicit Stack(unsigned long);
    ~Stack();

    bool Push(int);
    int Pop(void);
    bool isEmpty(void);
};

#endif /* __STACK_H */
```

Die Präprozessoranweisungen wurden dazu verwendet, eine Mehrfachdeklaration auszuschließen. Nur wenn *__STACK_H* nicht definiert ist, wird die Klasse deklariert und *__STACK_H* definiert. Dadurch ist bei einem eventuellen zweiten Aufruf der Header-Datei *__STACK_H* definiert und die Klasse wird nicht erneut deklariert.

Bitte beachten Sie, dass hinter dem Präprozessor-Befehl die »alte« Schreibweise für Kommentare verwendet wurde. Dies sollte man sich angewöhnen, weil häufig die alten C-Präprozessoren verwendet werden, die die neue Schreibweise nicht verstehen würden.

Der Konstruktor wurde als explizit deklariert, um dem Compiler den Einsatz des Konstruktors zur impliziten Typumwandlung zu verbieten. Andernfalls würde der Compiler den Konstruktor dazu verwenden, einen *unsigned long*-Wert implizit in ein Objekt des Typs Stack umzuwandeln, was nicht erwünscht ist.

Kommen wir nun zur Implementation der Methoden:

```
Stack::Stack(unsigned long s)
{
  data=new(int[s]);
  if(data)
    {
      anz=0;
      maxanz=s;
    }
  else
    {
      anz=maxanz=0;
    }
}
```

Der Konstruktor prüft, ob der benötigte Speicher reserviert werden konnte. Falls nicht, wird die Größe des Stacks auf 0 gesetzt.

```
Stack::~Stack()
{
  if(data) delete[](data);
}
```

Für die Freigabe des Speichers wurde die Schreibweise *delete[]* verwendet. Auch wenn eine *int*-Variable keinen Destruktor besitzt, der aufgerufen werden müsste, erhöht diese Schreibweise die Lesbarkeit des Programms, weil man sofort erkennen kann, dass ein Feld freigegeben wird und nicht nur ein einzelnes *int*-Element.

```
bool Stack::Push(int w)
{
  if(anz<maxanz)
    {
      data[anz++]=w;
      return(true);
    }
  else
    {
      return(false);
    }
}

int Stack::Pop(void)
{
  if(anz>0)
    return(data[--anz]);
  else
    return(0);
}

bool Stack::isEmpty(void)
{
  return(anz==0);
}
```

Die Quellcodes dieser Lösung finden Sie auf der CD-ROM im Verzeichnis \KAP07\LOESUNG\STACK1\.

Lösung 4

```
#include <iostream>
#include <cstring>
#include "stack.h"

using namespace std;

int main()
```

```
{
const unsigned long SIZE=100;
Stack stack(SIZE);
char str[SIZE];
unsigned int x;

  cout << "Bitte String eingeben:";
  cin.getline(str,SIZE);

  for(x=0;x<strlen(str);x++)  stack.Push(str[x]);
  cout << endl;
  while(!stack.isEmpty()) cout << static_cast<char>(stack.Pop());
  cout << endl;
}
```

Die Quellcodes dieser Lösung finden Sie auf der CD-ROM im Verzeichnis \KAP07\LOESUNG\STACK2\.

Die dahinter stehende Idee ist die, dass die Elemente in umgekehrter Reihenfolge vom Stack genommen werden, in der sie auf den Stack geschrieben wurden. Daher werden zuerst die einzelnen Zeichen des Strings auf den Stack geschrieben und dann beim anschließenden Entfernen vom Stack ausgegeben.

Da *cout* den auszugebenden Typ selbstständig erkennt, muss der Rückgabewert von *Pop*, der ja *int* ist, explizit in einen *char* umgewandelt werden.

Lösung 5

Schauen wir uns als Erstes die Deklaration an:

```
class Queue
{
  private:
    int *data;
    unsigned long anz;
    unsigned long maxanz;
    unsigned long inpos, outpos;

  public:
    explicit Queue(unsigned long);
    ~Queue(void);

    bcol Enqueue(int);
    int Dequeue(void);
    bool isEmpty(void);
};
```

Da das Einfügen und Herausnehmen von Elementen bei der Queue nicht mehr nur an einem Ende der Datenstruktur geschieht, brauchen wir für die Einfüge-

und Entnahmeposition zwei getrennte Variablen (*inpos* und *outpos*). Der Rest der Klasse ist von der Deklaration her der Klasse *Stack* sehr ähnlich.

Die Methoden von *Queue* sehen wie folgt aus:

```
Queue::Queue(unsigned long s)
{
  data=new(int[s]);
  if(data)
    {
      anz=inpos=outpos=0;
      maxanz=s;
    }
  else
    {
      anz=maxanz=inpos=outpos=0;
    }
}
```

Der Konstruktor von *Queue* ist bis auf den Unterschied, dass zusätzlich noch die Attibute *inpos* und *outpos* initialisiert werden müssen, mit dem Konstruktor von *Stack* identisch.

```
Queue::~Queue()
{
  if(data) delete[](data);
}

bool Queue::Enqueue(int w)
{
  if(anz<maxanz)
    {
      anz++;
      data[inpos++]=w;
      if(inpos==maxanz) inpos=0;
      return(true);
    }
  else
    {
      return(false);
    }
}

int Queue::Dequeue(void)
{
  if(anz>0)
    {
      unsigned long aktpos=outpos;
```

```
      if((++outpos)==maxanz) outpos=0;
      anz--;
      return(data[aktpos]);
    }
  else
    return(0);
}
```

Die Methoden *Enqueue* und *Dequeue* sollten wir uns etwas genauer ansehen. Angenommen, die Einfügeposition der Queue befindet sich am Ende des Speichers und die Entnahmeposition am Anfang des Speichers[1].

Solange wir nur einfügen, wächst die Größe der Queue stetig an. Entnehmen wir nun ein Element, dann wird die Queue kleiner und somit Speicher frei. Aufgrund der Organisation der Queue wird der Speicher aber nicht an der Stelle der Einfügeposition frei, sondern genau am anderen Ende der Queue. Damit dieser frei gewordene Speicher beim Einfügen verwendet werden kann, müssen alle in der Queue gespeicherten Elemente so verschoben werden, dass an der Entnahmeposition kein freier Platz mehr ist. Je nachdem, wie groß die Queue ist, kostet das Verschieben mehr Rechenzeit als die Verwaltung der Queue selbst.

Wir verwenden daher eine andere Lösung, die in Abbildung 7.5 dargestellt ist.

In 7.5a sehen Sie die leere Queue nach ihrer Erzeugung. Es existiert lediglich eine gültige Einfüge-Position, weil aus einer leeren Queue keine Elemente entfernt werden können. Abbildung 7.5b zeigt die Queue, nachdem sechs Elemente eingefügt wurden. Die Einfüge-Position steht auf dem nächsten freien Feld und die Entnahme-Position auf dem ersten eingefügten Element. Nachdem ein Element aus der Queue entfernt wurde, sieht die Queue wie in Abbildung 7.5c dargestellt aus. Es entsteht am Anfang des Feldes ein freier Platz. Anstatt jedoch die noch in der Queue befindlichen Elemente nach links zu verschieben, lässt man den belegten Teil der Queue durch das Feld wandern.

Abbildung 7.5d zeigt die Queue nach weiteren 13 *enqueue*- und 13 *dequeue*-Operationen. Der belegte Bereich der Queue ist fast bis ans Ende des Feldes gewandert. Die Einfüge-Position zeigt auf das letzte freie Element des Feldes. Um aber auch hier ein Verschieben der belegten Felder an den Anfang zu vermeiden, wird das komplette Feld als Ring betrachtet. Die Positionen, die rechts aus dem Feld herausgehen, kommen links wieder herein. Abbildung 7.5e zeigt die Queue nach weiteren drei *enqueue*- und *dequeue*-Operationen. Die Einfüge-Position ist bereits über den rechten Rand hinaus links wieder in das Feld hineingekommen.

1. Genau genommen spielt es keine Rolle, ob nun am Ende oder am Anfang eingefügt oder entnommen wird. Die hier zu besprechende Problematik tritt so oder so auf. Bei der einen Variante haben wir das Problem beim Entnehmen und bei der anderen Variante fände es sich beim Einfügen wieder.

Abbildung 7.5: Das Arbeiten mit der Queue

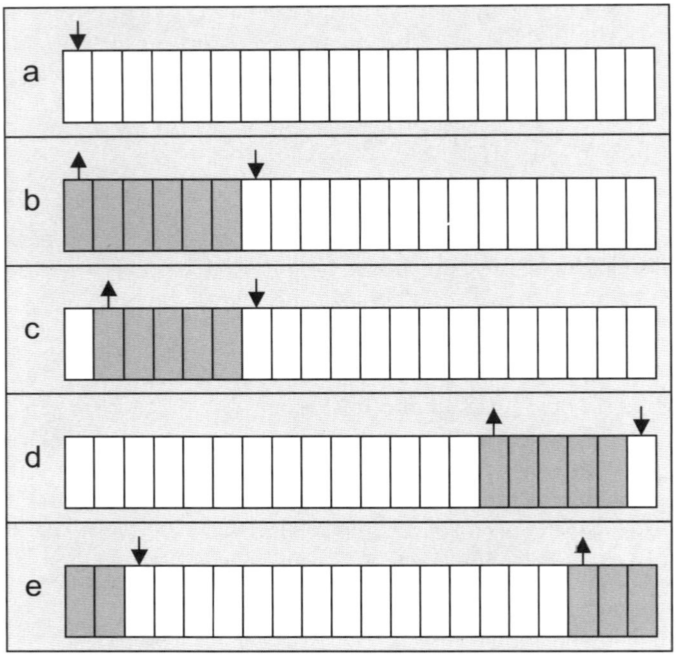

Durch diese Betrachtung des Feldes als Ring besteht natürlich die Gefahr, dass die Einfüge-Position die Entnahme-Position einholt[1]. Dadurch würden Elemente überschrieben. Um dies zu verhindern, muss darauf geachtet werden, dass die Queue keine Elemente mehr aufnimmt, wenn die Kapazität des Feldes erschöpft ist.

Um die Queue zu vervollständigen, fehlt noch die triviale *isEmpty*-Methode:

```
bool Queue::isEmpty(void)
{
  return(anz==0);
}
```

Die Quellcodes dieser Lösung finden Sie auf der CD-ROM im Verzeichnis \KAP07\LOESUNG\QUEUE1\.

Lösung 6

```
class SQueue
{
  private:
    Stack *data;
```

1. Dies geschieht genau dann, wenn die Queue mehr Elemente aufnehmen muss, als das verwendete Feld aufnehmen kann.

```
    unsigned long anz;

  public:
    explicit SQueue(unsigned long);
    ~SQueue();

    bool Enqueue(int);
    int Dequeue(void);
    bool isEmpty(void);
};
```

Die Klassendefinition hat sich nur unwesentlich verändert. Lediglich das Feld hat einem Stack Platz gemacht und die beiden Attribute zur Verwaltung der Einfüge- und Entnahmeposition wurden eingespart[1].

```
SQueue::SQueue(unsigned long s)
{
  data=new Stack(s);
  anz=0;
}

SQueue::~SQueue()
{
  if(data) delete(data);
}
```

Konstruktor und Destruktor haben sich nur in der Weise geändert, dass anstelle eines Feldes nun ein Stack der entsprechenden Größe dynamisch angefordert und wieder freigegeben wird.

```
bool SQueue::Enqueue(int w)
{
  if(data->Push(w))
    {
      anz++;
      return(true);
    }
  else
    return(false);
}
```

Enqueue versucht das einzufügende Element auf den Stack zu schreiben. Wenn es gelingt, wird *anz* um eins erhöht und *true* zurückgeliefert. Andernfalls wird *false* zurückgegeben.

1. Hätten wir einen total dynamischen Stack programmiert, einen Stack also, der keine maximale Größenbeschränkung hat, dann hätten wir auch auf das Attribut *anz* verzichten können. So jedoch wird es benötigt, um später einen temporären Stack der entsprechenden Größe erzeugen zu können.

```
int SQueue::Dequeue(void)
{
  if(data->isEmpty()) return(0);

  int w;
  Stack buf(anz);
  while(!data->isEmpty()) buf.Push(data->Pop());
  w=buf.Pop();
  while(!buf.isEmpty()) data->Push(buf.Pop());
  anz--;
  return(w);
}
```

Die Dequeue-Methode ist der schwierigste Teil dieser Aufgabe. Zuerst wird überprüft, ob überhaupt noch Elemente auf dem Stack liegen. Wenn nicht, wird 0 zurückgegeben.

Für den Fall, dass noch Elemente auf dem Stack liegen, wird es interessant. Eine Queue liefert das zuerst gespeicherte Element zurück, ein Stack jedoch das zuletzt gespeicherte. Das von *Dequeue* benötigte Element liegt also als unterstes Element auf dem Stapel.

Um an dieses Element heranzukommen, werden alle darüber liegenden Elemente vom Stack geholt und auf einen temporären zweiten Stack geschrieben. Nachdem das gewünschte Element erreicht ist, wird es vom Stack genommen und alle Elemente des temporären Stacks werden wieder auf den originalen Stack verschoben. Dies ist notwendig, weil die Elemente auf dem zweiten Stack in umgekehrter Reihenfolge abgespeichert sind[1].

Als Letztes fehlt noch *isEmpty*:

```
bool SQueue::isEmpty(void)
{
  return(data->isEmpty());
}
```

Die Quellcodes dieser Lösung finden Sie auf der CD-ROM im Verzeichnis \KAP07\LOESUNG\QUEUE2\

Lösung 7

```
#ifndef __TSTACK_H
#define __TSTACK_H

template <class TData>
class TStack
{
  private:
```

1. Das oberste Element des Originalstacks liegt auf dem temporären Stack ganz zuunterst.

```
    TData *data;
    unsigned long anz;
    unsigned long maxanz;

  public:
    explicit TStack(unsigned long);
    ~TStack();

    bool Push(TData);
    TData Pop(void);
    bool isEmpty(void);
};

template <class TData>
TStack<TData>::TStack(unsigned long s)
{
  data=new(TData[s]);
  if(data)
    {
      anz=0;
      maxanz=s;
    }
  else
    {
      anz=maxanz=0;
    }
}

template <class TData>
TStack<TData>::~TStack()
{
  if(data) delete[](data);
}

template <class TData>
bool TStack<TData>::Push(TData w)
{
  if(anz<maxanz)
    {
      data[anz++]=w;
      return(1);
    }
  else
    {
      return(0);
    }
}
```

```
template <class TData>
TData TStack<TData>::Pop(void)
{
  if(anz>0)
    return(data[--anz]);
  else
    return(0);
}

template <class TData>
bool TStack<TData>::isEmpty(void)
{
  return(anz);
}
#endif /* __TSTACK_H */
```

Die Quellcodes dieser Lösung finden Sie auf der CD-ROM im Verzeichnis \KAP07\LOESUNG\TSTACK\.

Lösung 8

Der Konstruktor zum Umwandeln eines *long*-Wertes in einen Bruch ist sehr einfach:

```
Bruch(long z) : zaehler(z),nenner(1) {}
```

Jede Ganzzahl *x* ist als Bruch geschrieben x/1.

Bei den *double*-Werten wird es etwas schwieriger. Zunächst gehen wir wie bei den *long*-Werten vor. Zum Beispiel schreiben wir für 0.75 den Bruch 0.75/1. Nun erweitern wir diesen Bruch so lange mit 10, bis wir im Zähler eine Ganzzahl haben: 7.5/10 ... 75/100. Dann brauchen wir den so erhaltenen Bruch nur noch zu kürzen: 3/4.

Schauen wir uns den entsprechenden Konstruktor an:

```
Bruch::Bruch(double d)
{
  double dummy;
  long p=1;
  while(fabs(modf(d,&dummy))>=0.0000001)
    {
      d*=10;
      p*=10;
    }
  zaehler=(long)(d);
  nenner=p;
  if((p=ggt(zaehler,nenner))>1)
    {
      zaehler/=p;
```

```
        nenner/=p;
    }
}
```

Der Bruch wird so lange mit 10 erweitert, bis die Nachkommastellen des Zählers <=0.0000001 sind. Wir können nicht auf 0 prüfen, weil sich immer kleine Rechenfehler einschleichen und der Wert äußerst selten exakt 0 wird.

Die Funktion *x=modf(a,&b)* spaltet die Fließkommazahl *a* in einen ganzzahligen Teil, der in *b* gespeichert wird, und in einen Nachkommateil, der von der Funktion zurückgegeben wird. Mit *a=12.345* ist *x=0.345* und *b=12*.

Danach wird mit Hilfe der Funktion *ggt* der größte gemeinsame Teiler von Zähler und Nenner ermittelt. Durch diesen werden dann Zähler und Nenner geteilt. Dadurch erhalten wir den optimal gekürzten Bruch.

Zur Vollständigkeit hier noch einmal die *ggt*-Funktion, die für die Klasse *Bruch* an *long*-Werte angepasst wurde:

```
long Bruch::ggt(long x, long y)
{
long a;

  x=abs(x);
  y=abs(y);

  a=(x<y)?x:y;

  while((x%a)||(y%a))
    a--;

  return(a);
}
```

Die Quellcodes dieser Lösung finden Sie auf der CD-ROM im Verzeichnis \KAP07\LOESUNG\BRUCH\.

In der Funktion wurden die Absolutwerte der beiden Parameter *x* und *y* bestimmt, weil es auch negative Zähler und Nenner geben kann.

Lösung 9

Schauen wir uns zunächst die Knotenklasse an, die als privat in die Liste eingebettete Klasse deklariert wird:

```
class TDLKnoten
{
  public:
    TDLKnoten *previous,*next;
    Typ *daten;
```

```
    TDLKnoten(void) {
      previous=next=0;
      daten=0;
    }
};
```

Wobei *Typ* dem Template-Parameter entspricht. Als Attribute besitzt die Klasse einen Zeiger auf den Vorgänger und einen Zeiger auf den Nachfolger. Des Weiteren exisitert ein Zeiger auf die Nutzdaten.

Alle Attribute sind als öffentlich deklariert, weil die Knotenklasse in die Listenklasse eingebettet ist und daher auf die Attribute nicht von außen zugegriffen werden kann[1].

Nun kommt das listen-Template an die Reihe:

```
template<class Typ> class TDListe
{
  private:
    class TDLKnoten { ... };

    TDLKnoten *first, *last;
    unsigned long lsize;

  public:
    TDListe(void);
    ~TDListe();
};
```

Die eingebettete Klasse *TDLKnoten* wird hier nicht mehr aufgeführt, weil sie bereits weiter oben komplett abgebildet ist.

Als nächsten Punkt schauen wir uns Konstruktor und Destruktor der Klasse an:

```
template<class Typ>
TDListe<Typ>::TDListe(void)
{
  first=new TDLKnoten;
  last=new TDLKnoten;
  first->next=last;
  last->previous=first;
  lsize=0;
}
```

Zunächst werden die beiden Dummy-Knoten *first* und *last* dynamisch reserviert und über ihre Zeiger miteinander verbunden. Zum Schluss wird *lsize* auf 0 gesetzt, denn die Dummy-Elemente gehören öffentlich ja nicht zur Liste.

1. Weil die Listenklasse keine Verweise auf interne Knoten nach außen gibt.

```
template<class Typ>
TDListe<Typ>::~TDListe()
{
  TDLKnoten *cur=first->next;
  while(cur!=last)
    {
      cur=cur->next;
      delete(cur->previous->daten);
      delete(cur->previous);
    }
  delete(first);
  delete(last);
}
```

Der Destruktor leistet einiges an Arbeit, denn die einzelnen Listenknoten wurden bloß aus Verwaltungsgründen angelegt und haben mit den eigentlichen Nutzdaten nichts zu tun. Selbst die Nutzdaten haben außerhalb unserer Liste keine Daseinsberechtigung, weil sie nur Kopien der originalen Nutzdaten sind.

Zuerst werden alle Knoten gelöscht, die Nutzdaten enthalten. Dabei müssen für jeden Knoten zuerst die Nutzdaten und dann erst der Knoten selbst gelöscht werden. Wäre die Löschreihenfolge umgekehrt, dann würde mit dem Löschen des Knotens auch der Verweis auf die Nutzdaten gelöscht. Wir hätten ein Ressourcenleck.

Zum Schluss werden die beiden Dummy-Knoten gelöscht.

Als Nächstes benötigen wir die Methoden *Link* und *Unlink*.

Link

```
template<class Typ>
bool TDListe<Typ>::Link(TDLKnoten *pos, Typ &d)
{
  TD_Knoten *k=new TDLKnoten;
  k->daten=new Typ(d);
  k->next=pos;                   // 1
  k->previous=pos->previous;     // 2
  pos->previous->next=k;         // 3
  pos->previous=k;               // 4
  ++lsize;
  return(true);
}
```

Die in Abbildung 7.4 vorgeschlagene Anweisungsreihenfolge wurde in dieser Link-Implementierung umgesetzt und die betroffenen Anweisungen entsprechend nummeriert. Die *Link*-Funktion ist auch die Stelle, an der für die Liste eine Kopie der originalen Nutzdaten erstellt wird.

```
template<class Typ>
bool TDListe<Typ>::Unlink(TDLKnoten *k)
```

```
{
  if((k==first)||(k==last))
    return(false);
  k->previous->next=k->next;
  k->next->previous=k->previous;
  delete(k->daten);
  delete(k);
  --lsize;
  return(true);
}
```

Unlink ist als Umkehrfunktion von Link zu verstehen. Aus diesem Grunde muss auch die Kopie des gespeicherten Nutzelements gelöscht werden.

Nachdem die interne Funktionalität unseres Templates auf festen Beinen steht, müssen wir uns um die Methoden kümmern, auf die der Benutzer letztlich Zugriff hat.

Als Nächstes sind die für den Benutzer zugänglichen Methoden an der Reihe:

```
template<class Typ>
bool TDListe<Typ>::push_back(Typ &d)
{
  return(Link(last, d));
}

template<class Typ>
bool TDListe<Typ>::pull_back(void)
{
  return(Unlink(last->previous));
}

template<class Typ>
Typ &TDListe<Typ>::back(void)
{
  return(*last->previous->daten);
}

template<class Typ>
bool TDListe<Typ>::isEmpty(void)
{
  return(lsize==0);
}
```

Nun fehlt nur noch die main-Funktion, die die Liste als Stack verwendet:

```
#include <iostream>
#include <cstring>
#include "tdliste.h"
```

```
using namespace std;

int main()
{
  TDListe<char> l;
  char *s="Andre Willms";

  for(unsigned int x=0; x<strlen(s); ++x)
    {
      l.push_back(s[x]);
    }

  while(!l.isEmpty())
    {
      cout << l.back();
      l.pull_back();
    }
  cout << endl;
}
```

Die Quellcodes dieser Lösung finden Sie auf der CD-ROM im Verzeichnis \KAP07\LOESUNG\TDLISTE\.

8 Überladen von Operatoren

Diese Kapitel ist dem Überladen der in C++ gebräuchlichen Operatoren gewidmet. Überladen bedeutet in diesem Zusammenhang, dass die Funktionalität der Operatoren auf eigenen Klassen erweitert werden kann.

Folgende Operatoren können in C++ überladen werden:

Tabelle 8.1: Tabelle aller überladbaren Operatoren

<table>
<tr><td>+</td><td>-</td><td>*</td><td>/</td><td>%</td><td>^</td><td>&</td><td>|</td></tr>
<tr><td>~</td><td>!</td><td>=</td><td><</td><td>></td><td>+=</td><td>-=</td><td>*=</td></tr>
<tr><td>/=</td><td>%=</td><td>^=</td><td>&=</td><td>|=</td><td><<</td><td>>></td><td><<=</td></tr>
<tr><td>>>=</td><td>==</td><td>!=</td><td><=</td><td>>=</td><td>&&</td><td>||</td><td>++</td></tr>
<tr><td>--</td><td>->*</td><td>,</td><td>-></td><td>[]</td><td>()</td><td>new</td><td>delete</td></tr>
</table>

Um die nächsten Schritte praktisch an einer Klasse nachvollziehen zu können, entwerfen wir schnell eine einfache Klasse namens *OwnInt*, die sich – wenn wir mit diesem Kapitel fertig sind – genau so verhalten soll wie der elementare C++-Datentyp *int*:

```
#include <iostream>

using namespace std;

class OwnInt
{
  private:
    int *wert;

  public:
    OwnInt(int w)
      {
        wert=new int;
        *wert=w;
      }

    ~OwnInt() {if(wert) delete(wert);}
    void Print(void) {cout << *wert << endl;}
    void Set(int w) {*wert=w;}
};
```

Um die Sache ein wenig interessanter zu gestalten, wird der für den *int*-Wert benötigte Speicher dynamisch reserviert. Zusätzlich wurde die Klasse noch mit einer *Print*-Methode, die den Wert ausgibt, und einer *Set*-Methode, die einen neuen Wert zuweist, ausgestattet.

8.1 Zuweisung und Initialisierung

Zuerst wollen wir uns über den Unterschied zwischen einer Zuweisung und einer Initialisierung Klarheit verschaffen, denn der Compiler interpretiert diese beiden Begriffe ein wenig anders. Schauen Sie sich folgendes Fragment an:

```
int a=20;
int b;
b=30;
```

In der ersten Zeile wird die Variable *a* definiert und mit 20 initialisiert. Die zweite Zeile definiert *b* und die dritte Zeile initialisiert *b* mit 30.

Und genau hier stimmen die Ansichten des Compilers nicht mehr mit unseren überein. Denn *b* wird in den Augen des Compilers nicht mit 30 initialisiert, sondern *b* wird der Wert 30 zugewiesen.

Diese Unterscheidung liegt in der Vorgehensweise des Compilers begründet. In der ersten Zeile erzeugt er eine *int*-Variable, die den Wert 20 enthält. Das ist für ihn eine Initialisierung.

In der zweiten Zeile erzeugt er eine *int*-Variable, die mit irgendeinem von uns nicht bestimmten Wert initialisiert wird. In der dritten Zeile wird dieser bereits initialisierten Variablen dann ein neuer Wert zugewiesen.

8.1.1 Initialisierung

copy-Konstruktor

Nachdem wir dies nun wissen, wenden wir uns zunächst der Initialisierung zu. Die wichtigste Form der Initialisierung ist die mit einem Objekt derselben Klasse. Die Methode, die diese Kopie anfertigt, nennt man copy-Konstruktor.

Der Compiler stattet jede Klasse automatisch mit einem Standard-copy-Konstruktor aus. Dieser Konstruktor hat allerdings einen Nachteil. Schauen wir uns dazu folgendes Programmfragment an:

```
OwnInt a(4),b=a;

  a.Print();
  b.Print();

  a.Set(20);

  a.Print();
  b.Print();
```

Zuerst wird die Variable *a* mit dem Wert 4 initialisiert. Die Variable *b* wird mit *a* initialisiert, wodurch auch sie den Wert 4 besitzt. Die beiden nachfolgenden Print-Aufrufe bestätigen dies.

Danach wird *a* ein neuer Wert (20) zugewiesen. Doch nun zeigt sich das Dilemma. Beide Variablen haben nun den Wert 20. Abbildung 8.1 zeigt die Problematik:

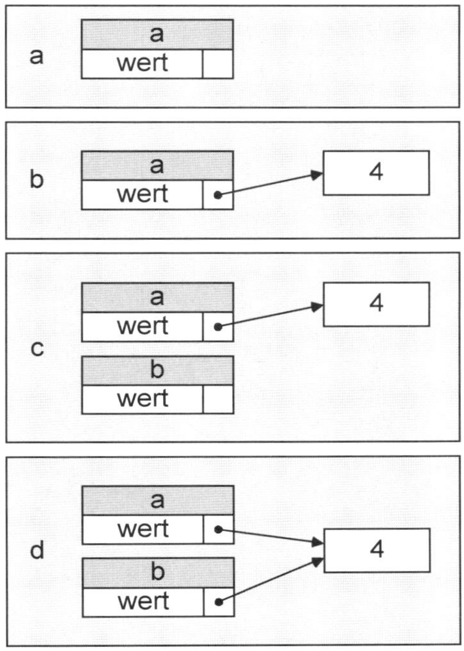

Abbildung 8.1: Die Arbeitsweise des Standard-copy-Konstruktors

Flache Kopie

Bild 8.1 a zeigt die Variable *a* nach ihrer Erzeugung aber noch vor dem Aufruf ihres Konstruktors. In 8.1 b sehen Sie die vollständig erzeugte Variable *a*. Bild 8.1 c zeigt die Variable *b* vor dem Aufruf des *copy*-Konstruktors. 8.1 d stellt das Endresultat dar.

Man sieht, der Standard-*copy*-Konstruktor erstellt nur eine flache Kopie.

Bei einer flachen Kopie werden lediglich die Daten des zu kopierenden Elementes selbst kopiert, nicht aber die Daten, auf die eventuell Zeiger des Elementes verweisen.

Tiefe Kopie

Wir benötigen einen *copy*-Konstruktor, der eine so genannte tiefe Kopie erzeugt. Der typische Kopf eines *copy*-Konstruktors sieht so aus:

```
KLASSENNAME(const KLASSENNAME&)
```

Angewendet auf unsere *OwnInt*-Klasse kommt Folgendes heraus:

```
OwnInt(const OwnInt &k)
      {
        wert=new int;
```

```
    *wert=*k.wert;
  }
```

Abbildung 8.2 zeigt das Verhalten des neuen *copy*-Konstruktors.

Abbildung 8.2: Die Arbeitsweise des eigenen copy-Konstruktors

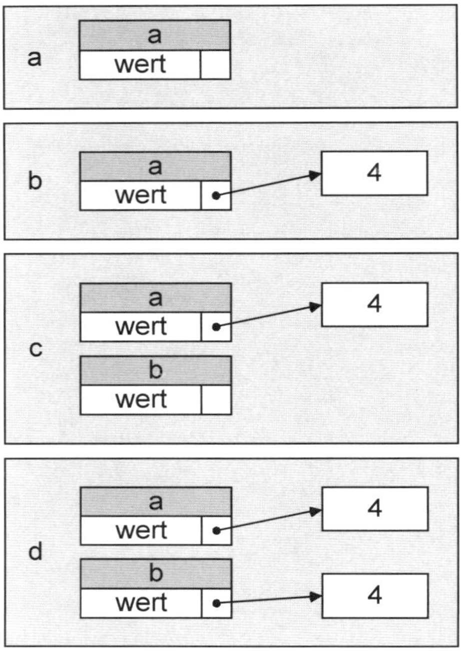

Weil *b* nun seinen eigenen Speicherbereich zum Speichern des *int*-Wertes besitzt, kann jetzt der Wert von *a* verändert werden, ohne dass *b* davon beeinflusst wird. Diese Art der Vorgehensweise nennt man **tiefe Kopie**.

Bei einer tiefen Kopie werden sowohl die Daten des zu kopierenden Elementes als auch die Daten, auf die eventuell Zeiger des Elements verweisen, kopiert.

8.1.2 Zuweisung

Die Zuweisung erfolgt gewöhnlich über den =-Operator, weswegen wir diesen Operator überladen müssen:

```
const OwnInt &operator=(const OwnInt &k)
{
  if(!wert) wert=new int;
  *wert=*k.wert;
  return(*wert);
}
```

Da die Funktion eine Methode der Klasse ist, würde eine Zuweisung der Form *a=b* umgesetzt in:

```
a.operator=(b)
```

Die *operator=*-Methode hat einen Rückgabewert, um Zuweisungen der Form *a=b=c* zu ermöglichen.

8.2 Der Konstruktor als Umwandlungsoperator

Verblüffenderweise sind wir mit den bisher implementierten Methoden auch in der Lage, folgende Zuweisung korrekt zu kompilieren:

```
OwnInt a(2);
a=20;
```

Dies funktioniert problemlos, ohne dass wir den =-Operator für *int*-Zuweisungen überladen haben. Der Grund hierfür ist der, dass der Compiler durch den Konstruktor weiß, wie er aus einem *int*-Wert ein *OwnInt*-Element erzeugt. Er wandelt deshalb den *int*-Wert zuerst in ein *OwnInt*-Element um und benutzt dann die normale Zuweisung für *OwnInt*-Elemente.

explicit

Der Compiler zieht nur Konstruktoren mit einem einzigen Funktionsparameter zur Umwandlung in Betracht. Wollen Sie, dass ein Konstruktor auf keinen Fall zur Umwandlung herangezogen wird, dann müssen Sie ihn mit dem Schlüsselwort explicit als expliziten Konstruktor kennzeichnen.

8.3 Vergleichsoperatoren

Um zwei selbst definierte Klassen vergleichen zu können, ist man in der Lage, die Vergleichsoperatoren »==«, »!=«, »<«, »>«, »<=« und »>=« zu überladen.

Dies könnte zum Beispiel so aussehen:

```
int operator<(const OwnInt &k)
{
  return(*wert<*k.wert);
}
```

Sollte die Funktion nicht als Elementfunktion implementiert werden, dann muss sie als Freund der Klasse deklariert werden und folgendermaßen aussehen:

```
int operator<(const OwnInt &k1, const OwnInt &k2)
{
  return(*k1.wert<*k2.wert);
}
```

Alle anderen Vergleichsoperatoren werden analog zu diesem Beispiel implementiert.

8.4 Ein-/Ausgabeoperatoren

Damit die eigenen Klassen auch C++-typisch ausgegeben werden können, wollen wir hier den <<-Operator überladen:

```
ostream &operator<<(ostream &ostr, const OwnInt &k)
{
  ostr << *k.wert;
  return(ostr);
}
```

Da diese Methode, wenn sie als Elementfunktion definiert würde, zu *ostream* gehören müsste, sind wir nicht in der Lage, sie als Elementfunktion unserer Klasse zu definieren. Es darf daher nicht vergessen werden, die überladene *operator<<*-Funktion als Freund zu deklarieren.

Wichtig ist, dass die Funktion wieder eine Referenz auf den Stream zurückgibt, damit weitere Ausgaben folgen können (*cout << a << b*).

Analog dazu gehen Sie bei der *operator>>*-Funktion vor.

8.5 Grundrechenarten

Stellvertretend für die vier Grundrechenarten werden wir hier die Addition besprechen.

Der +-Operator ist verglichen mit den bisher besprochenen Operatoren insofern etwas anderes, weil er kein betroffenes Objekt manipuliert. Er erzeugt lediglich aus der Summe der beiden betroffenen Elemente ein neues Element und gibt es als Rückgabewert zurück:

```
OwnInt operator+(const OwnInt &k1, const OwnInt &k2)
{
  OwnInt k(*k1.wert+*k2.wert);
  return(k);
}
```

Die Funktion wurde nicht als Elementfunktion definiert, um möglichst viele Situationen abzudecken. Da eine Addition *a+b* folgendermaßen umgesetzt wird:

```
operator+(a,b)
```

können folgende Summen mit ihr bestimmt werden[1]:

```
a+b
x+2
4+b
```

Hätten wir die Funktion dagegen als Elementfunktion deklariert, dann wäre die Addition *a+b* so umgesetzt worden:

```
a.operator+(b)
```

Dies hat zur Konsequenz, dass der linke Operand der Addition auf jeden Fall ein *OwnInt*-Objekt sein muss. Deswegen würde die Addition *4+b* nicht berechnet werden können.

Der Additions-Zuweisungsoperator += kann wiederum ohne Bedenken als Elementfunktion definiert werden:

```
OwnInt &operator+=(const OwnInt &k)
{
  *wert+=*k.wert;
  return(*this);
}
```

8.6 Die Operatoren [] und ()

Da ein bestimmtes Element über den Index-Operator [] sowohl gelesen als auch beschrieben werden kann, muss die entsprechende Funktion eine Referenz zurückliefern:

```
int &operator[](int p)
{
  return(*wert);
}
```

Die Funktion hat in diesem Zusammenhang natürlich nicht viel Sinn, weil der Wert des Index (p) nicht ausgewertet wird.

Die *operator()*-Funktion hat gegenüber dem Index-Operator den Vorteil, dass sie mehrfach überladen werden kann. Man kann sie z. B. bei einer String-Klasse dazu verwenden, Teile des Strings auszuschneiden.

1. Die *int*-Werte werden dabei automatisch durch den *OwnInt*-Konstruktor in *OwnInt*-Objekte umgewandelt.

8.7 Umwandlungsoperatoren

Umwandlungsoperatoren werden dann benötigt, wenn Sie dem Compiler die Möglichkeit geben wollen, mittels impliziter Typumwandlung die eigene Klasse in andere Datentypen umzuwandeln:

```
operator int()
{
  return(*wert);
}
```

Durch diese Elementfunktion kann die Klasse *OwnInt* an jeder Stelle verwendet werden, an der auch ein *int*-Wert Verwendung findet.

Die komplette Klasse *OwnInt* finden Sie auf der CD-ROM im Verzeichnis \KAP08\BEISPIEL\OWNINT\.

8.8 Ausnahmebehandlung

throw

Kommen wir noch kurz zur Fehlermitteilung mit Hilfe von Ausnahmen. Das Schlüsselwort, mit dem man eine Ausnahme wirft, heißt throw. Schauen wir uns dazu die folgende Funktion an:

```
void mussPositivSein(int x)
{
  if(x<0) throw("Fehler");
}
```

Die Funktion wirft für den Fall, dass eine nicht-positive Zahl übergeben wird, eine Ausnahme. Wir brauchen nun eine Möglichkeit, diese Ausnahme abzufangen.

try

Um die Ausnahme überhaupt auffangen zu können, müssen wir dem Compiler mitteilen, dass in dem entsprechenden Programmstück eine Ausnahme auftreten kann. Der »kritische« Bereich muss in einem so genannten try-Block liegen. In diesem Fall bietet es sich an, den Funktionsaufruf als kritischen Bereich zu betrachten:

```
try
  {
    mussPositivSein(-5);
  }
```

catch

Der Compiler weiß nun, dass er hier mit einer Ausnahme rechnen muss. Für den Fall, dass tatsächlich eine Ausnahme auftritt, kann in einem catch-Block auf sie eingegangen werden:

```
catch(const char *s)
  {
  }
```

Sollte eine Ausnahme vom Typ *const char* auftreten, dann wird sie mit dem obigen *catch*-Konstrukt aufgefangen. Innerhalb des Blocks können nun entsprechende Vorkehrungen getroffen werden, um entweder den aufgetretenen Fehler zu beheben oder um alle nötigen Schritte einzuleiten, damit das Programm ohne Datenverlust beendet werden kann.

Innerhalb des *catch*-Blocks kann die Ausnahme erneut mit *throw* geworfen werden, um anderen Programmteilen die Möglichkeit zu geben, auf die Ausnahme zu reagieren.

8.9 Übungen

Sollten Sie bei Ihrem bisherigen Studium der Programmiersprache C++ schon das Überladen von Operatoren durchgenommen haben, nicht aber das Behandeln von Ausnahmen, dann können Sie eventuelle Forderungen nach Fehlerbehandlungen in den Übungen einfach vernachlässigen und die entsprechenden Aufgaben ohne Ausnahmebehandlung lösen.

Sie können die Fehlerbehandlung ja zu gegebenem Zeitpunkt nachholen.

Übung 1

In dieser Übung soll die Klasse *Nibble*, die im vorigen Kapitel von Ihnen entworfen wurde, mit Hilfe des in diesem Kapitel erworbenen Wissens auf den neuesten Stand gebracht werden. Folgende »Eingriffe« sollen Sie vornehmen:

- Erweitern Sie die Klasse um den Konstruktor *Nibble(int)*. Überlegen Sie sich, wie der Konstruktor auf negative Parameterwerte reagieren soll.
- Schreiben Sie eigene Methoden zur Initialisierung und Zuweisung.
- Überladen Sie den Ausgabe-Operator.
- Implementieren Sie einen Umwandlungsoperator, um die Klasse *Nibble* als *int* nutzen zu können.
- Überladen Sie die Zuweisungsoperatoren der Grundrechenarten (+=, -=, *=, /=) sowie den Modulo-Zuweisungs-Operator %=.
- Überladen Sie die normalen Grundrechenoperatoren (+, –, *, /, %).
- Überladen Sie die Vergleichsoperatoren.

Übung 2

In dieser Übung wollen wir uns der Klasse *Bruch* annehmen. Folgende Verbesserungen werden wir durchführen:

- Die Klasse *Bruch* soll den von ihr repräsentierten Bruch immer in seiner optimal gekürzten Form verwalten. Schreiben Sie dazu eine private Methode *void kuerzen(void)*, die den Bruch optimal kürzt. Schreiben Sie bereits aus früheren Übungen vorhandene Programmteile so um, dass sie von der Methode *kuerzen* Gebrauch machen.
- Brüche können sowohl positiv als auch negativ sein. Um die klasseninterne Arbeit mit den Brüchen zu vereinfachen, soll die Regel gelten, dass der Nenner des Bruches immer positiv ist. Der Zähler des Bruches ist damit in Abhängigkeit des Bruch-Vorzeichens entweder positiv oder negativ. Schreiben Sie eine private Methode *void vorzeichen(void)*, die für den Fall, dass der Nenner negativ ist, entsprechende Umformungen durchführt, die den Nenner in eine positive Zahl umwandeln. Achten Sie darauf, dass sich der Wert des Bruches durch die Umwandlung nicht ändert. Schreiben Sie bereits aus früheren Übungen vorhandene Programmteile so um, dass sie von der Methode *vorzeichen* Gebrauch machen.
- Schreiben Sie eigene Methoden zur Initialisierung und Zuweisung.
- Überladen Sie den Ausgabe-Operator. Der Bruch soll in der Form (zaehler/nenner) ausgegeben werden. Als Beispiel: (3/4)
- Implementieren Sie Umwandlungsoperatoren, um die Klasse *Bruch* auch verwenden zu können, wenn eigentlich *float*- oder *double*-Werte erwartet werden.
- Überladen Sie die Zuweisungsoperatoren der Grundrechenarten (+=, -=, *=, /=).
- Überladen Sie die normalen Grundrechenoperatoren (+, –, *, /)
- Überladen Sie den unären Minus-Operator.
- Überladen Sie die Vergleichsoperatoren. Implementieren Sie die Vergleichsoperatoren nicht in der Form, dass Sie die Werte der Brüche berechnen (Zähler:Nenner) und diese dann vergleichen. Sobald auch nur ein Rechenfehler von 10^{-20} auftritt, wird der Test auf Gleichheit fehlschlagen. Versuchen Sie, eine bessere Vergleichsmöglichkeit zu finden.

Übung 3

Wir werden die nächsten elf Übungen dazu nutzen, eine String-Klasse zu entwerfen, die uns den Umgang mit Strings erleichtern soll. String-Klassen gehören im Allgemeinen zur Klassenbibliothek eines jeden Compilers, aber Sinn und Zweck der Übungen ist es, das »Wie« zu vermitteln und Übung in der Anwendung der Programmiersprache zu bekommen.

Gerade weil die folgenden Aufgaben aufeinander aufbauen, sollten Sie nach der Bearbeitung jeder Aufgabe Ihre Lösung mit der abgedruckten vergleichen, damit sich eventuelle Fehler nicht über mehrere Aufgaben hinweg potenzieren.

Die komplette Klasse *String* mit allen in den folgenden elf Übungen entworfenen Methoden finden Sie auf der CD-ROM im Verzeichnis \KAP08\LOESUNG\STRING\.

Doch kommen wir nun zur ersten Übung, die sich mit der String-Klasse beschäftigt:

Entwerfen Sie eine Klasse namens *String*, die einen privaten Zeiger auf einen dynamischen Speicherbereich besitzt. Als weitere Attribute sollen *len* für die Stringlänge und *bufsize* für die Größe des Stringpuffers angelegt werden. Schreiben Sie drei Konstruktoren *String(void)*, *String(const char*)* und *String(const char)*, die den nötigen Speicherbereich reservieren, und zwar soll der für den String verwendete Speicherbereich immer um 15 Zeichen größer sein als benötigt. Schreiben Sie drei Zuweisungsoperatoren *operator=(String)*, *operator=(const char *)* und *operator=(const char)* sowie einen copy-Konstruktor *String(const String&)*. Vergessen Sie den Destruktor nicht.

Um die vom Benutzer ansprechbaren Funktionen von der tatsächlichen Verwaltung des Speichers zu kapseln, entwerfen Sie eine private Methode *replace*, die einen neuen String übernimmt und alle dazu nötigen Maßnahmen ergreift.

Des Weiteren soll die Klasse mit überladenen <<- und >>-Operatoren ausgestattet werden, wobei die Eingabe vorerst mit einer maximalen Größe arbeiten darf.

Übung 4

Wenden wir uns nun den Additionsoperatoren zu. Implementieren Sie für *operator+* und *operator +=* alle nötigen Funktionen, um die Datentypen *const String&*, *const char** und *const char* verarbeiten zu können.

Überlegen Sie, welche Funktionen als Elementfunktionen deklariert werden können und welche als Nicht-Elementfunktionen deklariert werden müssen.

Benutzen Sie zur Implementierung der *operator*-Funktionen eine Funktion *insert(unsigned long pos, unsigned long len, const char *s)*, die an der Stelle *pos* im Stringspeicher die ersten *len* Zeichen des Strings *s* einfügt. *insert* soll dabei Gebrauch vom zusätzlichen Speicher des Stringpuffers machen. Denn nur, wenn auch der zusätzliche Speicher zum Einfügen nicht mehr ausreicht, muss neuer Speicher reserviert werden.

Übung 5

Überladen Sie den Operator [], um auf die einzelnen Zeichen eines *String*-Objekts genauso zugreifen zu können wie auf ein *char*-Feld.

Übung 6

Überladen Sie für die Klasse *String* die Vergleichsoperatoren.

Übung 7

Überladen Sie den Operator () so, dass Sie ihn mit *(pos,len)* aufrufen können und er dann einen Teilstring erzeugt, der an der Position *pos* beginnt und *len* Zeichen lang ist.

Übung 8

Überladen Sie den Operator -= für *const String&*, *const char** und *const char*. Zum Beispiel soll der Aufruf

```
str-="otto";
```

alle Vorkommnisse des Strings »otto« in *str* löschen. Schreiben Sie dazu eine private Methode namens *remove*, der Sie Position und Länge des zu löschenden Teils im Stringpuffer übergeben. Denken Sie daran, dass bei entsprechender Verkleinerung des Strings der Effizienz wegen auch der Stringpuffer verkleinert werden sollte. Dabei sollte der beim Einfügen benutzte zusätzliche Speicher des Stringpuffers nicht verloren gehen.

Übung 9

Schreiben Sie eine Methode namens *Insert* für *const String&* und *const char**, die den ihr übergebenen String an der ihr ebenfalls übergebenen Position einfügt.

Übung 10

Schreiben Sie eine Methode *Overwrite* für *const String&* und *const char**, die den String ab der übergebenen Position mit dem übergebenen String überschreibt. Gegebenenfalls muss der String verlängert werden.

Übung 11

Schreiben Sie eine Methode *Remove*, die einen Teilstring aus dem Stringpuffer herausschneidet. Position und Länge des Teilstrings werden der Funktion übergeben.

Übung 12

Schreiben Sie eine Methode *Includes* für *const String&* und *const char**, die einen wahren Wert zurückliefert, wenn der übergebene Teilstring im Stringpuffer enthalten ist. Ansonsten soll sie einen falschen Wert zurückgeben.

Übung 13

Schreiben Sie eine Methode *toChar*, die einen konstanten Zeiger auf den String zurückliefert, damit wir unseren String auch mit den normalen Funktionen aus *string.h* bearbeiten können.

Übung 14

Kommen wir nun zu einer Übung, die mit der String-Klasse nichts zu tun hat: Implementieren Sie ein Template *Feld*, welches sich wie ein Feld verhält. Folgende Initialisierung soll beispielsweise möglich sein:

```
Feld<int> fd(20,0);
```

Wobei 20 die Stargröße und 0 der Initialisierungswert[1] des Feldes sein soll.

Damit das Template wie ein gewöhnliches Feld benutzt werden kann, soll der []-Operator überladen werden. Er soll aber verglichen mit einem normalen Feld folgenden Unterschied besitzen: Wenn sich der Index außerhalb des gültigen Bereichs befindet, dann wird das Feld automatisch so vergrößert, dass das über den Index angesprochene Element vorhanden ist.

Definieren Sie eine Konstante, die angibt, um wie viel mehr das Feld vergrößert werden soll.

Berücksichtigen Sie, dass bei einer Vergrößerung des Feldes die neu hinzugekommenen Elemente ebenfalls initialisiert werden müssen.

Überladen Sie auch den Ausgabeoperator, sodass das Feld in der folgenden Weise ausgegeben wird:

```
(3,7,5,0,0)
```

8.10 Tipps

Tipps zu 2

- Zwei Brüche werden addiert, indem man sie so erweitert, dass sie den gleichen Nenner besitzen, und die erweiterten Zähler addiert.
- Zwei Brüche werden subtrahiert, indem man sie so erweitert, dass sie den gleichen Nenner besitzen, und die erweiterten Zähler subtrahiert.
- Zwei Brüche werden multipliziert, indem man die Zähler miteinander und die Nenner miteinander multipliziert.
- Zwei Brüche werden dividiert, indem man den ersten Bruch mit dem Kehrwert des zweiten Bruchs multipliziert.

1. Da es sich um ein Template handelt, kann *Feld* die unterschiedlichsten Datentypen verwalten. Und bei einigen würde eine Initialisierung mit 0 keinen Sinn ergeben. Deswegen soll der Initialisierungswert als Konstruktorparameter eingeführt werden.

- Der Kehrwert eines Bruchs wird durch Vertauschen von Zähler und Nenner gebildet.
- Brüche können verglichen werden, indem man sie auf einen gemeinsamen Nenner bringt und dann ihre Zähler vergleicht.

Tipps zu 4

- Die Funktion *insert* muss unterscheiden können, ob der zusätzliche freie Speicher ausreicht, die entsprechenden Zeichen einzufügen, oder nicht.
- Reicht der zusätzliche Speicher aus, dann braucht lediglich an der Einfügestelle eine entsprechend große Lücke geschaffen werden.
- Die Lücke kann dadurch geschaffen werden, dass man den Teilstring, der rechts von der Einfügeposition liegt, um die benötigte Anzahl an Positionen nach rechts verschiebt.
- Reicht der zusätzliche Speicher nicht aus, dann muss der benötigte Speicher (Zusatzpuffer nicht vergessen) bestimmt werden. Dieser Speicher wird reserviert, die Daten des alten Speichers werden in den neuen kopiert und der alte Speicher gelöscht.

Tipps zu 8

- Die *remove*-Funktion muss zwei Fälle unterscheiden. Und zwar, ob der freie Speicher durch das Entfernen von Zeichen so groß geworden ist, dass er verkleinert werden muss, oder ob er noch klein genug ist, um beibehalten zu werden.
- Sollte der freie Speicher zu groß geworden sein, dann wird im Wesentlichen analog zur *insert*-Funktion vorgegangen: Zuerst neuen, kleineren Speicher anfordern, dann die Information in den neuen Speicher kopieren und anschließend den alten Speicher löschen.

Tipps zu 10

- Die Methode *Overwrite* muss zuerst prüfen, ob der Teil, mit dem überschrieben wird, über das Ende des existierenden Strings hinausgeht oder nicht.
- Sollte das Überschreiben über das Stringende hinausgehen, dann muss darauf geachtet werden, dass der noch freie Speicher ausreicht, um alle Daten aufzunehmen. Andernfalls muss ein neuer, größerer Speicherblock reserviert werden.
- Man sollte versuchen, die Implementation von *Overwrite* durch Verwenden von bereits vorhandenen Methoden der Klasse zu vereinfachen.

8.11 Lösungen

Lösung 1

Schauen wir uns zunächst die Klassendeklaration an:

```
class Nibble
{
  friend ostream &operator<<(ostream&, const Nibble&);
  friend Nibble operator+(const Nibble&, const Nibble&);
  friend Nibble operator-(const Nibble&, const Nibble&);
  friend Nibble operator*(const Nibble&, const Nibble&);
  friend Nibble operator/(const Nibble&, const Nibble&);
  friend Nibble operator%(const Nibble&, const Nibble&);

  private:
    unsigned int nibble;

  public:
    Nibble(int);
    Nibble(unsigned int n) : nibble(n%16){}
    Nibble(const Nibble &n) :nibble(n.nibble) {}
    Nibble &operator=(const Nibble&);
    Nibble &operator+=(const Nibble&);
    Nibble &operator-=(const Nibble&);
    Nibble &operator*=(const Nibble&);
    Nibble &operator/=(const Nibble&);
    Nibble &operator%=(const Nibble&);
    int operator<(const Nibble&);
    int operator>(const Nibble&);
    int operator==(const Nibble&);
    int operator!=(const Nibble&);
    int operator<=(const Nibble&);
    int operator>=(const Nibble&);
    operator int() {return(nibble);}
};
```

Als Erstes war der neue Konstruktor gefordert:

```
Nibble::Nibble(int n)
{
  if(n<0)
    n+=((abs(n)/16+1)*16);
  n%=16;
  nibble=n;
}
```

Für den Fall, dass Sie den Parameter mit *abs* bearbeitet haben, damit er auf jeden Fall positiv ist, werden Sie sich fragen, warum diese Lösung vergleichsweise kompliziert aussieht.

Das liegt daran, dass man den Zahlenbereich als Ring betrachten kann. Ein Nibble kann nur die Zahlen von 0-15 darstellen. Die 15+1, also 16, ist dann wieder 0. Analog dazu wäre die Zahl 0-1, also -1, dann 15.

Wenn Sie aber *abs(-1)* bilden, dann erhalten Sie 1 und nicht 15.

Die korrekte Lösung erhalten Sie, wenn Sie zu einer negativen Zahl *a* den Wert *16*x* hinzuaddieren. Wobei *x* so gewählt werden muss, dass *a+16*x* positiv wird. Im unserem konkreten Fall mit *a=-1* wäre *x* ebenfalls 1. Wir erhalten *-1+16* und das ist *15*. Und 15 ist der richtige Wert.

Es geht weiter mit den Zuweisungs- und Inititalisierungsmethoden:

```
Nibble(const Nibble &n) :nibble(n.nibble) {}

Nibble &Nibble::operator=(const Nibble &n)
{
  nibble=n.nibble;
  return(*this);
}
```

Die *operator=*-Funktion muss eine Referenz auf das aktuelle Objekt zurückliefern, damit verkettete Zuweisungen wie *a=b=c=d* möglich werden.

Der überladene Ausgabe-Operator ist sehr einfach:

```
ostream &operator<<(ostream &ostr, const Nibble &n)
{
  ostr << n.nibble;
  return(ostr);
}
```

Die *operator<<*-Funktion ist keine Elementfunktion von Nibble, weil die Funktion, wenn sie eine Elementfunktion wäre, zur Klasse *ostream* gehören würde. Und dort können wir keine Methoden hinzufügen. Wichtig ist, dass *operator<<* in Klasse *Nibble* als Freund deklariert ist, weil sie sonst nicht auf das private Attribut *nibble* zugreifen könnte. Auch hier gilt, dass zur Verkettung der Ausgabeoperatoren (*cout << a << b << c;*) der Ausgabe-Stream als Rückgabewert fungieren muss.

Als Nächstes kommt der Umwandlungsoperator an die Reihe, der sehr einfach aufgebaut ist:

```
operator int() {return(nibble);}
```

Der nächste Punkt sind die Zuweisungsoperatoren:

```
Nibble &Nibble::operator+=(const Nibble &n)
{
  nibble=(nibble+n.nibble)%16;
  return(*this);
}
```

Es muss darauf geachtet werden, dass die Summe der beiden Nibbles nicht größer als 15 ist.

```
Nibble &Nibble::operator-=(const Nibble &n)
{
  Nibble np(-1*n.nibble);
  nibble=(nibble+np.nibble)%16;
  return(*this);
}
```

Da bei der Subtraktion ein negativer Wert entstehen kann, haben wir hier wieder das Problem der Umwandlung in eine positive Zahl. Um nicht schon wieder den entsprechenden Programmtext zu implementieren, erzeugen wir einfach ein neues Nibble, dem wir als Initialisierungswert den negativen Wert des zweiten Nibbles übergeben. Auf diese Weise erledigt der Konstruktor die Umformung in einen positiven Wert.

Den so erhaltenen Wert addieren wir dann zum ersten Nibble. Wir haben hier die Umformung a-b ist gleich mit a+(-b) ausgenutzt.

Wichtig ist auch, dass man anstelle von *-1*n.nibble* nicht *-n.nibble* hätte schreiben können. Das liegt daran, dass der einstellige Minus-Operator keine Typumwandlung vornimmt. Bei der Multiplikation mit -1 ist -1 bereits *unsigned int*. *n.nibble* wird dadurch implizit zu *unsigned int* umgewandelt.

```
Nibble &Nibble::operator*=(const Nibble &n)
{
  nibble=(nibble*n.nibble)%16;
  return(*this);
}

//***************************************************

Nibble &Nibble::operator/=(const Nibble &n)
{
  nibble/=n.nibble;
  return(*this);
}

//***************************************************
```

```
Nibble &Nibble::operator%=(const Nibble &n)
{
  nibble%=n.nibble;
  return(*this);
}
```

Die restlichen drei Zuweisungsoperatoren sind einfach. Nur bei der Multiplikation muss man wieder darauf achten, dass das Produkt größer als 15 sein kann.

Die Operatoren, die wir nun betrachten werden, sind die Grundrechenarten einschließlich des Modulo-Operators:

```
Nibble operator+(const Nibble &n1, const Nibble &n2)
{
  Nibble n(n1.nibble+n2.nibble);
  return(n);
}

//*****************************************************

Nibble operator-(const Nibble &n1, const Nibble &n2)
{
  Nibble n((int)(n1.nibble)-n2.nibble);
  return(n);
}

//*****************************************************

Nibble operator*(const Nibble &n1, const Nibble &n2)
{
  Nibble n(n1.nibble*n2.nibble);
  return(n);
}

//*****************************************************

Nibble operator/(const Nibble &n1, const Nibble &n2)
{
  Nibble n(n1.nibble/n2.nibble);
  return(n);
}

//*****************************************************

Nibble operator%(const Nibble &n1, const Nibble &n2)
{
```

```
  Nibble n(n1.nibble%n2.nibble);
  return(n);
}
```

Da bei diesen Operatoren das Ergebnis der Operation nicht in einem der beteiligten Objekte gespeichert wird, sondern als neues Objekt von der Funktion zurückgeliefert wird, brauchen wir uns um die Problematik der Ergebnisse nicht zu kümmern. Dafür sorgt wieder der Konstruktor des neu erzeugten Objekts.

Als Rückgabewert muss das Objekt selbst fungieren. Es darf keine Referenz wie bei den anderen Funktionen verwendet werden, weil das lokal erzeugte Objekt der Funktion nach ihrer Beendigung wieder gelöscht würde und die Referenz dann ins Nichts zeigte.

In der *operator-* Funktion wird einer der bei der Differenzbildung beteiligten Nibbles explizit in *int* umgewandelt, damit das Ergebnis der Differenz auch *int* ist und dadurch der *Nibble(int)*-Konstruktor verwendet wird. Andernfalls wäre der *Nibble(unsigned int)*-Konstruktor verwendet worden, was zu einem falschen Ergebnis geführt hätte.

Kommen wir zum Schluss zu den Vergleichsoperatoren, die fast identisch mit den originalen sind, weil das Nibble ja intern als der elementare Datentyp *unsigned int* realisiert wurde.

```
int Nibble::operator<(const Nibble &n)
{
  return(nibble<n.nibble);
}

//**************************************************

int Nibble::operator==(const Nibble &n)
{
  return(nibble==n.nibble);
}

//**************************************************

int Nibble::operator!=(const Nibble &n)
{
  return(ribble!=n.nibble);
}

//**************************************************

int Nibble::operator<=(const Nibble &n)
{
  return(nibble<=n.nibble);
```

```
}

//****************************************************

int Nibble::operator>(const Nibble &n)
{
  return(nibble>n.nibble);
}

//****************************************************

int Nibble::operator>=(const Nibble &n)
{
  return(nibble>=n.nibble);
}
```

Die Quellcodes dieser Lösung finden Sie auf der CD-ROM im Verzeichnis \KAP08\LOESUNG\NIBBLE\.

Lösung 2

Als Erstes schauen wir uns die Klassendeklaration an:

```
class Bruch
{
  friend ostream &operator<<(ostream&, Bruch&);
  friend Bruch operator+(const Bruch&, const Bruch&);
  friend Bruch operator-(const Bruch&, const Bruch&);
  friend Bruch operator*(const Bruch&, const Bruch&);
  friend Bruch operator/(const Bruch&, const Bruch&);

  private:
    long zaehler,nenner;
    long ggt(long, long) const;
    long kgv(long, long) const;
    void kuerzen(void);
    void vorzeichen(void);

  public:
    Bruch(long, long);
    Bruch(long z) : zaehler(z),nenner(1) {}
    Bruch(double);
    Bruch(const Bruch&);
    Bruch &operator=(const Bruch&);
    Bruch &operator+=(const Bruch&);
    Bruch &operator-=(const Bruch&);
    Bruch &operator*=(const Bruch&);
    Bruch &operator/=(const Bruch&);
    Bruch operator-();
```

```
    int operator==(const Bruch&);
    int operator<(const Bruch&);
    int operator!=(const Bruch&);
    int operator<=(const Bruch&);
    int operator>(const Bruch&);
    int operator>=(const Bruch&);

    operator double();
    operator float();
    long Zaehler(void) {return(zaehler);}
    long Nenner(void) {return(nenner);}
};
```

Bevor wir zu den einzelnen Operatoren kommen, wollen wir uns die beiden Hilfsmethoden *kuerzen* und *vorzeichen* ansehen:

```
void Bruch::kuerzen(void)
{
  long p;
  if((p=ggt(zaehler,nenner))>1)
    {
      zaehler/=p;
      nenner/=p;
    }
}
```

kuerzen sucht den größten gemeinsamen Teiler von Zähler und Nenner und dividiert beide dann durch ihn. Dadurch erhält man einen Bruch, der nicht mehr weiter zu kürzen ist. Sollte der ggT den Wert 1 haben, dann war der Bruch bereits optimal gekürzt.

```
void Bruch::vorzeichen(void)
{
  if(nenner<0)
    {
      zaehler*=-1;
      nenner*=-1;
    }
}
```

Wenn man Zähler und Nenner jeweils mit derselben Zahl multipliziert, dann bleibt der Wert des Bruchs erhalten. Sollte der Nenner also negativ sein, dann wird sowohl der Nenner als auch der Zähler mit -1 multipliziert. Folgende Funktionen mussten abgeändert werden, um die Hilfsmethoden zu verwenden:

```
Bruch::Bruch(long z, long n):zaehler(z),nenner(n)
{
  vorzeichen();
  kuerzen();
```

```
}

//**********************************************

Bruch::Bruch(double d)
{
  double dummy;
  long p=1;
  while(fabs(modf(d,&dummy))>=0.0000001)
    {
      d*=10;
      p*=10;
    }
  zaehler=(long)(d);
  nenner=p;
  kuerzen();
}
```

Als Nächstes sind die Methoden zur Zuweisung und Initialisierung dran:

```
Bruch::Bruch(const Bruch &b)
{
  zaehler=b.zaehler;
  nenner=b.nenner;
}

//**********************************************

Bruch &Bruch::operator=(const Bruch &b)
{
  zaehler=b.zaehler;
  nenner=b.nenner;
  return(*this);
}
```

Da wir nicht mit dynamisch reserviertem Speicher arbeiten, fallen die beiden Methoden ziemlich einfach aus. Wichtig ist wieder der vorhandene Rückgabewert bei *operator=*, damit eine verkettete Zuweisung erfolgen kann.

Der überladene Ausgabeoperator sieht so aus:

```
ostream &operator<<(ostream &ostr, Bruch &b)
{
  ostr << "(" << b.zaehler << "/" << b.nenner << ')";
  return(ostr);
}
```

Die *operator<<*-Methode muss in *Bruch* als Freund deklariert werden.

Es folgen die Umwandlungsoperatoren:

```
Bruch::operator double()
{
  return((double)(zaehler)/(double)(nenner));
}

//*********************************************

Bruch::operator float()
{
  return((float)(zaehler)/(float)(nenner));
}
```

Als Nächstes sind die Zuweisungsoperatoren der Grundrechenarten an der Reihe:

```
Bruch &Bruch::operator+=(const Bruch &b)
{
  long v=kgv(nenner,b.nenner);

  zaehler=(zaehler*v/nenner)+(b.zaehler*v/b.nenner);
  nenner=v;
  kuerzen();
  return(*this);
}
```

Zuerst müssen die Brüche auf einen gleichen Nenner gebracht werden. Dann können wir ihre Zähle addieren, und wir haben das Ergebnis der Addition.

Der kleinste gemeinsame Nenner ist gleichbedeutend mit dem kleinsten gemeinsamen Vielfachen der beiden Nenner. Man erhält einen gemeinsamen Nenner auch, wenn man die beiden Nenner miteinander multipliziert. Allerdings kann dieser gemeinsame Nenner sehr groß werden. (Als Beispiel nehmen wir einmal die Nenner 100 und 150. Multipliziert ergibt das 15000, obwohl das kgV der beiden Nenner nur 300 ist.)

Wenn die Summe berechnet ist, wird noch die Methode *kuerzen* aufgerufen, um wieder einen optimal gekürzten Bruch zu erhalten. Die verwendete Hilfsmethode *kgv* sieht so aus:

```
long Bruch::kgv(long x, long y) const
{
long a;

  x=abs(x);
  y=abs(y);

  a=(x>y)?x:y;
```

```
  while((a%x)||(a%y))
    a++;

  return(a);
}
```

Doch kommen wir wieder zu unseren Zuweisungsoperatoren zurück:

```
Bruch &Bruch::operator-=(const Bruch &b)
{
  long v=kgv(nenner,b.nenner);

  zaehler=(zaehler*v/nenner)-(b.zaehler*v/b.nenner);
  nenner=v;
  kuerzen();
  return(*this);
}
```

Die *operator-=*-Funktion ist analog zur *operator+=*-Funktion, nur dass nicht die Summe der Zähler, sondern die Differenz gebildet wird.

```
Bruch &Bruch::operator*=(const Bruch &b)
{
  zaehler*=b.zaehler;
  nenner*=b.nenner;
  kuerzen();
  return(*this);
}
```

Zwei Brüche werden multipliziert, indem man ihre Zähler und ihre Nenner multipliziert.

```
Bruch &Bruch::operator/=(const Bruch &b)
{
  zaehler*=b.nenner;
  nenner*=b.zaehler;
  vorzeichen();
  kuerzen();
  return(*this);
}
```

Zwei Brüche werden dividiert, indem man den Kehrwert des zweiten Bruches bildet und die beiden Brüche dann multipliziert.

Als Nächstes sind die normalen Rechenoperatoren an der Reihe.

```
Bruch operator+(const Bruch &b1, const Bruch &b2)
{
  long v=b1.kgv(b1.nenner,b2.nenner);
```

```
  Bruch b((b1.zaehler*v/b1.nenner)+(b2.zaehler*v/b2.nenner),v);
  return(b);
}

//*********************************************

Bruch operator-(const Bruch &b1, const Bruch &b2)
{
  long v=b1.kgv(b1.nenner,b2.nenner);

  Bruch b((b1.zaehler*v/b1.nenner)-(b2.zaehler*v/b2.nenner),v);
  return(b);
}

//*********************************************

Bruch operator*(const Bruch &b1, const Bruch &b2)
{
  Bruch b(b1.zaehler*b2.zaehler,b1.nenner*b2.nenner);
  return(b);
}

//*********************************************

Bruch operator/(const Bruch &b1, const Bruch &b2)
{
  Bruch b(b1.zaehler*b2.nenner,b1.nenner*b2.zaehler);
  return(b);
}
```

Das Kürzen der Brüche und die Überprüfung der Vorzeichen übernimmt bei allen vier Operator-Funktionen der Konstruktor des temporären Bruches.

Der unäre Minus-Operator ist wieder ziemlich einfach:

```
Bruch Bruch::operator-()
{
  Bruch b(-zaehler,nenner);
  return(b);
}
```

Zum Schluss besprechen wir noch die Vergleichsoperatoren:

```
int Bruch::operator==(const Bruch &b)
{
  return((zaehler==b.zaehler)&&(nenner==b.nenner));
}
```

Bei optimal gekürzten Brüchen sind zwei Brüche genau dann gleich, wenn sowohl die Zähler als auch die Nenner gleich sind.

```
int Bruch::operator<(const Bruch &b)
{
  long v=kgv(nenner,b.nenner);
  return((zaehler*v/nenner)<(b.zaehler*v/b.nenner));
}
```

Um einen Kleiner-Vergleich durchführen zu können, bringen wir zuerst beide Brüche auf einen gemeinsamen Nenner. Die dadurch erweiterten Zähler können wir dann normal vergleichen.

Anstatt alle Vergleichsoperatoren neu zu definieren, leiten wir alle übrigen Vergleichsoperatoren vom < und ==-Operator ab:

```
int Bruch::operator!=(const Bruch &b)
{
  return(!(*this==b));
}

//*********************************************

int Bruch::operator<=(const Bruch &b)
{
  return((*this<b)||(*this==b));
}

//*********************************************

int Bruch::operator>=(const Bruch &b)
{
  return(!(*this<b));
}

//*********************************************

int Bruch::operator>(const Bruch &b)
{
  return(!((*this<b)||(*this==b)));
}
```

Die Quellcodes dieser Lösung finden Sie auf der CD-ROM im Verzeichnis \KAP08\LOESUNG\BRUCH\.

Lösung 3

Die Lösungen, die hier für die Übungen der String-Klasse gegeben werden, beinhalten keine Ausnahmebehandlungen, um eventuell auftretende Fehler abzufangen. Dies wurde in den Übungen auch nicht gefordert.

assert

Allerdings machen die Lösungen Gebrauch vom assert-Makro, welches nur dann Anwendung findet, wenn das Programm im Debug-Modus kompiliert wurde. Die Anweisung

```
assert(bedingung);
```

bricht das Programm genau dann ab, wenn die Bedingung *bedingung* falsch ist. Man hat dann die Möglichkeit, im Debugger den aufgetretenen Fehler zu identifizieren und gegebenenfalls zu beheben.

Die *assert*-Anweisungen wurden deshalb eingefügt, um Ihre Sicht ein wenig für die Fehler zu schärfen, die auftreten können.

Doch kommen wir nun zur Lösung der Übung. Der erste Entwurf unserer Klasse sieht bis jetzt folgendermaßen aus:

```
#ifndef __STRING_H
#define __STRING_H

#include <iostream>
#include <cassert>
#include <cstring>

using namespace std;

#define FWDBUFFER 15
#define INPBUFFER 200

class String
{
  private:
    char *string;
    unsigned long len;
    unsigned long bufsize;

    inline void replace(const char*);

  public:
    String(void);
    String(const char*);
    String(const char);
    String(const String&);
    ~String();
```

```
    friend ostream &operator<<(ostream&, const String&);
    friend istream &operator>>(istream&, String&);
    const String &operator=(const String&);
    const String &operator=(const char*);
    const String &operator=(const char);
};

#endif
```

FWDBUFFER ist die Konstante für den zusätzlichen Speicher des Stringpuffers. *INPBUFFER* ist die Konstante für die maximale Länge des Eingabestrings.

Schauen wir uns zuerst die private Methode *replace* an, denn sie spielt eine zentrale Rolle:

```
void String::replace(const char *s)
{
  if(string) delete[](string);
  len=strlen(s);
  bufsize=FWDBUFFER+len+1;
  string=new(char[bufsize]);
  assert(string!=0);
  strcpy(string,s);
}
```

Zuerst wird eventuell schon vorhandener Stringspeicher freigegeben. Danach wird die Länge des zu kopierenden Strings ermittelt und nach *len* geschrieben. Durch das Ermitteln der Stringlänge zu diesem Zeitpunkt sparen wir uns ein weiteres Aufrufen von *strlen* bei der Reservierung neuen Speichers mittels *new*. *bufsize* ist wegen der abschließenden Null eines Strings um ein Zeichen länger.

Nachdem abgesichert wurde, dass tatsächlich Speicher reserviert worden ist, wird der String kopiert.

Kommen wir nun zu den Konstruktoren:

```
String::String(void)
{
  len=0;
  bufsize=0;
  string=0;
}
```

Der argumentlose Konstruktor braucht lediglich die Attribute mit Null zu initialiseren, weil es sich ja um einen leeren String handelt.

```
String::String(const char *s)
{
  string=0;
  replace(s);
}
```

Da bei einem Konstruktor-Aufruf kein Attribut initialisiert ist, müssen wir vor dem Aufruf von *replace string* auf Null setzen, damit *replace* ordnungsgemäß erkennt, dass noch kein String vorhanden ist.

```
String::String(const char c)
{
  string=0;
  char s[2];
  s[0]=c;
  s[1]=0;
  replace(s);
}
```

Der Trick dieses Konstruktors besteht darin, aus dem Zeichen einen einelementigen String zu machen und diesen dann genau wie im *String(const char*)*-Konstruktor zu behandeln.

```
String::String(const String &s)
{
  string=0;
  replace(s.string);
}
```

Für den *copy*-Konstruktor gilt das Gleiche, wobei sich nur das Argument von *replace* geändert hat.

```
String::~String()
{
  if(string) delete[](string);
}
```

Nach all unseren Beispielen ist der Destruktor trivial. Wenden wir uns daher direkt den Zuweisungsoperatoren zu:

```
const String &String::operator=(const String &s)
{
  if(&s==this)
    return(*this);

  replace(s.string);
  return(*this);
}

const String &String::operator=(const char *s)
{
  replace(s);
  return(*this);
}
```

```
const String &String::operator=(const char c)
{
  char s[2];
  s[0]=c;
  s[1]=0;
  replace(s);
  return(*this);
}
```

Man sieht sehr schön, wie einfach all diese Funktionen zu realisieren sind, nur weil wir die Funktion *replace* eingeführt haben. Ein weiterer Vorteil liegt darin, dass alle Änderungen bezüglich der eigenen Speicherverwaltung bis jetzt nur in *replace* vorgenommen zu werden brauchen, weil die vom Benutzer zugänglichen Funktionen keine eigenen Anweisungen zur Speicherverwaltung besitzen.

Es ist noch anzumerken, dass der Zuweisungsoperator *operator=(const String&)* vor dem Aufruf von *replace* prüft, ob es sich nicht um dieselbe Instanz handelt. Denn es ist ja durchaus erlaubt, einen String sich selbst zuzuweisen (s=s), was aber von *replace* nicht abgedeckt wird.

Als Letztes besprechen wir noch die Ein- und Ausgabeoperatoren:

```
ostream &operator<<(ostream &ostr, const String &s)
{
  if(s.len) ostr << s.string;
  return(ostr);
}

istream &operator>>(istream &istr, String &s)
{
  char buf[INPBUFFER+1];
  istr.getline(buf,INPBUFFER);
  s.replace(buf);
  return(istr);
}
```

Abgesehen vom *replace*-Aufruf in *operator>>* sind beide Funktion nahezu identisch mit denen unserer Beispielklasse *Name*.

Lösung 4

Schauen wir uns zunächst die *insert*-Funktion an, die ja das Herzstück der kommenden Funktionen ist:

```
inline void String::insert(unsigned long pos, unsigned long slen,
                           const char *s)
{
  if(!string)
    {
```

```
    len=slen;
    bufsize=FWDBUFFER+len+1;
    string=new(char[bufsize]);
    assert(string!=0);
    strcpy(string,s);
    return;
  }
```

Zuerst wird der Fall eines leeren Strings behandelt. Da ein leerer String keine Zeichen enthält, können einzufügende Zeichen nur an den Anfang gesetzt werden. Deswegen ist dieser Programmteil nahezu identisch mit dem der *replace*-Funktion. Das nächste Programmstück behandelt die Situation, in der ein String in einen schon bestehenden eingefügt werden soll.

```
else
  {
    if((len+slen+1)<=bufsize)
      {
        for(unsigned long x=len+1;x>=pos+1;x--)
          string[x+slen-1]=string[x-1];
        for(x=0;x<slen;x++)
          string[x+pos]=s[x];
        len+=slen;
      }
```

Für das Einfügen in einen bestehenden String müssen zwei Fälle unterschieden werden. Entweder ist der einzufügende String kleiner/gleich dem noch freien Speicher im Stringpuffer oder er ist es nicht. Der obere Programmteil behandelt den ersten Fall, der in Abbildung 8.3 grafisch dargestellt ist:

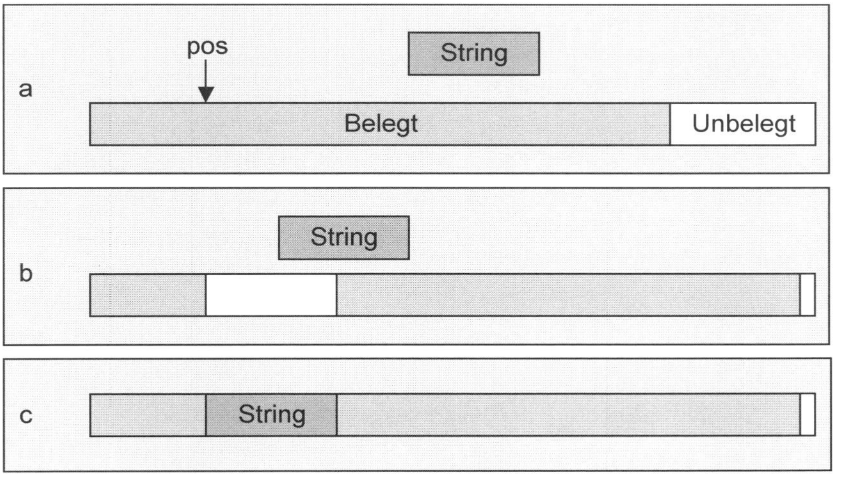

Abbildung 8.3: Der noch freie Pufferspeicher ist groß genug

Weil der Stringpuffer groß genug ist, um den einzufügenden String aufzunehmen, müssen lediglich Teile des Stringpuffers verschcben werden. Bild a in Abbildung 8.3 zeigt den Stringpuffer mit seinem belegten und unbelegten Speicher. Um nun Platz an der Einfügeposition (pos) zu schaffen, muss der Stringteil rechts der Einfügeposition so weit nach rechts geschoben werden, wie der einzufügende String lang ist. Dies erledigt in unserem Programmstück die erste Schleife. Bild b zeigt die Situation, nachdem die Verschiebung abgeschlossen ist. Die zweite Schleife unseres Programms kann nun den einzufügenden String in den freigewordenen Bereich kopieren. Das Ergebnis ist in Bild c dargestellt.

Eine Anmerkung ist noch zur ersten Schleife zu machen. Ist Ihnen aufgefallen, dass *x* mit *len+1* initialisiert wird, aber bei jeder Benutzung von *x* im Ausdruck -1 vorkommt? Rein mathematisch gesehen, könnte einfach das *+1* und alle *-1* weggelassen werden. Der Grund ist ganz einfach und wird offensichtlich, wenn man die Grenzpunkte der Schleife betrachtet.

Stellen Sie sich einmal vor, die *+1* und *-1* wären nicht vorhanden und die Länge des Strings wäre 0. Dann würde *x* mit Null initialisiert und wäre durch das *x-* im Schleifenkopf nach dem ersten Schleifendurchlauf eine extrem große positive Zahl[1]. Obwohl die Schleife abbrechen müsste, täte sie dies nicht, weil als Bedingung *x>=pos* steht, und das ist selbst bei einer extrem großen Zahl gegeben.

Deswegen wird der Wert um eins erhöht, um einen korrekten Schleifenabbruch zu gewährleisten. Damit sich diese Änderung nicht auf das Ergebnis auswirkt, muss bei der Benutzung von *x* der Wert von *x* um eins vermindert werden.

Kommen wir nun zum zweiten Fall:

```
    else
      {
        bufsize=FWDBUFFER+len+slen+1;
        char *sptr=new(char[bufsize]);
        assert(sptr!=0);
        unsigned long y=0;
        for(unsigned long x=0;x<pos;x++)
          sptr[y++]=string[x];
        for(x=0;x<slen;x++)
          sptr[y++]=s[x];
        for(x=pos;x<=len;x++)
          sptr[y++]=string[x];
        len+=slen;
        delete[](string);
        string=sptr;
      }
  }
}
```

1. Weil durch die Deklaration von *x* als *unsigned* kein negativer Zahlenbereich vorhanden ist.

Dies ist der Fall, wenn der einzufügende String größer ist als der noch freie Platz des Stringpuffers. In diesem Fall muss ein größerer Speicherbereich reserviert werden. In Abbildung 8.4 sehen Sie die einzelnen Schritte.

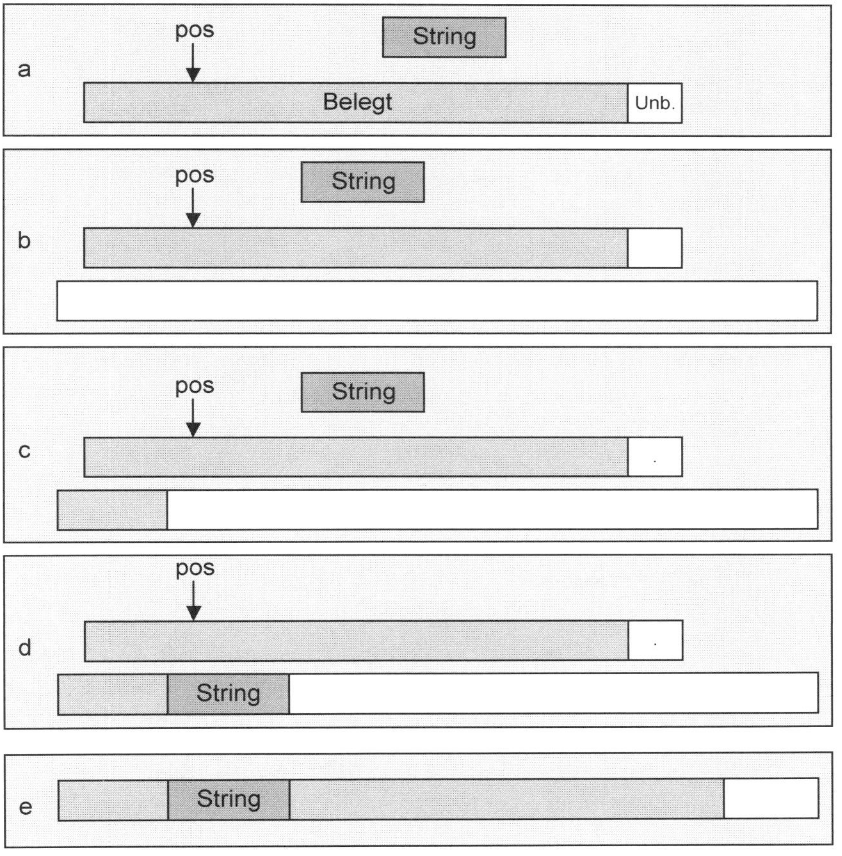

Abbildung 8.4: Der noch freie Pufferspeicher ist zu klein

Bild a in Abbildung 8.4 zeigt die Ausgangssituation. Zuerst muss ein größerer Speicherbereich reserviert werden. Der neue Speicherbereich wird erneut größer angelegt als eigentlich nötig, damit die nächsten Einfügeoperationen wieder unter Fall 1 bearbeitet werden können. Die Situation ist in Bild b dargestellt.

Danach wird der Stringteil links von der Einfügeposition in den neuen Speicherbereich kopiert (Bild c). Unser Programm macht dies mit der ersten Schleife. Die zweite Schleife kopiert den einzufügenden String direkt hinter den bisher kopierten Stringteil im neuen Speicherbereich (Bild d). Die letzte Schleife hängt im neuen Speicherbereich den Teilstring rechts von der Einfügeposition an den eingefügten String an (Bild e).

Durch diese drei Schleifen bleibt uns das Verschieben erspart. Wir hätten auch einfach den neuen größeren Speicher reservieren, dann den kompletten String in den neuen Speicherbereich kopieren können und hätten somit das Problem auf Fall 1 reduziert. Dies ist aber von der Laufzeit her ungünstiger.

Zum Schluss muss der alte Speicher noch freigegeben werden.

Als Nächstes stehen die *operator*-Funktionen an. Besprechen wir zunächst die *operator+=*-Funktionen. Da die für unsere Klasse in Frage kommenden *operator+=*-Funktionen üblicherweise als linkes Argument ein Objekt unserer Klasse haben, können sie getrost als Elementfunktionen deklariert werden.

```
const String &String::operator+=(const String &s)
{
  insert(len,strlen(s.string),s.string);
  return(*this);
}
```

Die *operator+=*-Funktionen unserer Stringklasse sind eigenlich nichts anderes als Anhänge-Funktionen. Wenn wir zum Beispiel

```
s+="Anton";
```

schreiben, dann soll dies bedeuten, dass der String »Anton« an den Inhalt des Strings *s* angehängt wird. Nun kann man »Anhängen« aber auch als ein »Einfügen an der letzten Position« definieren. Deswegen können wir zur Realisierung unsere *insert*-Funktion verwenden.

Die letzte Stelle unseres bestehenden Strings ist *len*, weil das die Länge des Strings ist. Die Länge des einzufügenden Strings ohne abschließendes Nullzeichen[1] bestimmen wir mit *strlen*.

Und nun die restlichen beiden *operator+=*-Funktionen:

```
const String &String::operator+=(const char *s)
{
  insert(len,strlen(s),s);
  return(*this);
}

const String &String::operator+=(const char c)
{
  insert(len,1,&c);
  return(*this);
}
```

1. Würde die abschließende Null mitkopiert, dann hätte der sich ergebende String eine Stringendemarkierung irgendwo mittendrin oder deren zwei am Ende.

Da wir für die *insert*-Funktion keinen String mit Endekennung benötigen, können wir ein Zeichen ganz einfach als einen String der Länge 1 an die Funktion übergeben.

Bei den *operator+*-Funktionen müssen wir bedenken, dass keine der involvierten Klassen das Ergebnis der Konkatenation[1] zugewiesen bekommt. Wir müssen deswegen ein temporäres Objekt erzeugen, welches das Ergebnis aufnehmen kann.

```
const String operator+(const String &s1, const String &s2)
{
  String tmp=s1.string;
  tmp.insert(tmp.len,strlen(s2.string),s2.string);
  return(tmp);
}
```

Diese *operator+*-Funktion wurde als Freund deklariert, um möglichst umfangreich sein zu können. Diese Funktion kann alle Additionen vornehmen, für die der Compiler einen entsprechenden Typumwandlungskonstruktor findet. Der Nachteil besteht darin, dass für jede Typumwandlung ein temporäres Objekt erzeugt werden muss. Deswegen werden wir für die typischen Verknüpfungen spezielle *operator+*-Funktionen implementieren, die ohne ein temporäres Objekt auskommen:

```
const String String::operator+(const char *s)
{
  String tmp=string;
  tmp.insert(len,strlen(s),s);
  return(tmp);
}

const String String::operator+(const char c)
{
  String tmp=string;
  tmp.insert(len,1,&c);
  return(tmp);
}
```

Dies sind die beiden *operator+*-Funktionen, bei denen der linke Operand vom Typ *String* ist. Wir können sie als Methoden der Klasse deklarieren. Diejenigen *operator+*-Funktionen jedoch, bei denen nur der rechte Operand vom Typ *String* ist, müssen als Freunde der Klasse deklariert werden:

1. "Konkatenation" bedeutet in diesem Zusammenhang so viel wie "Verknüpfung".

```
const String operator+(const char *s, const String &str)
{
  String tmp=s;
  tmp.insert(tmp.len,strlen(str.string),str.string);
  return(tmp);
}

const String operator+(const char c, const String &str)
{
  String tmp=c;
  tmp.insert(tmp.len,strlen(str.string),str.string);
  return(tmp);
}
```

5

```
char &String::operator[](unsigned long p)
{
  assert(p<len);
  return(string[p]);
}
```

Wir haben diese Funktion schon bei der Klasse *Name* besprochen. *assert* stellt sicher, dass sich *p* im für den Index gültigen Bereich befindet. Es wird eine Referenz übergeben, weil die Variable sowohl gelesen als auch beschrieben werden kann.

Lösung 6

```
int String::operator<(const String &s)
{return(strcmp(string,s.string)<0);}

int String::operator<=(const String &s)
{return(strcmp(string,s.string)<=0);}

int String::operator==(const String &s)
{return(strcmp(string,s.string)==0);}

int String::operator!=(const String &s)
{return(strcmp(string,s.string)!=0);}

int String::operator>=(const String &s)
{return(strcmp(string,s.string)>=0);}

int String::operator>(const String &s)
{return(strcmp(string,s.string)>0);}
```

Zu den Vergleichsoperatoren ist nicht mehr viel zu sagen. Man hätte auch die Operatoren wie *operator<=* durch eine Verknüpfung von *operator<* und *operator=* implementieren können:

```
return((string<s.string)||(string==s.string));
```

Aber bei dieser Vorgehensweise wird die *strcmp*-Funktion zweimal aufgerufen, für jeden Operator einmal. Deswegen ist es von der Laufzeit her günstiger, jeden Operator für sich allein zu implementieren.

Lösung 7

```
const String String::operator()(unsigned long p, unsigned long l)
{
  assert((p<len)&&((p+l)<=len));
  String tmp="";
  tmp.insert(0,l,string+p);
  return(tmp);
}
```

Zuerst wird sichergestellt, dass sowohl Position als auch Länge des Teilstrings sich im gültigen Bereich befinden. Dann wird ein Objekt vom Typ *String* mit einem leeren String erzeugt. Dadurch haben wir unser Objekt schon mal mit einer Stringendekennung versehen.

Dann wird einfach mit Hilfe der *insert*-Funktion der Teilstring an den Anfang des leeren Strings eingefügt. Da der String nur aus der Endekennung bestand, wird der Teilstring vor die Endekennung gesetzt. Das Ergebnis ist der Teilstring mit Endekennung, der dann als Rückgabeparameter verwendet wird.

Lösung 8

Die *remove*-Funktion muss zwei Fälle unterscheiden. Im ersten Fall wird der zusätzliche Speicher durch das Entfernen des Teilstrings nicht größer als FWDBUFFER:

```
inline void String::remove(unsigned long p, unsigned long l)
{
  if((bufsize-len-l+l)<=FWDBUFFER)
    {
      for (unsigned long x=p;(x+l)<=len;x++)
        string[x]=string[x+l];
      len-=l;
    }
```

Hier brauchen lediglich die durch das Ausschneiden eines Teilstrings entstandenen Stringhälften wieder aneinander gehängt zu werden. Dazu verschieben wir den rechten Teil so weit nach links, dass er an den linken anschließt.

Im zweiten Fall bleibt durch das Löschen eines Teilstrings so viel Speicherplatz des Stringpuffers unbenutzt, dass ein kleinerer Speicherbereich angefordert wird:

```
else
  {
    bufsize=len+1-l+FWDBUFFER;
    char *sptr=new(char[bufsize]);
    assert(sptr!=0);
    unsigned long y=0;
    for (unsigned long x=0;x<p;x++)
      sptr[y++]=string[x];
    for (x=p+l;x<=len;x++)
      sptr[y++]=string[x];
    delete[](string);
    string=sptr;
  }
}
```

Der neue Speicher wird angefordert und anschließend zuerst der Teilstring links vom zu löschenden Stück und danach der Teilstring rechts vom zu löschenden Stück in den neuen Speicherbereich kopiert. Danach wird der alte Speicherbereich freigegeben.

Als Nächstes sind die *operator-=*-Funktionen an der Reihe:

```
const String &String::operator-=(const String &s)
{
  char *sptr;
  while(sptr=strstr(string,s.string))
    remove(sptr-string,s.len);
  return(*this);
}
```

Der Aufruf *strstr(a,b)* prüft daraufhin, ob der String *b* im String *a* enthalten ist[1]. Wenn ja, gibt *strstr* die Adresse des ersten Vorkommens zurück, ansonsten beträgt der Rückgabewert Null.

```
const String &String::operator-=(const char *s)
{
  char *sptr;
  unsigned long l=strlen(s);
  while(sptr=strstr(string,s))
    remove(sptr-string,l);
  return(*this);
}
```

1. Bei dieser Überprüfung wird der String *b* ohne Endekennung betrachtet.

Die Stringlänge von *s* wird zuerst ermittelt und dann einer Variablen zugewiesen. Dies hat den Vorteil, dass die Stringlänge nur einmal und nicht bei jedem *remove*-Aufruf bestimmt werden muss.

```
const String &String::operator-=(const char c)
{
  char *sptr;
  while(sptr=strchr(string,c))
    remove(sptr-string,1);
  return(*this);
}
```

Hier wurde die Funktion *strchr* benutzt, die die gleiche Funktionsweise hat wie *strstr*, nur dass sie anstelle eines Strings nach einem einzelnen Zeichen sucht.

Lösung 9

```
const String &String::Insert(const String &s, unsigned long p)
{
  assert(p<=len);
  insert(p,s.len,s.string);
  return(*this);
}
```

Da dies eine ziemlich einfache Funktion ist, wird hier nur die Variante für *const String&* aufgeführt.

Lösung 10

```
const String &String::Overwrite(const String &s, unsigned long p)
{
  if(len>=(p+s.len))
    {
      strncpy(string+p,s.string,s.len);
    }
  else
    {
      strncpy(string+p,s.string,len-p);
      insert(len,p+s.len-len,s.string+len-p);
    }
  return(*this);
}
```

Die *Overwrite*-Funktion muss wieder zwei Fälle unterscheiden. Der erste Fall tritt dann ein, wenn der Stringpuffer nicht vergrößert werden muss. Dies ist zum Beispiel dann der Fall, wenn an Position 4 eines 30-Zeichen-Strings fünf Zeichen überschrieben werden.

Der zweite Fall tritt zum Beispiel dann ein, wenn an Position 10 eines 20-Zeichen-Strings 15 Zeichen überschrieben werden sollen. Da der 20-Zeichen-

String von Position 10 an nur noch 10 Zeichen besitzt, muss für die letzten fünf Zeichen neuer Platz geschaffen werden. Deswegen wird im zweiten Fall zuerst das überschrieben, wofür Platz vorhanden ist, und das übrig Gebliebene dann angehängt.

Die *Overwrite*-Funktion für *const char** sieht nahezu identisch aus. Da aber die Länge des Strings, mit dem überschrieben werden soll, häufiger benutzt wird, sollte man eine lokale Variable anlegen, der dann die Länge des Strings zugewiesen wird.

Lösung 11

```
const String &String::Remove(unsigned long p, unsigned long l){
  assert((p<len)&&((p+l)<=len));
  remove(p,l);
  return(*this);
}
```

Lösung 12

```
int String::Includes(const String &s)
{return(strstr(string,s.string)!=0);}
```

Lösung 13

```
const char *String::toChar(void)
{return(string);}
```

Lösung 14

Beachten Sie bei dieser Lösung, dass alle Methoden innerhalb des Templates definiert sind. Bisher haben wir größere Methoden in der Klasse bzw. im Template nur deklariert und die Definition außerhalb vorgenommen. Die Definition innerhalb des Templates spart uns aber einiges an Schreibarbeit bei den Funktionsköpfen.

```
template<class X>
class Feld
{
  private:
    X *feld;
    X init;

    long groesse;
```

feld ist der Zeiger auf das Feld, das die einzelnen Elemente aufnehmen wird. *init* ist das an den Konstruktor übergebene Initialisierungselement.

```
  public:
    Feld(long g, X i)
```

```
    {
      groesse=g;
      init=i;
      feld=new X[g];
      for(int x=0;x<groesse;x++)
        feld[x]=init;
    }
```

Der Konstruktor reserviert Speicher für das Feld und initialisiert es mit dem Initialisierungswert.

```
  ~Feld()
    {
      delete(feld);
    }
```

Der Destruktor gibt den reservierten Speicher wieder frei.

```
  X &operator[](int p)
    {
      if(p>=groesse)
        {
          X *nfeld=new X[p+PUFFER];
          for(int x=0;x<groesse;x++)
            nfeld[x]=feld[x];
          groesse=p+PUFFER;
          for(;x<groesse;x++)
            nfeld[x]=init;
          delete(feld);
          feld=nfeld;
        }
      return(feld[p]);
    }
```

Die *operator[]*-Funktion prüft zuerst, ob der Index innerhalb des augenblicklich existenten Feldes liegt. Ist dies nicht der Fall, wird ein zweites Feld reserviert, welches um *PUFFER* größer ist als der an *operator[]* übergebene Index.

Die im alten Feld vorhandenen Elemente werden in das neue Feld kopiert. Anschließend werden die neu hinzugekommenen Elemente mit dem vom Konstruktor gespeicherten Initialisierungswert initialisiert.

Dann wird der Speicher des alten Feldes freigegeben und die Referenz des über den Index angesprochenen Elements von der Funktion zurückgegeben.

```
  friend ostream &operator<<(ostream &ostr, const Feld<X> &f)
    {
      ostr << "(" << f.feld[0];
      for(int x=1;x<f.groesse;x++)
        ostr << "," << f.feld[x];
      ostr << ")";
```

```
        return(ostr);
    }
};
```

Zum Schluss wurde hier noch die triviale *operator<<*-Funktion aufgelistet.

Die Quellcodes dieser Lösung finden Sie auf der CD-ROM im Verzeichnis \KAP08\LOESUNG\FELD\.

9 Vererbung

Vererbung findet dann Anwendung, wenn zwei Klassen X und Y in der Beziehung »X ist ein(e) Y« stehen. Denn dann kann X an Y vererben. Zum Beispiel würden die Klassen *Säugetier*, *Hund*, *Dackel* und *Mensch* in der in Abbildung 9.1 dargestellten Weise in Beziehung stehen.

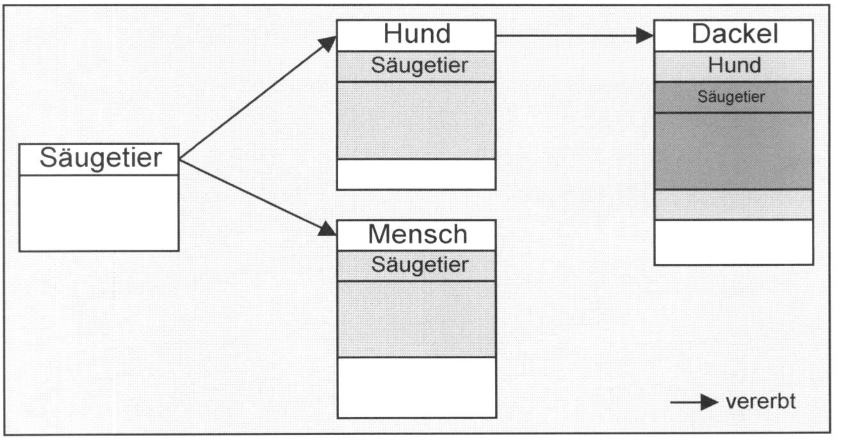

Abbildung 9.1: Das Prinzip der Vererbung

Wir haben bisher private und öffentliche Elemente kennen gelernt. Die privaten Elemente können nur von der eigenen Klasse angesprochen werden, wohingegen es möglich ist, die öffentlichen Elemente von allen möglichen Klassen und Funktionen anzusprechen.

protected

Speziell für die Vererbung gibt es noch eine besondere Form: geschützte Elemente. Geschützte Elemente werden mit dem Schlüsselwort protected eingeleitet und liegen von den Zugriffsmöglichkeiten her zwischen den privaten und öffentlichen Elementen. Auf geschützte Elemente können die eigene Klasse und alle Klassen, die von ihr abgeleitet wurden, zugreifen.

Tabelle 9.1: Zugriffserlaubnis der verschieden gekapselten Klassenelemente

Zugriffstyp	Eigene Klasse[1]	Abgeleitete Klasse	fremde Klasse[2]
private	ja	nein	nein
protected	ja	ja	nein
public	ja	ja	ja

[1] Hierzu zählen auch Freunde der Klasse.
[2] Hierzu zählen auch nicht zu Klassen gehörende Funktionen.

Die Syntax des Ableitens sieht folgendermaßen aus:

Syntax

```
class Dackel : Hund
{
};
```

9.1 Vererbungstypen

Hinter dem Klassennamen steht – durch einen Doppelpunkt getrennt – der Name der Klasse, von der geerbt wird. Vor dem Namen der Basisklasse kann der Vererbungstyp angegeben werden.

Der implizite Vererbungstyp ist *private*

Tabelle 9.2: Auswirkungen öffentlicher, geschützter und privater Basisklassen

Basisklasse	public-Element wird	protected-Element wird	private-Element bleibt
public	public	protected	private
protected	protected	protected	private
private	private	private	private

Wollten wir, dass die Basisklasse *Hund* bei *Dackel* öffentlich ist, dann würden wir dies so schreiben:

Syntax

```
class Dackel : public Hund
{
};
```

Statten wir für Experimente die beiden Klassen mit einer kleinen Methode aus:

```
class Hund
{
  public:
    void Print(void)
      {
        cout << "Hund" << endl;
      }
};

class Dackel : public Hund
{
  public:
    void Print(void)
      {
        cout << "Dackel" << endl;
      }
};
```

Die Methode *Print* von *Hund* wird in der Klasse *Dackel* überschrieben, so dass ein Dackel sich auch als Dackel zu erkennen gibt:

```
Hund h;
Dackel d;

h.Print();
d.Print();
```

Der erste *Print*-Aufruf gibt »Hund« aus und der zweite »Dackel«.

Nur weil *Dackel* eine neue *Print*-Methode implementiert, heißt das nicht, dass es im Dackel nicht auch noch die *Print*-Methode von *Hund* gibt. Wie Sie wissen, besteht der Name einer Elementfunktion auch aus dem Klassennamen. Wir können daher die Ausgabe von »Hund« in der Klasse *Dackel* folgendermaßen erreichen:

```
d.Hund::Print();
```

9.2 Polymorphie

Weil für den Compiler durch die Vererbungsbeziehung ein Dackel nun auch ein Hund ist, kann ein Zeiger auf einen Hund auch auf einen Dackel zeigen:

```
Hund *ptr;
Dackel d;

ptr=&d;
```

Diese Fähigkeit eines Zeigers, auch auf abgeleitete Klassen verweisen zu können, nennt man Polymorphismus. Allerdings bringt dies ein kleines Problem mit sich. Wenn wir nun über den Zeiger die *Print*-Funktion aufrufen:

```
ptr->Print();
```

dann geht der Compiler, weil *ptr* ein Zeiger auf *Hund* ist, davon aus, dass die Methode *Hund::Print* gemeint ist. Um diesem Dilemma zu entgehen, müssten wir konkret eine explizite Typumwandlung vornehmen:

```
((Dackel*)(ptr))->Print();
```

In diesem Fall ist das kein Problem, denn wir wissen ja, dass *ptr* auf ein Objekt des Typs *Dackel* zeigt. Wenn wir aber verschiedene Hunderassen in einer Liste, die Objekte vom Typ *Hund* aufnehmen kann, verwalten, dann können wir nicht mehr genau bestimmen, von welchem Typ genau das einzelne Objekt ist.

9.3 Virtuelle Funktionen

Dieses Problem tritt deshalb auf, weil der Compiler nicht prüft, von welchem Typ das Objekt ist. Es gibt aber eine Möglichkeit, dem Compiler mitzuteilen, dass er beim Aufruf bestimmter Methoden genau prüfen soll, um welchen Klassentyp es sich handelt, und er dann auch exakt die Methode des ermittelten Klassentyps verwendet. Man nennt diese Methoden virtuelle Methoden. Das Schlüsselwort heißt virtual.

Weil der Compiler beim Aufruf der Methode der Klasse *Hund* prüfen soll, ob es sich wirklich um einen Hund oder um eine abgeleitete Klasse handelt, deklarieren wir die *Print*-Methode von Hund als virtuell:

```
class Hund
{
  public:
    virtual void Print(void)
      {
        cout << "Hund" << endl;
      }
};
```

Wenn wir nun über einen Zeiger auf *Hund* die *Print*-Methode aufrufen, wird bei einem *Dackel*-Objekt auch das Wort »Dackel« ausgegeben.

9.4 Rein virtuelle Funktionen

Rein virtuelle Funktionen sind virtuelle Funktionen, die keine Funktionsdefinition besitzen. Eine Klasse, die rein-virtuelle Funktionen besitzt, nennt man abstrakte Klasse. Von einer abstrakten Klasse kann man keine Instanz bilden. Man muss von ihr ableiten und alle rein virtuellen Funktionen überladen, damit sie instanziiert werden kann.

9.5 Mehrfachvererbung

Eine Klasse kann auch mehrere Basisklassen haben. Die Basisklassen werden dann durch Kommata getrennt:

```
class Dackel : public Hund, protected Vierbeiner
{
};
```

Passen Sie bei der Deklaration der Mehrfachvererbung auf, denn sie ist nicht identisch mit der Variablendeklaration:

```
class Dackel : public Hund, Vierbeiner
{
};
```

Die obige Deklaration besagt nicht, dass *Hund* und *Vierbeiner* beides öffentliche Basisklassen sind. Vielmehr wurde für Vierbeiner kein Vererbungstyp angegeben, weshalb dann *private* verwendet wird.

9.6 Übungen

Übung 1

Schreiben Sie eine Klasse *GeoObjekt*, die als Basisklasse geometrischer Objekte dienen soll. Die Klasse soll x- und y-Koordinaten des Objektes aufnehmen. Für diese Attribute soll sie einen Konstruktor besitzen sowie eine *Print*-Methode. Von der Klasse darf keine Instanz erzeugt werden können.

Schreiben Sie zusätzlich eine Klasse *Circle*, die *GeoObjekt* um den Durchmesser des Kreises erweitern soll. Die Klasse soll ihre eigene *Print*-Methode erhalten.

Zum Schluss implementieren Sie noch eine Klasse *Rectangle*, die *GeoObjekt* um Breite und Höhe des Rechtecks erweitert. Auch *Rectangle* soll eine *Print*-Methode erhalten.

Übung 2

Entwerfen Sie eine Klasse *Mem* als Template, welches Sie in die Lage versetzt, dynamisch für jeden beliebigen Datentyp Speicher anzufordern. Der Konstruktor sollte den Speicher anfordern und der Destruktor ihn wieder freigeben. Werfen Sie eine Ausnahme, wenn die Allokation fehlschlägt. Entwerfen Sie Umwandlungsoperatoren, um die Handhabung zu erleichern.

Übung 3

Schreiben Sie eine Klasse *Datei*, die eine Datei öffnet und dabei folgende Funktionen zur Verfügung stellt:

- readBlock(feld, anzahl, position);
- void writeBlock(feld, anzahl, position);
- readBlock(feld, anzahl);
- void writeBlock(feld, anzahl);

Dabei soll *feld* ein Zeiger auf ein Feld sein, von dem die Daten in die Datei geschrieben werden (*writeBlock*) bzw. in das die aus der Datei gelesenen Daten gespeichert werden (*readBlock*).

anzahl bezieht sich auf die Anzahl der Daten und *position* auf die Position innerhalb der Datei.

Zusätzlich sollen noch folgende Funktionen implementiert werden:

- unsigned long size(void);
- const string &getFileName(void);

Die Funktionen liefern jeweils die Dateigröße und den Dateinamen.

Die Klasse *Datei* soll mit einer Fehlerbehandlung ausgestattet sein, die im Falle eines Fehlers eine Ausnahme wirft, der eine Instanz mit dem Namen der fehlerhaften Datei als Inhalt übergeben wird.

Dem Konstruktor soll lediglich der Dateiname übergeben werden. Um den notwendigen Dateimodus soll sich der Konstruktor selbst kümmern.

Als kleines Gimmick soll die Klasse mitzählen, wie viele Dateien augenblicklich über die Klasse *Datei* geöffnet sind.

Wenn Strings benötigt werden, soll die String-Klasse aus der C++-Standardbibliothek Verwendung finden.

Übung 4

Schreiben Sie eine Klasse namens *DateiImage*, die Ihnen den Lese- und Schreibzugriff auf eine Datei so zugänglich macht, als ob Sie ein Feld vor sich hätten. Folgende Anweisung spricht das 800001. Byte der Datei »test.txt« an[1]:

```
DateiImage img("test.txt");
cout << img(800000);
```

Dabei soll aber nie die gesamte Datei im Speicher gehalten werden. Führen Sie eine Konstante ein, mit der Sie die Größe des im Speicher befindlichen Teils der Datei festlegen können. Es soll auch möglich sein, über folgende Schreibweise ein Byte ändern zu können:

```
img(800000,50);
```

Natürlich soll sich diese Änderung auch auf die Originaldatei auswirken. Benutzen Sie zur Implementation die Klassen *Datei* und *Mem*. Denken Sie an eine ausreichende Fehlerbehandlung.

Übung 5

Schreiben Sie eine Klasse namens *DLKnoten*, die nur die Eigenschaft besitzen soll, dass sie doppelt verketteten Listen als Element dient. Legen Sie die Zugriffsrechte so fest, dass *Linkable* als Basisklasse fungieren kann.

1. Weil das erste Byte an Position 0 liegt.

Schreiben Sie ergänzend eine Listenklasse namens *DListe*, die eine doppelt verkettete Listenstruktur mit zwei Dummy-Elementen als Grundlage haben soll. Genauere Erläuterungen zu doppelt verketteten Listen finden Sie im Übungsteil von Kapitel 7.

Die Listen-Klasse soll Elemente vom Typ *Linkable* verwalten können. Da die beiden Klassen *Liste* und *Linkable* eine gemeinsame Basis bilden sollen, kann *Liste* als Freund von *Linkable* deklariert werden. *Liste* soll folgende, für den Benutzer zugängliche Methoden besitzen:

- *push_front* fügt ein Element am Listenanfang ein.
- *push_back* hängt ein Element ans Listenende.
- *pull_front* entfernt ein Element am Listenanfang und liefert es zurück[1].
- *pull_back* entfernt ein Element am Listenende und liefert es zurück.
- *isEmpty* Liefert *true* zurück, wenn die Liste leer ist; andernfalls *false*.

Übung 6

Wie bei der Implementation von *DateiImage* bereits erwähnt, ist es nicht möglich festzustellen, ob eine über *operator[]* erhaltene Referenz zum Lesen oder zum Schreiben verwendet wird.

Allerdings kann man diese Fähigkeit durch einen Trick erlangen: In unserem Fall geben wir anstelle einer Referenz auf ein Zeichen einfach eine Instanz einer Klasse zurück, die sich durch geschicktes Überladen ihrer Operatoren wie ein Zeichen verhält.

Diese Klasse weiß dann natürlich, ob ihr Wert gelesen oder geschrieben wird, und kann dann bei *DateiImage* die notwendigen Schritte einleiten. Eine solche Klasse nennt man Proxy-Klasse.

Ihre Aufgabe ist es nun, eine solche Klasse für *DateiImage* zu entwerfen. Überlegen Sie sich, wie die Proxy-Klasse am besten mit der *DateiImage*-Klasse verbunden wird und welche Operatoren überladen werden müssen.

Übung 7

Schreiben Sie eine Klasse namens *Sequenz*, die eine Sequenz von *unsigned char*-Werten repräsentieren soll. Dabei soll die Sequenz mit Hilfe von Konstruktoren aus einem String, einem *unsigned long*- oder einem *char*-Wert erzeugt werden können. Beim *unsigned long*-Wert soll unterstellt werden, dass es sich um eine 32-Bit-Zahl handelt. Diese soll dann in 4 Bytes zu je 8 Bits zerlegt werden, wobei das niedrigstwertige Byte zuerst und das höchstwertige Byte

---

1. Bitte behalten Sie im Hinterkopf, dass die Methoden *pull_back* und *pull_front*, die üblicherweise auch in den STL-Containern Verwendung finden, lediglich das Element entfernen, es aber nicht zurückliefern.

zuletzt in der Sequenz abgelegt werden soll. Eine Fehlerbehandlung soll auch nicht fehlen. Statten Sie die Klasse mit entsprechenden Umwandlungsoperatoren aus. Dem Benutzer soll zudem die Möglichkeit gegeben werden, die Länge der Sequenz in Erfahrung zu bringen. Entwerfen Sie die Klasse so, dass sie später noch sinnvoll abgeleitet werden kann.

Übung 8

Erweitern sie die Klasse *DateiImage* um eine Funktion *Search*, der eine Instanz vom Typ *Sequenz* und die Startposition der Suche übergeben wird und die dann daraufhin überprüft, ob die in der Sequenz enthaltene Bytefolge irgendwo ab der Suchposition in der Datei enthalten ist. Wenn ja, dann soll die Position der gefundenen Übereinstimmung zurückgeliefert werden.

Übung 9

Wir werden in den nächsten Übungen Teile eines größeren Projektes entwicklen, die wir zum Schluss dann zu einem Ganzen zusammenfügen werden. Und zwar wollen wir das bekannte Kartenspiel Mao-Mao programmieren.

Die Grundregeln des Spiels sind folgende:

- Jeder Spieler erhält fünf Karten. Dann wird eine Karte vom Stapel genommen und aufgedeckt.
- Derjenige Spieler, der an der Reihe ist, muss nun eine Karte auf die aufgedeckte Karte legen, die entweder die gleiche Farbe (Karo, Herz, Pik, Kreuz) oder das gleiche Bild (Sieben, Acht, Neun, Zehn, Dame, König, As) wie die aufgedeckte Karte hat. Besitzt der Spieler eine solche Karte nicht, dann muss er eine vom Stapel ziehen.
- Das Spiel dauert so lange, bis einer der Spieler keine Karten mehr hat.

Des Weiteren gibt es ein paar Karten mit besonderer Bedeutung:

- Legt ein Spieler eine Sieben auf die aufgedeckte Karte, dann muss der nächste Spieler zwei Karten ziehen. Sollte er jedoch auch eine Sieben haben, dann kann er sie auf die bereits vorhandene Sieben legen und braucht keine Karten zu ziehen. Der nächste Spieler muss dann aber vier Karten ziehen usw.
- Legt ein Spieler eine Acht auf die aufgedeckte Karte, dann wird ein Spieler übersprungen. Bei zwei Spielern ist dann derjenige, der die Acht gelegt hat, erneut an der Reihe.
- Ein Bube kann grundsätzlich auf alle Karten gelegt werden. Legt man einen Buben, darf man sich eine Farbe wünschen. Die nächste Karte, die auf den Buben gelegt wird, muss dann diese Farbe haben. Falls die Spieler diese Farbe nicht besitzen, müssen sie eine Karte ziehen.

Die Beziehungen der zu programmierenden Klassen sehen Sie in Abbildung 9.2.

Als Erstes wollen wir die Klasse *Karte* entwerfen. Die Klasse soll eine Karte aus einem aus 32 Karten bestehenden Kartenspiel repräsentieren können.

Es sollen Methoden implementiert werden, die Informationen über die Farbe und das Bild der Karte geben. Farbe und Bild sollen auch als String ausgegeben werden können.

Die *operator<<*-Methode soll so überladen werden, dass die Karte in Textform (z.B. Kreuz-Bube) ausgegeben wird.

Der *operator int()* soll auch überladen werden.

Implementieren Sie geeignete Konstruktoren.

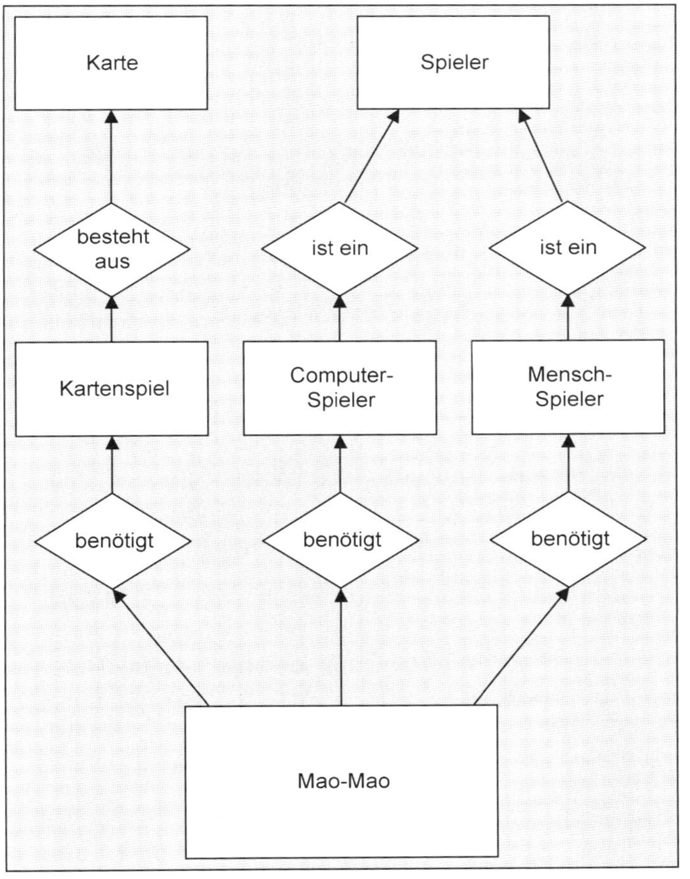

Abbildung 9.2: Die Klassen von Mao-Mao

Übung 10

Implementieren Sie die Klasse *Kartenspiel*. Die Klasse muss sowohl die Karten verwalten, die noch zum Kartenstapel gehören, als auch diejenigen, die von den Spielern abgelegt wurden. Wenn die Karten des Stapels verbraucht sind, dann müssen die Karten der Ablage in den Stapel verschoben und neu gemischt werden.

Dem Konstruktor soll übergeben werden, wie intensiv das Mischen durchgeführt wird. Denken Sie sich zum Mischen eine gute Methode aus.

Des Weiteren soll die Klasse folgende Methoden besitzen:

- *AblageLeeren()* Die Ablage wird in den Stapel verschoben und gemischt.
- *GibKarte()* Es wird eine Karte vom Stapel genommen und über den Rückgabewert an den Aufrufer übergeben.
- *ZurAblage()* Legt eine gebrauchte Karte auf die Ablage.

Übung 11

Wir sind nun soweit, dass wir die Klasse *Spieler* entwerfen können, die als Basisklasse für den menschlichen Spieler und den Computer-Spieler dienen wird.

Ein Spieler muss in der Lage sein, entweder zu einer vorgegebenen Karte eine passende Karte zu finden[1] oder aber eine Karte mit einer bestimmten Farbe zu finden[2]. Sie sollten dazu zwei Versionen der Funktion *Bedienen* implementieren.

Des Weiteren wird eine Funktion *Sieben* benötigt, die entsprechend auf eine Sieben reagiert[3].

Für den Fall, dass der Spieler einen Buben abgelegt hat, darf er sich eine Farbe wünschen, für die die Methode *WuenschDirWas* implementiert wird.

Weil es häufiger vorkommt, dass ein Spieler Karten ziehen muss[4], brauchen wir noch eine Methode *ZiehKarten*, der die Anzahl der zu ziehenden Karten übergeben wird.

Bei einem Spieler ist es meistens so, dass nicht wie beim Stapel des Kartenspiels die oberste Karte abgelegt wird, sondern eine beliebige. Wir brauchen dazu die Methode *Entferne*, die eine beliebige Karte aus dem Feld entfernt und dann die Konsistenz des Feldes wiederherstellt.

1. Dies wäre die normale Spielsituation.
2. Dies ist notwendig, wenn sich ein anderer Spieler mit einem Buben eine spezielle Farbe gewünscht hat.
3. Entweder mit einer anderen Sieben kontern oder aber die geforderte Anzahl von Karten ziehen.
4. Wegen einer Sieben oder weil er keine passende Karte ablegen kann.

Damit die Spieler Namen erhalten können, soll noch eine Methode *FragNamen* programmiert werden, die den Namen des Spielers ermittelt. Um diesen Namen einfach ausgeben zu können, sollen Sie zusätzlich den Ausgabeoperator überladen.

Die Klasse *Spieler* soll nicht instanziiert werden können.

Übung 12

Implementieren Sie die Klasse *MSpieler*, die von *Spieler* abgeleitet ist und einen menschlichen Spieler repräsentiert. Überladen Sie alle rein-virtuellen Funktionen.

Übung 13

Implementieren Sie die Klasse *CSpieler*, die von *Spieler* abgeleitet ist und einen Computer-Spieler repräsentiert. Überladen Sie alle rein-virtuellen Funktionen.

Implementieren Sie für die Spiellogik des Computers einfache Algorithmen. Wenn alles einwandfrei läuft, können die vom Computer verfolgten Spielstrategien immer noch verfeinert werden.

Übung 14

Entwerfen Sie nun die Klasse *MaoMao*, die nach der Anzahl der Computer-Spieler fragt, dafür sorgt, dass jeder Spieler einen Namen erhält, und den kompletten Spielablauf verwaltet.

9.7 Tipps

Tipps zu 4

- Denken Sie daran, dass die Klasse Änderungen der Datei durch den Benutzer im Speicher erkennen und an entsprechender Stelle diese Änderung wieder in die Datei schreiben muss.
- Überlegen Sie sich, welchen Operator Sie am besten für den Zugriff auf die Datei verwenden könnten.
- Benutzen Sie nicht den []-Operator, denn er liefert nur eine Referenz zurück. Sie haben keine Möglichkeit zu kontrollieren, ob der Benutzer über diesen Operator die Datei nur ausgelesen oder auch beschrieben bzw. verändert hat.

9.8 Lösungen

Lösung 1

```
class GeoObjekt
{
  protected:
    long x,y;

    GeoObjekt(long a, long b) :x(a), y(b) {}

  public:
    virtual void Print(void)=0;
};
```

Attribute und Konstruktor sind als geschützt deklariert, damit von außen nicht auf sie zugegriffen werden kann. Für abgeleitete Klassen sind sie aber trotzdem zugänglich.

Die *Print*-Methode wurde als rein-virtuelle Funktion definiert, um eine abstrakte Klasse zu erhalten. Von abstrakten Klassen kann keine Instanz erzeugt werden, genau wie es in der Aufgabe gefordert war.

```
class Circle : public GeoObjekt
{
  protected:
    long d;

  public:
    Circle(long a, long b, long c) : GeoObjekt(a,b), d(c) {}
    virtual void Print(void){cout << "Kreis";}
};
```

Circle ergänzt die Attribute von *GeoObjekt* und überlädt die *Print*-Methode. Dadurch ist *Circle* keine abstrakte Klasse mehr und kann instanziiert werden.

Im Konstruktor von *Circle* wird der *GeoObjekt*-Konstruktor in der Elementinitialisierungsliste aufgerufen, um die Attribute *x* und *y* zu initialisieren. Konkret für dieses Beispiel hätte man sich den Aufruf sparen können, weil *x* und *y* nur geschützte Attribute sind und daher auch für den Circle-Konstruktor zugänglich.

Wären *x* und *y* private Attribute von *GeoObjekt*, dann führte am Aufruf des *GeoObjekt*-Konstruktors kein Weg vorbei.

```
class Rectangle : public GeoObjekt
{
  protected:
```

```
    long w,h;

  public:
    Rectangle(long a, long b, long c, long d)
      : GeoObjekt(a,b), w(c), h(d) {}
    virtual void Print(void){cout << "Rechteck";}
};
```

Der Aufbau der Klasse *Rectangle* ist analog zu *Circle*.

Den Quellcode der Lösung finden Sie auf der CD-ROM unter \KAP09\LOESUNG\01.CPP.

Lösung 2

Kommen wir zuerst zur Klassendefinition:

```
template <class Typ>
class Mem
{
  private:
    Typ *memhd;

  public:
    class Allokationsfehler {};
    inline Mem(unsigned long);
    inline ~Mem();
    operator Typ*() {return(memhd);}
};
```

Die Klasse *Allokationsfehler* wird dazu benutzt, den aufgetretenen Fehler mittels *throw* aufzuwerfen. Konstruktor und Destruktor sehen so aus:

```
template <class Typ>
Mem<Typ>::Mem(unsigned long anz)
{
  memhd=new(Typ[anz]);
  if(!memhd) throw(Allokationsfehler());
}

//*******************************************

template <class Typ>
Mem<Typ>::~Mem()
{
  delete[](memhd);
}
```

Den Quellcode der Lösung finden Sie auf der CD-ROM im Verzeichnis \KAP09\LOESUNG\MEM\.

Lösung 3

Betrachten wir zunächst die Klassendefinition:

```
class Datei
{
  private:
    fstream file;
    string filename;
    static int fanz;
    unsigned long _size;
    void Error(void);

  public:
    class DateiFehler
      {
        public:
          const string name;
          DateiFehler(const string n) :name(n) {};
      };

    Datei(const char* const);
    ~Datei();
    void readBlock(char*,unsigned long, unsigned long);
    void writeBlock(const char* ,unsigned long, unsigned long);
    void readBlock(char*,unsigned long);
    void writeBlock(const char* ,unsigned long);
    unsigned long size() {return(_size);}
    const string &getFileName(void) {return(filename);};
};
```

Eine Datei, die sowohl gelesen als auch beschrieben werden kann, muss vom Typ *fstream* sein. Die Typen *ifstream* und *ofstream* sind in dieser Situation eine unerwünschte Spezialisierung.

Da die Fehlerklasse den Namen der fehlerhaften Datei aufnehmen muss, besitzt sie sowohl ein Attribut vom Typ *string* als auch einen entsprechenden Konstruktor, der beim Erzeugen einer Instanz behilflich ist.

Das private Attribut *_size* hat deshalb einen Unterstrich, um es von der öffentlichen Methode *size* unterscheiden zu können.

Zunächst muss bei der Methodendefinition das statische Attribut, welches für das Zählen der geöffneten Dateien zuständig ist, initialisiert werden:

```
int Datei::fanz=0;
```

Als Nächstes ist der Konstruktor an der Reihe:

```
Datei::Datei(const char* const n)
:file(n, ios::in|ios::out|ios::binary)
{
  if(!file) Error();

  fanz++;
  filename=n;
  file.seekg(0,ios::end);
  if(file.fail()) Error();

  _size=file.tellg();
  if(file.fail()) Error();

  file.seekg(0,ios::beg);
  if(file.fail()) Error();
}
```

Zuerst wird mit *!file* daraufhin geprüft, ob der Stream ordnungsgemäß geöffnet wurde. Dann wird die Anzahl der geöffneten Dateien erhöht und der Name kopiert. (Der Name muss gespeichert werden, damit im Fehlerfall die Fehlerklasse mit ihm initialisiert werden kann.)

Dann wird der Dateipositionszeiger an das Ende der Datei gesetzt und anschließend ausgelesen. Auf diese Weise haben wir die Länge der Datei ermittelt. Dann wird der Dateipositionszeiger wieder auf den Anfang gesetzt, so wie es sich gehört.

Nach jeder Operation wird abgefragt, ob sich der Stream noch im fehlerfreien Zustand befindet. Falls nicht, wird eine Ausnahme geworfen. Konkret wird hier eine Methode aufgerufen, die sich um den Wurf der Ausnahme kümmert. Durch dieses Zentralisieren müssen wir eine entsprechende Änderung nur noch an der Methode *Error* vornehmen. Diese Methode sieht wie folgt aus:

```
void Datei::Error(void)
{
  DateiFehler e(filename);
  throw(e);
}
```

Bevor wir die Methoden für den Dateizugriff besprechen, wollen wir noch schnell den trivialen Destruktor einschieben:

```
Datei::~Datei()
{
  fanz--;
}
```

Da sich der Stream selbst um die Freigabe seiner Ressourcen kümmert, muss unser Destruktor lediglich die Anzahl der geöffneten Dateien um 1 vermindern.

Nun kommen wir zur *readBlock*-Methode:

```
void Datei::readBlock(char *adr,unsigned long anz,
                                    unsigned long pos)
{
  file.seekg(pos,ios::beg);
  if(file.fail()) Error();

  file.read(adr,anz);
  if(file.fail()) Error();
}
```

Zuerst wird der Dateipositionszeiger auf die gewünschte Position gesetzt. Danach werden die Daten in das angegebene Feld gelesen. Dabei wird wieder nach jeder Operation der Zustand des Streams überprüft.

```
void Datei::writeBlock(const char *adr, unsigned long anz,
                                          unsigned long pos)
{
  file.seekp(pos,ios::beg);
  if(file.fail()) Error();

  file.write(adr,anz);
  if(file.fail()) Error();
}
```

Die *writeBlock*-Methode funktioniert analog. Zum Schluss kommen noch die beiden Varianten ohne Positionsangabe, die nun allerdings kein Problem mehr sein sollten:

```
void Datei::readBlock(char *adr,unsigned long anz)
{
  file.read(adr,anz);
  if(file.fail()) Error();
}

void Datei::writeBlock(const char *adr, unsigned long anz)
{
  file.write(adr,anz);
  if(file.fail()) Error();
}
```

Den Quellcode der Lösung finden Sie auf der CD-ROM im Verzeichnis \KAP09\DATEI\.

Lösung 4

Schauen wir uns als Erstes die Klassendefinition an:

```
#define PUFSIZE 100000UL

class DateiImage
{
  private:
    Mem<char> mem;
    Datei file;
    bool changed;
    unsigned long laenge,ausschnitt,groesse;
    char &operator[](unsigned long);
    void Error(void);
    void Error(unsigned long);
    void readAusschnitt(void);
    void writeAusschnitt(void);

  public:
    class DateiImageFehler
      {
        public:

          const string name;
          DateiImageFehler(const string n) :name(n) {}
      };
    class BereichsFehler
      {
        public:
          const string name;
          const unsigned long pos;
          BereichsFehler(const string n, unsigned long p)
          :name(n),pos(p) {}
      };

    DateiImage(const char*);
    ~DateiImage();
    char operator()(unsigned long);
    char operator()(unsigned long, unsigned char);
    unsigned long size(void){return(laenge);}
};
```

Die Konstante PUFSIZE definiert, wie viele Bytes der Datei im Speicher gehalten werden.

Die Zugriffe auf die Daten der Datei wurden über den ()-Operator realisiert. Der []-Operator hat den Nachteil, dass er nur eine Referenz auf das betroffene Datum zurückliefern kann. Dadurch ist man nicht in der Lage zu unterscheiden, ob gelesen oder geschrieben wurde[1]. Und das ist für das tatsächliche Speichern der Änderungen wichtig.

Wir wollen uns nun den Konstruktor anschauen:

```
DateiImage::DateiImage(const char *n) : mem(PUFSIZE), file(n)
```

Der Speicher wird schon in der Elementinitialisierungsliste angefordert. Falls bei der Konstruktion von *DateiImage* ein Fehler auftreten sollte, wird bei Beendigung des *DateiImage*-Konstruktors automatisch der Destruktor von *mem* aufgerufen, da *mem* schon komplett konstruiert ist. Das Gleiche gilt für das Öffnen der Datei.

Innerhalb des Konstruktors werden die Attribute der Klasse initialisiert und der erste Ausschnitt der Datei in den Speicher geladen.

```
{
  changed=false;
  ausschnitt=lastpos=0;
  laenge=file.size();
  readAusschnitt();
}
```

Kommen wir nun zum Destruktor. Sollte an der Datei etwas geändert worden sein, dann wird der aktuell im Puffer befindliche Speicherblock in die Datei geschrieben, bevor sie geschlossen wird.

```
DateiImage::~DateiImage()
{
  if(changed)
    {
      writeAusschnitt();
      changed=false;
    }
}
```

Schauen wir uns jetzt die beiden Funktionen *readAusschnitt* und *writeAusschnitt* an:

```
void DateiImage::readAusschnitt(void)
{
  groesse=((ausschnitt+PUFSIZE)>laenge)?laenge-ausschnitt:PUFSIZE;
  file.readBlock(mem,groesse,ausschnitt);
}
```

1. Es gibt Tricks, mit denen diese Unterscheidung doch noch gemacht werden kann. Allerdings sind diese Kniffe nicht mehr trivial und sollen an dieser Stelle nicht behandelt werden.

Die *readAusschnitt*-Methode muss durch Errechnung der einzulesenden Datenmenge sicherstellen, dass nicht versucht wird, mehr Daten zu lesen als die Menge, die ab der aktuellen Position noch in der in der Datei steht. Dieser Fall würde dann eintreten, wenn die Datei grundsätzlich kleiner ist als der reservierte Speicherblock oder wenn das letzte Stück der Datei eingelesen wird, welches höchstwahrscheinlich auch kleiner ist als der reservierte Speicherblock.

```
void DateiImage::writeAusschnitt(void)
{
  file.writeBlock(mem,groesse,ausschnitt);
}
```

Zur *writeAusschnitt*-Methode gibt es nichts mehr zu sagen, da sie lediglich die *writeBlock*-Methode von *Datei* aufruft.

Das Herzstück der Dateiverwaltung ist die *operator[]*-Methode. Wir gehen sie deswegen etwas detaillierter durch.

Es ist wichtig, daran zu denken, dass diese Funktion privat ist und somit nur von Methoden der Klasse verwendet werden kann. Ansonsten würde die Konsistenz der Datei nicht mehr gewährleistet sein.

```
char &DateiImage::operator[](unsigned long b)
{
  if(b>=laenge) Error(b);
```

Zuerst wird daraufhin geprüft, ob *b* überhaupt ein Datum innerhalb der Datei adressiert. Ist dies nicht der Fall, wird *Error* aufgerufen. Die Funktion *Error* ist wie bei *Datei* dafür zuständig, dass an zentraler Stelle ein Fehler geworfen wird.

```
  if((b>=ausschnitt)&&(b<(ausschnitt+groesse)))
    return(mem[b-ausschnitt]);
```

Sollte sich das adressierte Datum bereits im Puffer befinden, dann wird eine Referenz darauf zurückgegeben.

```
else
    {
      if(changed)
        {
          writeAusschnitt();
          changed=false;
        }
```

Sollte sich das adressierte Datum noch nicht im Puffer befinden, dann wird zuerst geprüft, ob Daten des aktuellen Puffers geändert wurden. Wenn ja, dann wird der Puffer zurück in die Datei geschrieben.

```
      ausschnitt=((PUFSIZE/2)>=b)?0:b-(PUFSIZE/2);
```

Hier wird die Position des Ausschnitts berechnet. Und zwar erfolgt die Berechnung so, dass das adressierte Datum nachher genau in der Mitte des Puffers liegt. Dadurch ist die Wahrscheinlichkeit geringer, dass beim nächsten Zugriff ein neuer Teil geladen werden muss.

```
      readAusschnitt();
      return(mem[b-ausschnitt]);
    }
}
```

Nachdem der besagte Bereich in den Puffer geladen wurde, wird die Position des adressierten Datums in ihm ermittelt und eine Referenz zurückgegeben.

Als Nächstes kommen die für den Benutzer zugänglichen Funktionen:

operator()

```
char DateiImage::operator()(unsigned long b)
  {return((*this)[b]);}
```

Obwohl *operator[]* eine Referenz zurückliefert, wurde sie hier in eine lokale Kopie umgewandelt, damit der Benutzer mit der Lesefunktion keine Änderungen am Puffer vornehmen kann.

operator()

```
char DateiImage::operator()(unsigned long b, unsigned char d)
{
  unsigned char c=(*this)[b];
  (*this)[b]=d;
  changed=true;
  return(c);
}
```

Bei der Schreib-Funktion wird ebenfalls *operator[]* verwendet und das adressierte Datum verändert. Des Weiteren wird noch *changed* auf 1 gesetzt, damit die Pufferänderung später berücksichtigt werden kann.

Und genau das ist der Grund, warum *operator[]* nicht für den Benutzer zugänglich gemacht werden darf: *operator[]* kann nicht erkennen, ob über die zurückgelieferte Referenz das adressierte Datum geändert wurde. Deswegen muss zwischen *operator[]* und dem Benutzer eine Funktion zwischengeschaltet werden, die dies überwacht.

Man hätte natürlich auf die *operator[]*-Funktion ganz verzichten können und den Programmtext jeweils in die beiden *operator()*-Funktionen schreiben können. Das hätte aber zur Folge gehabt, dass ein großes Programmstück unnötigerweise zweimal vorkommt.

Den Quellcode der Lösung finden Sie auf der CD-ROM im Verzeichnis \KAP09\LOESUNG\DATEIIMG\.

Lösung 5

```
class DLKnoten
{
  friend class DListe;
  private:
    DLKnoten *previous,*next;
    DListe *liste;

  public:
    DLKnoten(void);
};
```

DLKnoten deklariert *DListe*, welches die Hauptklasse unserer Liste wird, als Freund. Dadurch hat *DListe* uneingeschränkten Zugriff auf *DLKnoten*.

Als Attribute besitzt die Klasse einen Zeiger auf den Vorgänger und einen Zeiger auf den Nachfolger. Zusätzlich zeigt der Knoten noch auf die Liste, zu der er gehört. Dies ist notwendig, um zu verhindern, dass ein Knoten, der bereits in einer Liste eingebunden wurde, versehentlich in eine weitere Liste eingebunden wird.

Diese Attribute wurden privat deklariert, weil außer *DLKnoten* und *DListe* niemand Zugriff auf die Implementationsdetails der Liste haben sollte.

Der Konstruktor von *DLKnoten* setzt alle Zeiger auf 0:

```
DLKnoten::DLKnoten(void)
{
  previous=next=0;
  liste=0;
}
```

Kommen wir nun zur Klasse *DListe*:

```
class DListe
{
  private:
    DLKnoten first,last;
    unsigned long lsize;

  public:
    DListe(void);
};
```

Die Liste besitzt zwei Listenknoten, nämlich den ersten und den letzten. Diese beiden Knoten fungieren als die angesprochenen Dummy-Elemente. Zusätzlich kommt noch das Attribut *lsize* hinzu, welches die Anzahl der augenblicklich in der Liste befindlichen Elemente widerspiegelt.

Schauen wir uns nun den Konstruktor an:

```
DListe::DListe(void)
{
  lsize=0;
  first.next=&last;
  first.liste=this;
  last.previous=&first;
  last.liste=this;
}
```

lsize wird auf 0 gesetzt, da die beiden Dummy-Elemente offiziell nicht zur Liste gehören. Bei beiden Dummy-Knoten wird als »Brandzeichen« der Zeiger *liste* auf die Listen-Instanz gesetzt.

Als Nächstes müssen wir eine Methode implementieren, die einen Knoten in die Liste einfügt. Nennen wir die Methode *Link*. Da sie als Grundlage des Einfügens in die Liste dienen soll, wird sie privat deklariert. Die dem Benutzer zugänglichen Methoden, die später noch implementiert werden, greifen dann zum Einfügen auf *Link* zurück.

Dabei zeigt *pos* auf den Knoten, *vor* dem das neue Element eingefügt werden soll. k ist der einzufügende Knoten. Das Einfügen eines Elements wird im Übungteil von Kapitel 7 eingehender erläutert.

Der entsprechende C++-Quelltext sieht folgendermaßen aus:

```
bool DListe::Link(DLKnoten *pos, DLKnoten *k)
{
  if((k->liste)||(pos->liste!=this))
    return(false);
  k->next=pos;                  // 1
  k->previous=pos->previous;  // 2
  pos->previous->next=k;        // 3
  pos->previous=k;              // 4
  k->liste=this;
  ++lsize;
  return(true);
}
```

Zuerst wird überprüft, ob der einzufügende Knoten noch keiner Liste zugehörig ist und der Knoten *pos* auch wirklich zur Liste gehört. Danach werden die Zeiger entsprechend angepasst und der liste-Zeiger im neu eingefügten Knoten auf die Listen-Instanz gesetzt. Schließlich wird *lsize* noch um eins erhöht.

Als Nächstes müssen wir eine Umkehrfunktion zu Link implementieren, also eine Funktion, die ein beliebiges, in der Liste eingebundenes Objekt aus der Liste herauslöst. Nennen wir diese Funktion *Unlink*. Dabei zeigt der Funktionsparameter auf das Element, welches aus der Liste entfernt werden soll. Je nachdem, ob die Methode erfolgreich war oder nicht, gibt sie den Wert *true* oder *false* zurück.

```
bool DListe::Unlink(DLKnoten *k)
{
  if((k->liste!=this)||(k==&first)||(k==&last))
    return(false);
  k->liste=0;
  k->previous->next=k->next;
  k->next->previous=k->previous;
  k->next=k->previous=0;
  --lsize;
  return(true);
}
```

Zuerst wird überprüft, ob der Knoten überhaupt zur Liste gehört oder ob gar jemand versucht, eines der Dummy-Elemente zu entfernen.

Falls es für das Herauslösen keine Bedenken gibt, dann werden die entsprechenden Zeiger aktualisiert und *lsize* um eins vermindert.

Damit sind alle für die Funktionalität notwendigen Methoden implementiert. Allerdings hat unsere Liste noch ein kleines, wenn auch entscheidendes Manko: Sie kann nicht benutzt werden, weil noch keine öffentlichen Methoden vorhanden sind.

Wir wollen im Folgenden die in der Übung geforderten öffentlichen Methoden implementieren:

Im Gegensatz zu den *pull*-Funktionen aus unserer Template-Liste in Kapitel 7 sollen unsere Funktionen nicht nur das Element aus der Liste entfernen, sondern es auch als Rückgabewert zurückliefern.

```
bool DListe::push_back(DLKnoten &k)
{
  return(Link(&last, &k));
}

bool DListe::push_front(DLKnoten &k)
{
  return(Link(first.next, &k));
}
```

Zu den beiden *push*-Methoden muss eigentlich nicht mehr viel gesagt werden.

```
DLKnoten &DListe::pull_back(void)
{
  assert(lsize);
  DLKnoten *cur=last.previous;
  Unlink(cur);
  return(*cur);
}
```

Zuerst wird mit *assert* gesichert, dass die Liste nicht leer ist. Danach wird ermittelt, welcher Knoten entfernt werden muss. Dabei ist der letzte Knoten mit Nutzdaten immer der Vorgänger des Dummy-Elementes *last*.

Der so ermittelte Knoten wird dann aus der Liste ausgeklinkt und von der Methode zurückgeliefert.

```
DLKnoten &DListe::pull_front(void)
{
  assert(lsize);
  DLKnoten *cur=first.next;
  Unlink(cur);
  return(*cur);
}
```

pull_front ist anlog zu *pull_back* implementiert. Das erste Element, welches Nutzdaten enthält, ist immer dasjenige Element, welches dem Dummy-Element *first* folgt.

```
bool isEmpty(void) {return(lsize==0);}
```

Die Methode *isEmpty* steht in der Klassendefinition und ist damit implizit *inline*.

Den Quellcode der Lösung finden Sie auf der CD-ROM im Verzeichnis \KAP09\LOESUNG\LISTE\.

Lösung 6

In dieser Lösung wird die Klasse *proxy* genannt und im öffentlichen Bereich von *DateiImage* definiert:

```
    class proxy;
    friend class DateiImage::proxy;
    class proxy
      {
```

Zuerst wird die Klasse deklariert, um sie anschließend als Freund von *DateiImage* deklarieren zu können. *proxy* muss vor ihrer Definition als Freund von *DateiImage* deklariert werden, weil innerhalb von *proxy* auf private Elemente von *DateiImage* zugegriffen wird.

```
        friend class DateiImage;
        private:
          unsigned long index;
          DateiImage &datimg;
          proxy(DateiImage &d, unsigned long i)
            : datimg(d), index(i) {}
```

Zusätzlich wird *DateiImage* als Freund von *proxy* deklariert, damit innerhalb von *DateiImage* der private Konstruktor von *proxy* angesprochen werden kann.

```
public:

  operator char() const {return(datimg.CharRef(index));};
```

operator char

Wenn der Umwandlungsoperator *operator char* aufgerufen wird, dann findet ein lesender Zugriff auf die Proxy-Klasse statt. *proxy* braucht dann nichts weiter zu tun, als das Zeichen, für das die spezielle Instanz steht, von *DateiImage* auszulesen und zurückzuliefern. Wichtig ist hierbei, dass das Zeichen nicht mehr als Referenz, sondern als Kopie zurückgeliefert wird.

operator=

```
  proxy &operator=(const proxy &p){
    datimg.CharRef(index)=p.datimg.CharRef(p.index);
    datimg.changed=true;
    return(*this);
  }
```

Die *operator=*-Methode wird dann aufgerufen, wenn der Proxy-Klasse ein Zeichen zugewiesen wird. Da eine Instanz der Proxy-Klasse aber für ein spezielles, von *DateiImage* verwaltetes Zeichen steht, muss *operator=* dafür Sorge tragen, dass eben dieses Zeichen mit dem zugewiesenen Wert überschrieben wird. Dazu macht *proxy* von der Methode *CharRef* Gebrauch, die zu DateiImage hinzugefügt wurde, um die Funktionalität von *operator[]* zu übernehmen (Sie erinnern sich: *operator[]* wurde bisher immer als private Methode von den beiden *operator()*-Methoden verwendet. Da *operator[]* nun aber für den Benutzer zugänglich gemacht werden soll, brauchen wir eine neue Methode, die die alten Aufgaben übernimmt. Und das ist *CharRef*.)

Weil ein schreibender Zugriff stattgefunden hat, wird *changed* von *DateiImage* auf *true* gesetzt.

```
  proxy &operator=(char c){
    datimg.CharRef(index)=c;
    datimg.changed=true;
    return(*this);
  }
```

Diese Variante von *operator=* ist identisch mit der zuvor, nur dass hier ein konkretes Zeichen zugewiesen wird. Auch hier muss wegen des Schreibzugriffs *changed* auf *true* gesetzt werden.

```
  friend ostream &operator<<(ostream &ostr, const proxy &p)
  {
    ostr << (static_cast<char>(p));
    return(ostr);
  }
};
```

Damit die Proxy-Klasse bei einer Ausgabe das repräsentierende Zeichen liefert, ohne vorher explizit in *char* umgewandelt werden zu müssen, wurde noch eine eigene *operator<<*-Methode hinzugefügt.

Die von den beiden *operator=*-Methoden verwendete *CharRef*-Methode sieht wie folgt aus:

CharRef

```
char &DateiImage::CharRef(unsigned long b)
{
  if(b>=laenge) Error(b);

  if((b>=ausschnitt)&&(b<(ausschnitt+groesse)))
    return(mem[b-ausschnitt]);
  else
    {
      if(changed)
        {
          writeAusschnitt();
          changed=false;
        }
      ausschnitt=((PUFSIZE/2)>=b)?0:b-(PUFSIZE/2);
      readAusschnitt();
      return(mem[b-ausschnitt]);
    }
}
```

Im Grunde ist der Funktionsrumpf mit dem der früheren *operator[]*-Methode identisch und wird daher nicht noch einmal erklärt.

Wir müssen uns allerdings noch die neue *operator[]*-Methode ansehen:

```
DateiImage::proxy DateiImage::operator[](unsigned long b)
{
  return(proxy(*this,b));
}
```

operator[] gestaltet sich nun denkbar einfach. Es wird einfach eine Instanz von *proxy* erzeugt und zurückgeliefert, die mit den nötigen Informationen (um welches Zeichen in welcher *DateiImage*-Instanz es sich handelt) ausgestattet wird.

Den Quellcode der Lösung finden Sie auf der CD-ROM im Verzeichnis \KAP09\LOESUNG\DATEIIMG2\.

Lösung 7

```
class Sequenz
{
  private:
    Mem<unsigned char> seq;
    unsigned long laenge;

  public:
    class Allokationsfehler {};
    class Bereichsfehler {};
```

```
    Sequenz(const char*);
    Sequenz(unsigned long);
    Sequenz(unsigned char);
    operator unsigned long();
    operator unsigned char();
    unsigned char operator()(unsigned long);
    unsigned long Length(void) {return(laenge);}
};
```

Der Zugriff auf die einzelnen Elemente der Sequenz erfolgt über den ()-Operator, der es gewährleistet, dass die Sequenz nicht und damit auch nicht unkontrolliert verändert werden kann.

```
Sequenz::Sequenz(const char *s) : laenge(strlen(s)),seq(laenge)
{
  if(!laenge) throw(Bereichsfehler());
  for(unsigned long x=0;x<laenge;x++)
    seq[x]=s[x];
}
```

Die Initialisierung mit einem String ist denkbar einfach. Für den Fall, dass der Sting nicht leer sein sollte, wird er ohne Endekennung in den reservierten Speicher der Sequenz kopiert.

```
Sequenz::Sequenz(unsigned long w) : seq(4), laenge(4)
{
  seq[3]=(unsigned char)((w>>24)&255);
```

Wenn man einen 32-Bit-Wert 24-mal nach rechts verschiebt, dann stehen die acht hochwertigsten Bits an den Positionen, an denen vorher die niedrigwertigsten Bits standen. Um sicherzugehen, dass keine unerwünschten Bits bei der Verschiebung nach rechts in die frei gewordenen Positionen rücken, werden die 24 oberen Bits nochmal mit einem bitweisen UND (*&255*) ausmaskiert.

```
  seq[2]=(unsigned char)((w>>16)&255);
  seq[1]=(unsigned char)((w>>8)&255);
  seq[0]=(unsigned char)((w)&255);
}

Sequenz::Sequenz(unsigned char w) : seq(1), laenge(1)
{seq[0]=w;}
```

Der Konstruktor für *unsigned char* ist natürlich am einfachsten zu entwerfen.

```
Sequenz::operator unsigned char() {return(seq[0]);}

Sequenz::operator unsigned long()
{
  return(((seq[3])<<24)+((seq[2])<<16)+((seq[1])<<8)+(seq[0]));
}
```

```
unsigned char Sequenz::operator()(unsigned long p)
{
  if(p>=laenge) throw(Bereichsfehler());
  return(seq[p]);
}
```

Den Quellcode der Lösung finden Sie auf der CD-ROM im Verzeichnis \KAP09\LOESUNG\DATEIIMG2\.

Lösung 8

Schauen wir uns erst einmal eine vorläufige, aber leichter verständliche Variante der Suchfunktion an:

```
unsigned long DateiImage::Search(Sequenz &s, unsigned long p)
{
  unsigned long sl=s.Length();
  if(p+sl>laenge) throw(Bereichsfehler());
```

Sollten die übergebenen Parameter ein Überschreiten des Dateiendes zur Folge haben, dann wird ein Fehler aufgeworfen.

```
  unsigned long x,y;

  for(x=p;x<=laenge-sl;x++)
    {
      for(y=0;y<sl;y++)
        if(s(y)!=CharRef(x+y)) break;
      if(y==sl) break;
    }
```

Die äußere Schleife beginnt bei der übergebenen Startposition und endet zu dem Zeitpunkt, an dem beim letzten Schleifendurchlauf das Ende der zu suchenden Sequenz auf das Ende der Datei fällt. Die innere Schleife läuft die Sequenz von Anfang bis Ende durch und vergleicht die einzelnen Sequenz-Elemente mit den entsprechenden Elementen der Datei. Sollte eine Ungleichheit festgestellt werden, dann wird die innere Schleife abgebrochen, denn ein weiteres Vergleichen wäre unnötig. Die äußere Schleife wird abgebrochen, wenn die innere Schleife komplett durchlaufen wurde, denn das bedeutet, dass keine Ungleichheiten festgestellt wurden.

```
  if(y==sl) return(x);
  return(laenge);
}
```

Sollte die Sequenz gefunden worden sein, dann wird die Position zurückgegeben. Andernfalls wird die Länge der Datei als Position zurückgegeben. Da die Sequenz dort ja nie gefunden werden kann, gilt dieser Wert als günstiger Fehlerwert.

Nun kann man die zwei verschachtelten Schleifen auch in einer Schleife komprimieren. Das sieht dann so aus:

```
unsigned long DateiImage::Search(Sequenz &s, unsigned long p)
{
  long sl=s.size();
  if(p+sl>laenge) Error(p);
  unsigned long x;
  long y;

  for(x=p,y=0;(x<=laenge-sl)&&(y<sl);x++,y++)
    if(s(y)!=(CharRef(x))) {x-=y; y=-1;}
```

Die beiden Abbruchbedingungen der verschachtelten Schleifen aus der vorigen Variante wurden zu einer Bedingung zusammengefasst: Die Schleife bricht ab, wenn entweder das Ende der Datei oder eine Übereinstimmung gefunden wird.

Sollte während des Vergleichens der einzelnen Elemente eine Ungleichheit auftreten, dann muss der Index für die Datei so weit zurückgesetzt werden, dass beim nächsten Durchlauf die Startposition um eins weiter gerückt ist als die vorherige Startposition. Der Zeiger der Sequenz muss auf Null gesetzt werden, damit die Sequenz wieder von Beginn an auf Übereinstimmung mit dem aktuellen Bereich der Datei hin überprüft wird. Im Beispiel werden der Dateizeiger genau auf die vorige Startposition und der Sequenzzeiger eine Position vor dem Beginn der Sequenz (-1) gesetzt, weil das Inkrementieren der beiden Zeiger innerhalb der Schleife berücksichtigt werden muss.

```
if(y==sl) return(x-y);
  else return(laenge);
}
```

Der Rückgabewert ist genau wie in der vorigen Lösung davon abhängig, ob eine Übereinstimmung gefunden wurde oder nicht.

Den Quellcode der Lösung finden Sie auf der CD-ROM im Verzeichnis \KAP09\LOESUNG\DATEIIMG2\.

Lösung 9

```
class Karte
{
  friend ostream &operator<<(ostream&, const Karte&);
  private:
    static char *FARBE[];
    static char *BILD[];
    int typ;

  public:
    enum KFarbe{Karo=0,Herz,Pik,Kreuz};
```

```
    enum KBild{Sieben=0,Acht,Neun,
               Zehn,Bube,Dame,Koenig,As};

    Karte(int);
    Karte(int,int);

    KFarbe Farbe(void){return((KFarbe)(typ/8));}
    KBild Bild(void){return((KBild)(typ%8));}
    static const char *FarbeN(KFarbe f){return(FARBE[f]);}
    static const char *BildN(KBild b){return(BILD[b]);}
    operator int(){return(typ);}
};
```

Die Klasse enthält zwei statische Felder, über die später der Name der Farbe und des Bildes als String ermittelt werden kann.

Als Attribut ist *typ* vorhanden, der die Karte spezifiziert. Als Grundlage dient ein normales Kartenspiel mit 32 Karten. Es enthält vier verschiedene Farben zu jeweils acht Bildern. Das Attribut *typ* kann einen Wert von 0 bis 31 annehmen, wobei 0-7 die Bilder der Farbe »Karo« sind usw.

Es wurden zwei Konstruktoren entworfen, um einmal das Attribut *typ* direkt zu bestimmen oder *typ* über Farbe und Bild der Karte berechnen zu lassen.

Jeweils für die Farben und die Bilder wurde eine Aufzählung definiert, um Konstanten für die einzelnen Bezeichnungen zu haben.

Die Methoden *Farbe* und *Bild* berechnen jeweils die Farbe und das Bild der Karte.

FarbeN und *BildN* bestimmen die Farbe und das Bild als String. Da die beiden Methoden nicht speziell Farbe und Bild einer konkreten Instanz bestimmen, sondern von einem Parameter abhängig sind, wurden sie als *static* deklariert, um auf sie auch ohne Instanz zugreifen zu können. Folgende Schreibweise wird damit zulässig:

```
cout << Karte::FarbeN(Karte::Kreuz);
```

Statische Mehoden können auch über den Klassennamen angesprochen werden und müssen nicht über eine Instanz aufgerufen werden.

Die *operator int()*-Methode wurde überladen, um einen einfachen Zugriff auf *typ* zu besitzen.

```
char *Karte::FARBE[]={"Karo","Herz","Pik","Kreuz"};
char *Karte::BILD[]={"Sieben","Acht","Neun","Zehn","Bube",
                     "Dame","Koenig","As"};
```

Die Initialisierung der statischen Felder darf nicht in der Klassendeklaration stehen.

```
Karte::Karte(int t) : typ(t) {}
Karte::Karte(int f, int b) : typ(f*8+b) {}
```

Dies sind die beiden schon vorher erwähnten Konstruktoren.

```
ostream &operator<<(ostream &ostr, const Karte &k)
{
  ostr << k.FARBE[k.typ/8] << "-" << k.BILD[k.typ%8];
  return(ostr);
}
```

Der Ausgabe-Operator wurde ebenfalls überladen, um eine benutzergerechte Ausgabe zu ermöglichen.

Lösung 10

```
class Kartenspiel
{
  private:
    Karte *stapel[32];
    Karte *ablage[32];
    int stapels;
    int ablages;
    long mischfaktor;

  public:
    Kartenspiel(long);
    ~Kartenspiel();
    void Mischen();
    void AblageLeeren(void);
    Karte *GibKarte(void);
    void ZurAblage(Karte*);
};
```

Es wird jeweils ein Feld für den Stapel und die Ablage angelegt. Da ein Kartenspiel aus 32 Karten besteht, können in keinem Feld mehr als 32 Karten enthalten sein.

ablages und *stapels* geben an, wie viele Karten jeweils im Stapel und in der Ablage sind. Darüber hinaus stellen sie die Einfügeposition der nächsten Karte im Feld dar.

```
Kartenspiel::Kartenspiel(long m)
{
time_t tim;

  srand(time(&tim));

  for(int x=0; x<32; x++)
    stapel[x]=new Karte(x);
```

```
  stapels=32;
  ablages=0;
  mischfaktor=m;
  Mischen();
}
```

Der Konstruktor initialisiert die Zufallsfunktion mit der aktuellen Zeit, damit die Folge der Zufallszahlen nicht immer identisch ist. Dann werden die benötigten 32 Karten erzeugt und gemischt.

```
Kartenspiel::~Kartenspiel()
{
  while(stapels)
    delete(stapel[--stapels]);
  while(ablages)
    delete(ablage[--ablages]);
}
```

Der Destruktor gibt die auf dem Stapel und der Ablage befindlichen Karten frei.

```
void Kartenspiel::Mischen(void)
{
  int x1,x2;
  Karte *temp;
  long m=mischfaktor;

  while(m--)
    {
      x1=rand()%stapels;
      x2=rand()%stapels;

      temp=stapel[x1];
      stapel[x1]=stapel[x2];
      stapel[x2]=temp;
    }
}
```

Die Misch-Funktion basiert auf der Idee, dass man nur oft genug zwei zufällig gewählte Karten des Stapels vertauschen muss, um einen gut gemischten Stapel zu erhalten.

```
void Kartenspiel::AblageLeeren(void)
{
  while(ablages)
    stapel[stapels++]=ablage[--ablages];
  Mischen();
}
```

Die Methode *AblageLeeren* verschiebt alle in der Ablage befindlichen Karten in den Stapel und mischt ihn.

```
Karte *Kartenspiel::GibKarte(void)
{
  if(!stapels)
    {
      if(!ablages)
        return(0);
      else
        AblageLeeren();
    }
  return(stapel[--stapels]);
}
```

GibKarte holt eine Karte vom Stapel und benutzt sie als Rückgabeparameter. Sollte der Stapel leer sein, wird Nachschub von der Ablage geholt. Wenn auch die Ablage leer ist, kann keine Karte zurückgegeben werden.

```
void Kartenspiel::ZurAblage(Karte *k)
{
  ablage[ablages++]=k;
}
```

ZurAblage kopiert die übergebene Karte auf die Ablage.

Lösung 11

```
class Spieler
{
  friend ostream &operator<<(ostream&, const Spieler&);

  private:
    Kartenspiel &spiel;

  protected:
    char name[160];
    Karte *karten[32];
    int kartens;

    Spieler(Kartenspiel&);
    Karte *Entferne(int);

  public:
    ~Spieler();
    virtual void FragNamen(void)=0;
    virtual Karte *Bedienen(Karte*)=0;
    virtual Karte *Bedienen(Karte::KFarbe)=0;
    virtual Karte *Sieben(int);
```

```
    virtual Karte::KFarbe WuenschDirWas(void)=0;
    void ZiehKarten(int);
    int Kartenanzahl(void) {return(kartens);}
};
```

Damit auch die abgeleiteten Klassen einfach darauf zugreifen können, wurden der Name und das Karten aufnehmende Feld als geschützt deklariert.

All die Methoden, die sich beim menschlichen Spieler und dem Computer-Spieler unterscheiden, wurden als rein virtuelle Funktionen deklariert. Dadurch wird die Klasse abstrakt und kann deswegen nicht mehr abgeleitet werden. Zusätzlich ist gewährleistet, dass eine von *Spieler* abgeleitete Klasse alle rein virtuellen Funktion überladen muss, um nicht auch eine abstrakte Klasse zu sein.

```
Spieler::Spieler(Kartenspiel &ks) :spiel(ks)
{
  kartens=0;
}
```

Dem Konstruktor wird ein Zeiger auf das Kartenspiel übergeben, weil von ihm Karten zum Ziehen angefordert werden müssen.

```
Spieler::~Spieler()
{
  while(kartens)
    delete(karten[--kartens]);
}
```

Der Konstruktor gibt alle noch beim Spieler befindlichen Karten frei. Dieser Fall tritt nur beim Verlierer ein, denn er ist der Einzige, der nach Beendigung des Spiels noch Karten besitzt (deswegen hat er ja verloren).

```
void Spieler::ZiehKarten(int k)
{
  for(int x=0;x<k;x++)
    {
      Karte *temp=spiel.GibKarte();
      if(temp)
        karten[kartens++]=temp;
    }
}
```

Die Methode *ZiehKarten* holt die übergebene Anzahl an Karten vom Kartenspiel und speichert sie im Kartenfeld des Spielers.

```
Karte *Spieler::Entferne(int p)
{
  if(p==(kartens-1))
    return(karten[--kartens]);
```

```
  Karte *temp=karten[p];
  for(int x=p;x<(kartens-1);x++)
    karten[x]=karten[x+1];
  kartens--;
  return(temp);
}
```

Der Methode *Entferne* wird die Position der zu entfernenden Karte im Feld übergeben. Die entsprechende Karte wird dann entfernt und die entstandene Lücke durch Verschieben des rechten Feldteils geschlossen.

```
Karte *Spieler::Sieben(int a)
{
  for(int x=0;x<kartens;x++)
    if(karten[x]->Bild()==Karte::Sieben)
      break;

  if(x==kartens)
    {
      ZiehKarten(a);
      return(0);
    }

  return(Entferne(x));
}
```

Die Methode *Sieben* automatisiert die Reaktion auf eine Sieben. Besitzt der Spieler noch eine Sieben, dann wird automatisch mit ihr gekontert. Andernfalls wird die geforderte Anzahl an Karten gezogen.

```
ostream &operator<<(ostream &ostr, const Spieler &s)
{
  ostr << s.name;
  return(ostr);
}
```

Die überladene *operator<<*-Funktion gibt den Namen des Spielers aus.

Lösung 12

```
class MSpieler : public Spieler
{
public:
    MSpieler(Kartenspiel&);
    virtual void FragNamen(void);
    virtual Karte *Bedienen(Karte*);
    virtual Karte *Bedienen(Karte::KFarbe);
    virtual Karte::KFarbe WuenschDirWas(void);
};
```

Die Klasse *MSpieler* überlädt nur die rein-virtuellen Funktionen von *Spieler* und hat keine zusätzlichen Attribute oder Methoden.

```
MSpieler::MSpieler(Kartenspiel &ks) :Spieler(ks) {}
```

Der Konstruktor übergibt den Zeiger auf *Kartenspiel* an den Konstruktor der Basisklasse *Spieler*.

```
void MSpieler::FragNamen(void)
{
  cout << "Bitte Namen eingeben:";
  cin >> name;
}
```

Die Methode *FragNamen* fragt den Namen über die Tastatur ab. Es wird der >>-Operator als Eingabefunktion verwendet. Achten Sie also darauf, dass Sie nur einen Namen angeben, der nicht durch Leerzeichen getrennt ist.

```
Karte *MSpieler::Bedienen(Karte *k)
{
  int wahl;

  cout << "Sie besitzen folgende Karten:" << endl;
  for(int x=0;x<kartens;x++)
    cout << setw(2) << x+1 << " : " << *karten[x] << endl;
  cout << " 0 : Karte ziehen" << endl;
  do
    {
      cout << "Womit bedienen Sie:";
      cin >> wahl;
    } while((wahl<0)||(wahl>kartens)||((wahl!=0)&&
            (karten[wahl-1]->Farbe()!=k->Farbe())&&
            (karten[wahl-1]->Bild()!=k->Bild())&&
            (karten[wahl-1]->Bild()!=Karte::Bube)));

  if(wahl==0)
    {
      ZiehKarten(1);
      return(0);
    }

  return(Entferne(wahl-1));
}
```

Die Funktion listet alle vorhandenen Karten auf und bittet den Spieler um eine Wahl. Die zu wählende Karte muss entweder die gleiche Farbe oder das gleiche Bild haben. Ein Bube kann auch ausgewählt werden, weil er auf alles gelegt werden kann. Hat man keine passende Karte, muss man »Karte ziehen« wählen. Es wird dann eine Karte vom Stapel geholt und der nächste Spieler ist an der Reihe.

```
Karte *MSpieler::Bedienen(Karte::KFarbe f)
{
  int wahl;

  cout << "Sie besitzen folgende Karten:" << endl;
  for(int x=0;x<kartens;x++)
    cout << setw(2) << x+1 << " : " << *karten[x] << endl;
  cout << " 0 : Karte ziehen" << endl;
  do
    {
      cout << "Womit bedienen Sie:";
      cin >> wahl;
    } while((wahl<0)||(wahl>kartens)||((wahl!=0)&&
           (karten[wahl-1]->Farbe()!=f)&&
           (karten[wahl-1]->Bild()!=Karte::Bube)));

  if(wahl==0)
    {
      ZiehKarten(1);
      return(0);
    }

  return(Entferne(wahl-1));
}
```

Diese *Bedienen*-Funktion wird aufgerufen, falls man einen Farbwunsch geäußert hat[1]. Auf diesen Wunsch kann man nur mit der passenden Farbe oder einem Buben reagieren. Andernfalls muss man eine Karte ziehen.

```
Karte::KFarbe MSpieler::WuenschDirWas(void)
{
  int wahl;
  cout << "Wuenschen Sie sich eine Farbe:" << endl;
  for(int x=0;x<4;x++)
    cout << setw(2) << x+1 << " : " <<
Karte::FarbeN((Karte::KFarbe)(x)) << endl;
  do
    {
      cout << "Welche Farbe:";
      cin >> wahl;
    } while((wahl<1)||(wahl>4));
    return((Karte::KFarbe)(wahl-1));
}
```

Die Funktion *WuenschDirWas* lässt den Spieler eine der vier Farben auswählen. Diese Farbe muss dann als nächste abgelegt werden.

---

1. Wenn man einen Buben ablegt, darf man sich die Farbe wünschen, die als Nächstes abgelegt werden muss.

Lösung 13

```
class CSpieler : public Spieler
{
  private:
    static int cspielers;
    int cmpnr;

  public:
    CSpieler(Kartenspiel&);
    virtual void FragNamen(void);
    virtual Karte *Bedienen(Karte*);
    virtual Karte *Bedienen(Karte::KFarbe);
    virtual Karte::KFarbe WuenschDirWas(void);
};
```

Weil man den Computer nicht nach einem Namen fragen kann, muss man bei der Computer-Spieler-Klasse einen anderen Weg gehen. Als Lösung wurde ein statisches Attribut eingeführt, welches mitzählt, wie viele Computer-Spieler existieren. Dementsprechend werden die Computer-Spieler dann »Computer-Spieler 1« usw. genannt.

```
int CSpieler::cspielers=0;
```

Dies ist die Initialisierung des statischen Attributs.

```
CSpieler::CSpieler(Kartenspiel &ks) : Spieler(ks)
{
  cspielers++;
  cmpnr=cspielers;
}
```

Der Konstruktor gibt den Zeiger auf das Kartenspiel – genau wie der *MSpieler*-Konstruktor – an die Basisklasse weiter.

Zusätzlich erhöht er aber die Anzahl der vorhandenen Computer-Spieler und weist diesem Spieler konkret eine Nummer zu.

```
void CSpieler::FragNamen(void)
{
  sprintf(name,"Computer-Spieler %i",cmpnr);
}
```

Anhand der Nummer des Computer-Spielers wird sein Name generiert.

```
Karte *CSpieler::Bedienen(Karte *k)
{

  for(int x=0;x<kartens;x++)
    if((karten[x]->Farbe()==k->Farbe())||
       (karten[x]->Bild()==k->Bild())||
       (karten[x]->Bild()==Karte::Bube))
      break;
```

```
  if(x==kartens)
    {
      ZiehKarten(1);
      return(0);
    }

  return(Entferne(x));
}
```

Die *Bedienen*-Funktion des Computer-Spielers sucht die erste passende Karte und legt sie ab. Gibt es keine passende Karte, dann zieht er eine.

```
Karte *CSpieler::Bedienen(Karte::KFarbe f)
{

  for(int x=0;x<kartens;x++)
    if((karten[x]->Farbe()==f)||
       (karten[x]->Bild()==Karte::Bube))
      break;

  if(x==kartens)
    {
      ZiehKarten(1);
      return(0);
    }

  return(Entferne(x));
}
```

Für diese *Bedienen*-Funktion gilt das Gleiche. Nur ist hier das Suchkriterium enger[1].

```
Karte::KFarbe CSpieler::WuenschDirWas(void)
{
  return(karten[0]->Farbe());
}
```

Die Funktion *WuenschDirWas* wünscht sich einfach die Farbe der ersten Karte im Kartenfeld des Computer-Spielers.

Die für den Computer-Spieler implementierten Methoden sind sehr einfach aufgebaut. Sie versetzen den Computer aber in die Lage, am Mao-Mao-Spiel teilzunehmen.

Es können allerdings seltsame Verhaltensweisen auftreten (z.B. dass er sich eine Farbe wünscht, die vorher schon da war). Sie werden aber auch feststellen, dass der Computer trotz dieser simplen »Algorithmen« nicht gerade selten gewinnt. Dies zeigt, wie sehr Kartenspiele zu den Glücksspielen zählen.

1. Weil durch einen Buben eine Farbe vorgegeben ist.

Falls Sie Interesse haben, können Sie eine weitere Klasse von Spieler ableiten, die sich intelligenter am Spiel beteiligt.

Lösung 14

```
class MaoMao
{
  private:
    Kartenspiel *kspiel;
    Karte *oberste;
    Spieler *spieler[6];
    int spielers;
    void Entferne(int);

  public:
    MaoMao(void);
    ~MaoMao();
    void Spielen(void);

};

MaoMao::MaoMao(void)
{
  kspiel=new Kartenspiel(1000);
  cout << "Wie viele Computer-Spieler:";
  cin >> spielers;
  spielers++;

  spieler[0]=new MSpieler(*kspiel);
  for(int x=1;x<spielers;x++)
    spieler[x]=new CSpieler(*kspiel);

  oberste=kspiel->GibKarte();
  for(x=0;x<spielers;x++)
    {
      spieler[x]->FragNamen();
      spieler[x]->ZiehKarten(5);
    }
}
```

Der Konstruktor legt ein Kartenspiel an und fragt nach der Anzahl der Computer-Spieler. Nachdem alle Spieler erzeugt wurden, wird jeder nach seinem Namen gefragt und aufgefordert, fünf Karten zu ziehen[1].

```
MaoMao::~MaoMao(void)
{
  delete(kspiel);
  for(int x=0;x<spielers;x++)
```

1. Am Anfang des Spiels startet jeder Spieler mit fünf Karten.

```
    delete(spieler[x]);

}
```

Der Destruktor löscht das Kartenspiel und alle noch vorhandenen Spieler.

```
void MaoMao::Entferne(int p)
{
  if(p==(spielers-1))
    {
      delete(spieler[--spielers]);
      return;
    }

  delete(spieler[p]);
  for(int x=p;x<(spielers-1);x++)
    spieler[x]=spieler[x+1];
  spielers--;
}
```

Die Methode *Entferne* entfernt einen beliebigen Spieler aus der Liste. Diese Methode wird benötigt, wenn mehr als zwei Spieler spielen und einer der Spieler gewonnen hat. Der Sieger wird dann aus dem Spiel entfernt und die restlichen Spieler spielen um den zweiten Platz.

Die nun folgende Methode verwaltet den kompletten Spielablauf:

```
void MaoMao::Spielen(void)
{
  int aktspieler=0;
  int ziehkarten=0;
  Karte::KFarbe wunschfarbe=oberste->Farbe();
  Karte *neue=oberste;

  if(oberste->Bild()==Karte::Sieben)
    ziehkarten=2;
  if(oberste->Bild()==Karte::Bube)
    wunschfarbe=spieler[aktspieler]->WuenschDirWas();
  if(oberste->Bild()==Karte::Acht)
    aktspieler++;
```

Noch bevor ein Spieler eine Karte abgelegt hat, wird die Karte, die zu Anfang aufgedeckt wird, ausgewertet.

Für den Fall, dass es eine Sieben ist, wird der erste Spieler direkt mit ihr konfrontiert. Ist es eine Acht, dann wird der erste Spieler übersprungen. Ist es ein Bube, dann darf sich der erste Spieler eine Farbe wünschen.

Die folgende Schleife läuft so lange, wie noch mehr als ein Spieler am Spiel teilnimmt:

```
  while(spielers>1)
    {
      cout << endl << "Oberste Karte : " << *oberste << ".";

      if(oberste->Bild()==Karte::Bube)
        {
          cout << "  Gewuenschte Farbe : " <<
Karte::FarbeN(wunschfarbe) <<
            ".";
        }
      cout << endl;

      cout << "An der Reihe ist Spieler " << *spieler[aktspieler] <<
        " (" << spieler[aktspieler]->Kartenanzahl() << " Karten)" <<
endl;
```

Es wird ausgegeben, welche Karte aufgedeckt ist und welcher Spieler an der Reihe ist. Zusätzlich wird noch angegeben, wie viele Karten der Spieler noch »auf der Hand« hat, denn diese Information hat man in einem realen Spiel für gewöhnlich auch.

Sollte noch ein mit Hilfe eines Buben geäußerter Farbwunsch aktiv sein, so wird dieser auch mit ausgegeben.

```
      if((neue)&&(neue->Bild()==Karte::Sieben))
        {
          neue=spieler[aktspieler]->Sieben(ziehkarten);
          if(!neue)
            {
              cout << "Spieler " << *spieler[aktspieler] << " musste "
<<
                   ziehkarten << " Karten ziehen." << endl;
              ziehkarten=0;
            }

        }
```

War die zuletzt neu aufgedeckte Karte eine Sieben, dann wird der aktuelle Spieler damit konfrontiert. Entweder er kontert, oder er zieht Karten.

```
      else
        {
          switch(oberste->Bild())
            {
              case Karte::Bube:
                neue=spieler[aktspieler]->Bedienen(wunschfarbe);
                break;

              default:
```

```
            neue=spieler[aktspieler]->Bedienen(oberste);
            break;
        }
    }
```

Die *switch*-Anweisung unterscheidet, ob es sich bei der zu bedienenden Karte um eine normale oder um einen Buben handelt. Entsprechend wird die richtige *Bedienen*-Methode aufgerufen.

```
    if(spieler[aktspieler]->Kartenanzahl()==0)
      {
       cout << "Spieler " << *spieler[aktspieler] <<
         " hat das Spiel beendet!!" << endl;
       Entferne(aktspieler);
       aktspieler%=spielers;
      }
```

Wenn der aktuelle Spieler keine Karten mehr besitzt, also gerade seine letzte Karte abgelegt hat, dann hat er gewonnen und wird aus dem Spiel entfernt. Befinden sich noch mehr als zwei Spieler im Spiel, dann wird das Spiel fortgesetzt.

```
    if(neue)
      {
       if(neue->Bild()==Karte::Bube)
         {
          wunschfarbe=spieler[aktspieler]->WuenschDirWas();
          cout << "Spieler " << *spieler[aktspieler] << " hat sich
" <<
                Karte::FarbeN(wunschfarbe) << " gewuenscht." <<
endl;
         }
```

Hat der Spieler einen Buben aufgedeckt, so wird er dazu aufgefordert, einen Farbwunsch zu äußern.

```
       if(neue->Bild()==Karte::Acht)
         aktspieler++;
```

Ist es eine Acht gewesen, so wird der nächste Spieler übersprungen.

```
       if(neue->Bild()==Karte::Sieben)
         ziehkarten+=2;
```

Wenn es eine Sieben war, dann erhöht sich für den nächsten Spieler die Zahl der zu ziehenden Karten um zwei, wenn er nicht kontern kann.

```
       spiel->ZurAblage(oberste);
       oberste=neue;
      }
```

Zum Schluss wird die vom Spieler abgelegte Karte die oberste Karte. Diese muss dann wiederum der nächste Spieler bedienen.

```
      else
        {
          cout << "Spieler " << *spieler[aktspieler] <<
            " konnte nicht bedienen." << endl;
        }

      aktspieler=(aktspieler+1)%spielers;
    }
}
```

Den Quellcode des kompletten Mao-Mao-Spiels finden Sie auf der CD-ROM im Verzeichnis \KAP09\LOESUNG\MAOMAO\.

10 Rekursion und Backtracking

Rekursive Lösungen zeichnen sich dadurch aus, dass ein großes Problem in Teilprobleme zerlegt wird, die mit dem Hauptproblem nahezu identisch sind. Diese Zerlegung wird so lange durchgeführt, bis die triviale Lösung erreicht ist. Schauen wir uns dazu das Beispiel der Fakultät an.

Die Fakultät von *a*, auch *a!* geschrieben, wird berechnet, indem alle Zahlen von 1 bis a miteinander multipliziert werden. Die Fakultät von 4 (4!) wäre damit 1*2*3*4=24. Eine Besonderheit ist 0!, denn sie ergibt 1.

Die triviale Lösung der Fakultät ist 1! und 0!, denn sie ergibt 1. Schauen wir uns zunächst eine iterative Lösung[1] des Problems an:

```
long fakultaet(long x)
{
  if(x<0)  return(0);
  if(x<2)  return(1);

long f=1;

  while(x>1)
    f*=x--;

  return(f);
}
```

Den Quellcode finden Sie auf der CD-ROM unter \KAP10\BEISPIEL\01.CPP.

Wir hatten in einem früheren Kapitel schon einmal eine ähnliche Übung, bei der nicht das Produkt der Zahlen, sondern die Summe gebildet werden musste.

Mathematisch formuliert, sieht die rekursive Lösung so aus:

```
x! = x* (x-1)! , mit 0! = 1
```

Man erkennt sofort die Vereinfachung. Die Fakultät von x wird berechnet durch x multipliziert mit der Fakultät von (x-1). Dann muss die Fakultät von (x-1) berechnet werden usw., bis schließlich die triviale Lösung erreicht ist: Die Fakultät von 1. Als rekursive Funktion sieht das so aus:

```
long rekfakultaet(long x)
{
  if(x<0)  return(0);
  if(x==0)  return(1);
```

1. Man bezeichnet Lösungen als iterativ, wenn sie zur Lösung des Problems keine Rekursion, sondern Schleifen verwenden.

```
  return( x * rekfakultaet(x-1) );
}
```

Den Quellcode finden Sie auf der CD-ROM unter \KAP10\BEISPIEL\02.CPP.

10.1 Backtracking

Kommen wir nun zu einem Problemlöseverfahren, welches sich meist sehr einfach mit Hilfe der Rekursion implementieren lässt. Es geht um das so genannte Backtracking, was zu Deutsch so viel wie »Rückverfolgung« bedeutet.

Backtracking ist ein einfaches Verfahren, alle Möglichkeiten einer Situation durchzuspielen.

Dame-Problem

Als Beispiel für Backtracking werden wir hier das so genannte Dame-Problem besprechen. Es geht um die Dame beim Schach. Wenn Sie mit den Regeln des Schach-Spiels vertraut sind, wissen Sie, dass die Dame von ihrer aktuellen Position aus beliebig viele Felder in horizontaler, vertikaler oder diagonaler Richtung gehen kann. Das bedeutet, dass eine Figur, die auf der gleichen Spalte, Reihe oder Diagonalen mit einer Dame steht, von dieser Dame bedroht wird. Das Dame-Problem lautet nun folgendermaßen:

Wie müssen acht Damen auf dem Schachbrett verteilt werden, dass keine Dame eine andere bedroht?

Dieses Problem ist nicht allzu schwierig. Mit ein bisschen Ausprobieren dürfte die Lösung leicht gefunden werden. Wie jedoch müsste man einen Computer programmieren, damit er die Lösung findet? Gehen wir den Lösungsgedanken einmal Schritt für Schritt durch.

Zuerst müssen wir uns eine Methode überlegen, wie wir das Spielfeld im Computer repräsentieren, denn irgendwie müssen wir die Damen ja auch setzen und verschieben können.

Wenn wir uns die Regeln anschauen, nach denen sich Damen bewegen, fällt eins auf: Sollten sich zwei Damen auf der gleichen Zeile oder Spalte befinden, können wir nicht mehr zu einer Lösung finden, da die beiden Damen sich gegenseitig bedrohen würden. Das bedeutet, dass pro Zeile oder Spalte nur eine Dame stehen darf, um überhaupt zu einer Lösung zu kommen.

Daher reicht es voll aus, wenn wir ein eindimensionales Feld der Größe 8 benutzen, welches für die Spalten steht. Der Wert einer Spalte gibt die Position der Dame auf der Spalte an, wobei eine 0 bedeutet, dass noch keine Dame gesetzt wurde.

Nachdem das Problem der Datenstruktur gelöst ist, müssen wir uns überlegen, wann das gesamte Problem gelöst ist. Wir haben dann eine Lösung, wenn sich alle acht Damen auf dem Spielfeld befinden und keine Dame eine andere bedroht. Also schreiben wir zunächst eine Funktion, die das Spielfeld daraufhin untersucht, ob irgendwelche Bedrohungen vorhanden sind:

```
int collide(int *feld)
{
int x,y;
  for(x=0;x<7;x++)
    if(feld[x])
      for(y=x+1;y<8;y++)
        {
          if(feld[y])
            {
              if(feld[x]==feld[y]) return(1);
              if(abs(x-y)==abs(feld[x]-feld[y])) return(1);
            }
        }
  return(0);
}
```

Aufgrund der internen Repräsentation des Spielfeldes ist es unmöglich, dass sich zwei Damen in derselben Spalte befinden. Es muss allerdings noch untersucht werden, ob sich zwei Damen in derselben Reihe oder in derselben Diagonalen befinden.

Die *Dame*-Funktion selbst, in der der Backtracking-Algorithmus realisiert ist, sieht so aus:

```
int Dame(int *feld,int pos)
{
int x=1;

  while(x<=8)
    {
      feld[pos]=x;
      if(!collide(feld))
        {
          if(pos)
            {
              if(Dame(feld,pos-1)) return(1);
            }
          else
            {
              return(1);
            }
        }
      x++;
    }
  feld[pos]=0;
  return(0);
}
```

Dame wird von *main* aus mit der letzten Spalte als Parameter aufgerufen. Deswegen platziert die Funktion die letzte Dame zuerst. Dann wird überprüft, ob eine Bedrohung vorhanden ist. Es kann natürlich keine vorhanden sein, denn es ist ja die erste Dame. Sollte die Funktion nicht gerade die letzte Spalte – also Spalte 0 – bearbeiten, ruft sie sich selbst mit der nächstniedrigeren Spalte auf. Dort wird die Dame ebenfalls in die erste Reihe gesetzt. Nun ist eine Bedrohung vorhanden, also wird die Dame in die zweite Reihe versetzt. Dort wird ebenfalls bedroht, so dass sie in die dritte Reihe verschoben wird. Dort besteht keine Bedrohung mehr und die nächste Spalte wird bearbeitet. Sollten bei einer Spalte alle acht Reihen bedroht sein, wird die Dame dieser Spalte weggenommen und die Funktion gibt 0 zurück, um der vorherigen Spalte mitzuteilen, dass sie ihre Dame um eine Reihe nach unten verschieben soll usw.

Auf diese Weise muss zwangsläufig irgendwann eine Platzierung der Damen durchlaufen werden, bei der keine Bedrohung vorhanden ist. Und damit haben wir das Problem gelöst.

Um die Lösung vollständig abzudrucken, hier noch die *main*-Funktion:

```
int main()
{

int feld[8],x;

  for(x=0;x<8;x++) feld[x]=0;
  Dame(feld,7);
  for(x=0;x<8;x++)
    cout << "Dame " << x+1 << " : (" <<
    x+1 << ";" << feld[x] << ")" << endl;
}
```

Den Quellcode der kompletten Lösung finden Sie auf der CD-ROM unter \KAP10\BEISPIEL\03.CPP.

10.2 Übungen

Übung 1

Schreiben Sie eine Funktion *long rekfibo(long)*, die auf rekursive Weise die Fibonacci-Zahlen bestimmt. Die ersten Fibonacci-Zahlen sind 1, 1, 2, 3, 5, 8, 13. F(1) und F(2) sind gleich 1. Alle anderen Fibonacci-Zahlen bilden sich aus der Summe ihrer beiden Vorgänger.

Schreiben Sie zusätzlich eine *main*-Funktion, die die ersten 20 Fibonacci-Zahlen ausgibt.

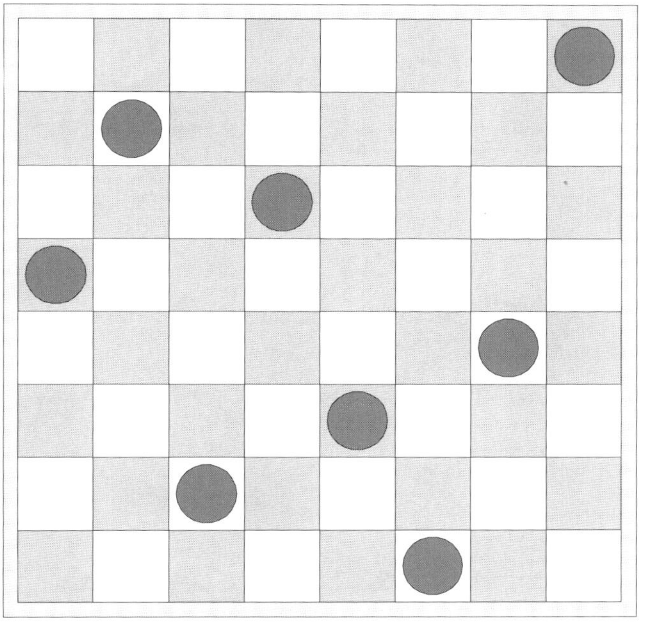

Abbildung 10.1: Eine Lösung des Dame-Problems

Übung 2

Programmieren Sie eine Funktion *rekhanoi*, die auf rekursive Weise Lösungen für das Spiel »Türme von Hanoi« liefert. Die Anzahl der verwendeten Scheiben soll dabei variabel gehalten werden.

Übung 3

Das Spiel »Türme von Hanoi« besteht aus drei Stangen A, B und C. Auf Stange A befindet sich ein Turm von n Scheiben. Die Scheiben werden von unten nach oben hin immer kleiner.

Nun müssen Sie den Turm von A nach C transportieren. Sie dürfen dabei Stange B als Hilfsmittel verwenden. Sie müssen drei Regeln beachten:

- Es darf immer nur eine Scheibe auf einmal bewegt werden.
- Es darf immer nur die oberste Scheibe einer Stange genommen werden.
- Es darf nie eine größere Scheibe auf einer kleineren liegen, nur kleinere auf größeren.

Abbildung 10.2 zeigt die Lösung für drei Scheiben.

Die erzeugten Lösungen sollen eine konkrete Anleitung dafür sein, von welcher Stange eine Scheibe auf welche andere Stange wechseln soll. Schreiben Sie dazu eine *main*-Funktion, die *rekhanoi* bedienbar macht.

Abbildung 10.2: »Türme von Hanoi«. Lösung für drei Scheiben

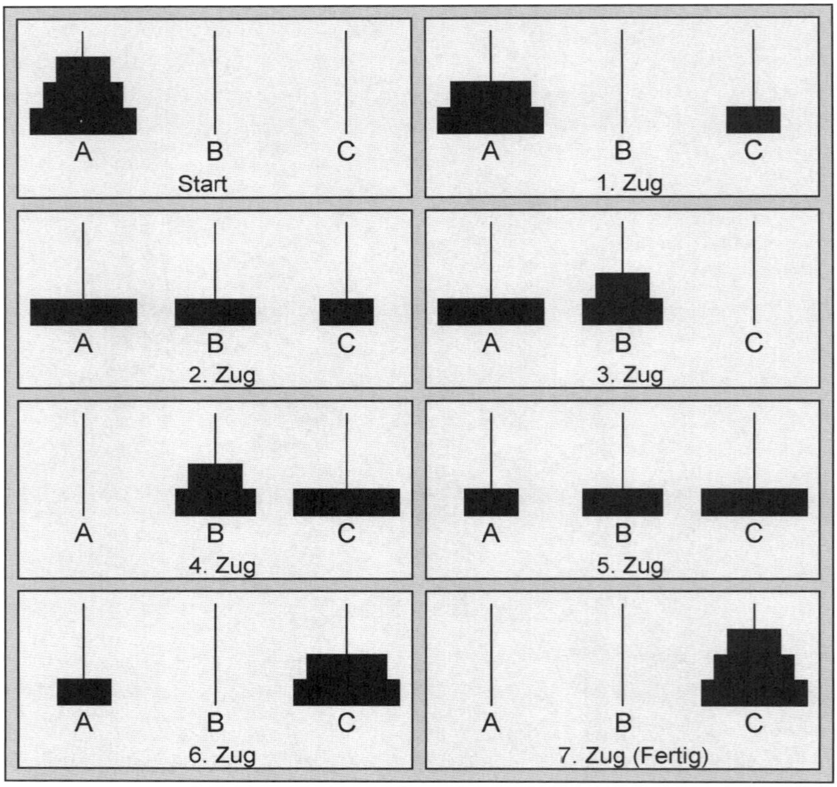

Um die häufig angekreideten Geschwindigkeitsnachteile[1] rekursiver Funktionen zu vermeiden, gibt es die Möglichkeit, rest-rekursive-Funktionen zu programmieren. Rest-rekursive Funktion zeichnen sich durch folgende Merkmale aus:

- Der Rückgabewert eines rekursiven Aufrufs wird nicht für Berechnungen benutzt.
- Hinter dem rekursiven Aufruf folgen keine Anweisungen mehr.
- Der rekursive Aufruf steht unmittelbar innerhalb einer *return*-Anweisung.

Besitzt eine rekursive Funktion diese Merkmale, dann muss kein Stack aufgebaut werden und die Laufzeit der Funktion entspricht einer iterativen Lösung.

Ihre Aufgabe ist es nun, eine rest-rekursive Funktion für die Berechnung der Fakultät zu schreiben.

1. Es müssen ständig Funktionsparameter übergeben werden. Diese Parameter sowie die Rücksprungadresse müssen bei einem weiteren Aufruf auf den Stack geschrieben werden.

Übung 4

Schreiben Sie eine Funktion namens *reversstring*, der Sie einen String übergeben, der dann rückwärts ausgegeben wird. Die Funktion soll rekursiv programmiert sein. Der umgedrehte String muss nicht in einem anderen gespeichert werden. Die bloße Ausgabe desselben reicht aus.

Schreiben Sie eine *main*-Funktion, um *reversstring* überprüfen zu können.

Übung 5

Wir haben in den Erklärungen zum Backtracking das Dame-Problem und seine Lösung kennen gelernt. Schreiben Sie die Funktion *Dame* mitsamt der *main*-Funktion so um, dass nicht nur die erste Lösung, sondern alle möglichen Lösungen ausgegeben werden. Wie viele Lösungen gibt es?

Übung 6

Das Dame-Problem ist Ihnen mittlerweile bestens vertraut. Schreiben Sie nun die *Dame*-Funktion, welche eine Lösung des Problems lieferte[1], so um, dass sie nicht mehr rekursiv, sondern iterativ arbeitet.

Übung 7

Schreiben Sie ein Programm, welches das so genannte »Springer-Problem« löst.

Der Springer im Schachspiel kann bei einem Zug immer zuerst ein Feld horizontal oder vertikal und dann ein Feld diagonal gehen. Der Springer steht zu Anfang in der unteren linken Ecke. Er muss nun so über das Schachbrett springen, dass er auf jedem Feld genau einmal war. Er darf kein Feld auslassen und er darf auf kein Feld zweimal springen. Die Position des zuletzt angesprungenen Feldes ist egal.

Ihr Programm soll die Sprungfolge einer Lösung ausgeben. Entwerfen Sie das Programm so, dass der Benutzer vorher die Spielfeldgröße eingeben kann (Anzahl der Zeilen und Anzahl der Spalten getrennt, so dass auch rechteckige Spielfelder vom Programm bearbeitet werden können). Des Weiteren soll das Programm in der Lage sein zu erkennen, wenn es keine Lösung gibt. Benutzen Sie zur Lösung die dynamische Speicherverwaltung und das Backtracking.

Übung 8

Die nun folgende Aufgabe ist ein wenig komplexer. Und zwar geht es um das bekannte Tic-Tac-Toe-Spiel. Es wird auf einem 3*3 Felder großen Spielfeld gespielt. Ein Spieler setzt Kreuze, der andere Kreise. Ziel des Spiels ist es, drei

1. Es handelt sich hierbei um die Funktion, welche bei den Erklärungen zum Backtracking vorgestellt wurde.

seiner Zeichen in eine Reihe zu bekommen. Eine Reihe kann horizontal, vertikal oder diagonal gebildet werden. Die Steine dürfen auf ein beliebiges freies Feld gesetzt werden. Abbildung 10.4 zeigt den Ablauf eines typischen Tic-Tac-Toe-Spiels.

Abbildung 10.3: Eine Zugfolge bei Tic-Tac-Toe

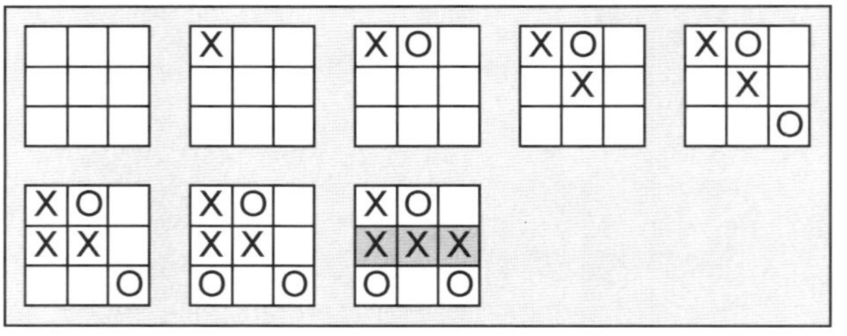

Ihre Aufgabe soll nun sein, dieses Spiel zu programmieren, und zwar so, dass man es gegen den Computer spielt. Natürlich sollte der Computer so gut wie möglich spielen. Wir legen hier fest, dass derjenige, der die Kreuze spielt, immer anfängt. Deshalb soll am Anfang gefragt werden, ob der menschliche Spieler die Kreuze oder die Kreise spielen möchte.

Anhand dieser Wahl soll der Computer nun die Züge des Spiels vorausberechenen, und zwar so, dass er möglichst nicht verliert[1]. Die berechneten Züge sollen in einem Baum abgelegt werden und während des Spiels zufällig ausgewählt werden. Zufällig soll hier jedoch nicht heißen, dass er einen schlechteren Zug auswählt, obwohl es bessere gibt. Der Zufall soll sich auf die besten Züge beschränken.

Implementieren Sie dazu eine Klasse *TTTKnoten*, die einem Zug entspricht. Die Züge sollen von einer Klasse *TTTBaum* verwaltet werden, die als Freund von *TTTKnoten* deklariert werden soll.

10.3 Tipps

Tipp zu 2

- Überlegen Sie sich, wie Sie das Problem in der folgenden Art vereinfachen können: »Einen Turm mit n Scheiben verschiebe ich, indem ich ... und dann einen n-1 Scheiben großen Turm verschiebe und dann ...«

Tipps zu 3

- Da rest-rekursive Funktionen, sobald sie die tiefste Rekursionsstufe erreicht haben, im Allgemeinen ohne eine weitere Anweisung auszuführen wieder

1. Genau genommen wird das Spiel bei einigermaßen aufmerksamen Spielern immer unentschieden ausgehen.

aus der Rekursion heraussteigen, muss die Berechnung der Fakultät beim Hinabsteigen in die Rekursion ausgeführt werden.

- Häufig hat die Umwandlung in eine rest-rekursive Funktion einen weiteren Funktionsparameter zur Folge.

Tipps zu 5

- Sie müssen herausfinden, an welcher Stelle die Lösung ausgegeben werden muss.
- Nachdem die erste Lösung gefunden wurde, darf die Suche nach Lösungen nicht wieder von vorne beginnen.

Tipps zu 6

- Die Rekursion muss durch mindestens eine Schleife ersetzt werden.
- Die Funktionsparameter der rekursiven Funktion werden in der iterativen Lösung zu lokalen Variablen bzw. Zählvariablen.

Tipps zu 7

- Als Erstes müssen Sie eine gute Repräsentation des Spielfeldes finden.
- Achten Sie darauf, dass der Springer nicht außerhalb des Spielfeldes positioniert wird (Bereichsüberschreitung!).
- Versuchen Sie den Springer mit möglichst wenigen Abfragen in seinen Spielfeldgrenzen zu halten. Je mehr Anweisungen, desto mehr Rechenzeit. Und gerade Backtracking-Algorithmen werden meist mehrere Millionen Male durchlaufen.

Tipps zu 8

- Während es bei den bisherigen Backtracking-Algorithmen nur um ein Ausprobieren ging, kommt bei dieser Übung auch noch ein Bewerten der Situation hinzu.
- Sie müssen zuerst alle möglichen Zugfolgen, die im Spiel auftreten können, durchlaufen und registrieren. Überlegen Sie sich eine gute Datenstruktur.
- Als Datenstruktur eignet sich am besten ein Baum, wobei jeder Knoten des Baumes einer Spielkonstellation entspricht.
- Bedenken Sie, dass der Computer immer den besten Zug ermitteln sollte. Andersherum ist der beste Zug des Gegners derjenige Zug, der dem Computer am meisten schadet.

10.4 Lösungen

Lösung 1

```
long rekfibo(long x)
{
  if(x<3)  return(1);
  return( rekfibo(x-1) + rekfibo(x-2) );
}
```

Den Quellcode der Lösung finden Sie auf der CD-ROM unter \KAP10\LOESUNG\01.CPP.

Die Lösung ist sehr einfach. Es ist quasi die direkte Umsetzung von $F_X = F_{X-1} + F_{X-2}$, mit den Ausnahmen $F_1 = F_2=1$

Als Letztes fehlt noch die *main*-Funktion:

```
int main()
{
long x;

  for(x=1;x<=20;x++)
    cout << "F(" << x << ")=" << rekfibo(x) << endl;
}
```

Lösung 2

Als Erstes muss die Rekursivität der Lösung erkannt werden. Das Lösungsschema sieht folgendermaßen aus. Wir bewegen einen Turm mit n Scheiben von A über B nach C, indem wir

- einen (n-1) Scheiben großen Turm von A über C nach B legen.
- die verbleibende Scheibe von A nach C legen (triviale Lösung).
- den (n-1) Scheiben großen Turm von B über A nach C legen.

In eine Funktion umgesetzt, kommt Folgendes heraus:

```
void rekhanoi(int x, char a, char b, char c)
{
  if(x==1)
    {
      cout << "Eine Scheibe von " << a <<
      " nach " << c << " legen." << endl;
      return;
    }

  rekhanoi(x-1, a, c, b);
  rekhanoi(1, a, b, c);
```

```
  rekhanoi(x-1, b, a, c);
}
```

Der erste Parameter gibt die Anzahl der Scheiben an. Die drei *char*-Parameter bedeuten in gegebener Reihenfolge Startscheibe, Zielscheibe, Hilfsscheibe.

Damit der Benutzer keine Funktion mit vier Parametern aufrufen muss, setzen wir noch eine Funktion dazwischen, die das Ganze kapselt:

```
void hanoi(int x)
{
  rekhanoi(x, 'A', 'B', 'C');
}
```

Zum Schluss noch die *main*-Funktion:

```
int main()
{
int x;

  cout << "Wie viele Scheiben:";
  cin >> x;
  hanoi(x);
}
```

Den Quellcode der Lösung finden Sie auf der CD-ROM unter \KAP10\LOESUNG\02.CPP.

Lösung 3

```
long rekfakul(long x, long y)
{
  if(x==1)  return(y);
  return(rekfakul(x-1,y*(x-1)) );
}

//***********************************************************

long fakul(long x)
{
  if(x<0)  return(0);
  if(x==0)  return(1);
  return(rekfakul(x,x));
}
```

Den Quellcode der Lösung finden Sie auf der CD-ROM unter \KAP10\LOESUNG\03.CPP.

Es wurde eine eigene Funktion für die Abfrage der Sonderfälle geschrieben, die auch den für den Benutzer vielleicht seltsamen Aufruf von *rekfakul* mit zwei Parametern vornimmt.

Im Gegensatz zur normal-rekursiven *rekfakul*-Funktion. die zuerst in die Rekursion hinabsteigt, um dann beim Aufstieg die Fakultät zu berechnen, ermittelt die rest-rekursive *rekfakul*-Funktion die Fakultät bereits beim Abstieg in die Rekursion. Deswegen sind auch zwei Parameter erforderlich, der eine für die aktuelle Rekursionstiefe und der andere für das bisher berechnete Zwischenergebnis.

Der Rückgabewert wird lediglich dazu verwendet, das Endergebnis von der tiefsten Stelle der Rekursion her an die Oberfläche zu befördern.

Die normal-rekursive Funktion gibt auch die Zwischenergebnisse über den Rückgabewert weiter, weshalb sie ohne zweiten Funktionsparameter auskommt.

Lösung 4

```
#include <iostream>

using namespace std;

void reversstring(char *str)
{
  if(strlen(str)==1)
    cout << str;
  else
    {
      reversstring(str+1);
      cout << *str;
    }
}

//***************************************************************

int main()
{

char s[160];

  cout << "String:";
  cin.getline(s,160);
  cout << "Umgedreht:";
  reversstring(s);
  cout << endl;

  return(0);
}
```

Den Quellcode der Lösung finden Sie auf der CD-ROM unter \KAP10\LOESUNG\04.CPP.

Der rekursive Ansatz ist folgender: Man gibt einen n Zeichen langen String rückwärts aus, indem man zuerst die Zeichen 2 bis n rückwärts ausgibt und dann Zeichen 1.

Die triviale Lösung lautet: Einen String der Länge 1 gibt man rückwärts aus, indem man ihn ausgibt.

Lösung 5

Eines vorweg: Es gibt 92 Lösungen.

Nun zu den Änderungen an der *Dame*-Funktion. Es ist verständlich, dass die Ausgabe der Lösungen in die *Dame*-Funktion selbst verlagert werden muss, denn würde nach der Ausgabe der ersten Lösung *Dame* nochmals aufgerufen, dann begänne die Suche von vorne und fände wieder die gleiche Lösung.

Doch an welcher Stelle in der *Dame*-Funktion muss die Änderung vorgenommen werden? Diese Frage kann mit einer Gegenfrage beantwortet werden: An welcher Stelle innerhalb der *Dame*-Funktion wissen wir, dass wir eine Lösung gefunden haben? Genau dann, wenn die letzte Dame gesetzt wurde, ohne eine Bedrohung auszulösen. Zudem führen wir eine *static*-Variable ein, damit wir die Lösungen trotz des ständigen Aufrufs von *Dame* zählen können.

Hier die abgeänderte *Dame*-Funktion[1]:

```
int Dame(int *feld,int pos)
{
static int solanz=1;
int x=1;

  while(x<=8)
    {
      feld[pos]=x;
      if(!collide(feld))
        {
          if(pos)
            {
              if(Dame(feld,pos-1)) return(1);
            }
          else
            {
              int c;
              cout << "Loesug " << setw(3) << solanz++ << ":";
              for(c=0;c<8;c++)
                cout << "  (" << c+1 << "," << feld[c] << ")";
              cout << endl;
            }
```

1. Die Ausgabe der *Dame*-Funktion verwendet den Manipulator *setw*. Vergessen Sie daher nicht, *iomanip.h* einzubinden.

```
        }
        x++;
      }
    feld[pos]=0;
    return(0);
}

int main()
{

int feld[8],x;

  for(x=0;x<8;x++) feld[x]=0;
  Dame(feld,7);

  return(0);
}
```

Den Quellcode der Lösung finden Sie auf der CD-ROM unter \KAP10\LOESUNG\05.CPP.

Lösung 6

```
int Dame(int *feld)
{
int x=0,solution=0;

  while((!solution)&&(x>=0))
    {
      if((++feld[x])>8)
        {
          feld[x]=0;
          x--;
          continue;
        }
      if(!collide(feld)) x++;
      if(x==8) solution=1;
    }
  return(solution);
}
```

Den Quellcode der Lösung finden Sie auf der CD-ROM unter \KAP10\LOESUNG\06.CPP.

Die *while*-Schleife läuft so lange, bis entweder die Lösung gefunden wurde oder *x* kleiner als Null wird, was gleichbedeutend damit ist, dass es keine Lösung gibt. Das Wechseln von einer Dame zur anderen, welches in der rekursiven Variante mit dem Abstieg in die Rekursion realisiert wurde, wird hier mit der Variablen *x* erledigt. Der Wert von *x* entspricht damit der Rekursionsstufe der rekursiven Lösung.

Lösung 7

Überlegen wir uns eine Lösung für das »Springer-Problem«. Anders als beim Dame-Problem muss die Repräsentation des Spielfeldes tatsächlich ein zweidimensionales Feld sein.

Wir können jedoch in einem anderen Bereich eine Vereinfachung vornehmen. Ein Springer kann grundsätzlich, wenn nicht durch die Spielfeldbegrenzung eingeschränkt, von einer Position aus acht andere Positionen erreichen. Nun müssen wir beim Bewegen des Springers über das Spielfeld immer darauf achten, dass wir nur diejenigen der acht Positionen weiter berücksichtigen, die gültig sind, also innerhalb des Spielfeldes liegen.

Diese achtfache Bereichsabfrage pro Zug verschlingt erhebliche Rechenzeit, weswegen wir uns mit einem Trick behelfen. Wie weit kann sich ein Springer maximal von seinem Ausgangspunkt mit einem Zug in eine beliebige Richtung entfernen? Es sind maximal zwei Felder. Wir umrahmen unser Spielfeld nun einfach mit zwei Feldern, die für den Springer schon belegt sind. Als unbelegtes Feld nehmen wir die 0, als Rahmenfeld nehmen wir die -1. Dadurch wird das zu verwaltende Spielfeld vertikal und horizontal jeweils um vier[1] Felder größer.

Schauen wir uns zuerst die *main*-Funktion an, welche die Abfragen zu Spielfeldgröße und Startposition vornimmt:

```
int main()
{
int x,y,z,xstart,ystart;
```

Zunächst werden die gewünschte Breite und Höhe des Spielfeldes abgefragt und der für die Verwaltung nötige Rand addiert:

```
  cout << "Breite des Feldes :";
  cin >> xsize;
  cout << "Hoehe des Feldes  :";
  cin>> ysize;

  xsize+=4;
  ysize+=4;

  if(feld=new int[xsize*ysize])
    {
```

Dann wird das Spielfeld initialisiert (gültige und unbesetzte Positionen mit 0 und der Rand mit -1):

1. Zwei pro Seite.

```
for(x=0;x<xsize;x++)
  for(y=0;y<ysize;y++)
    feld[y*xsize+x]=0;

for(x=0;x<xsize;x++)
  {
    feld[x]=-1;
    feld[xsize+x]=-1;
    feld[((ysize-1)*xsize)+x]=-1;
    feld[((ysize-2)*xsize)+x]=-1;
  }

for(y=0;y<ysize;y++)
  {
    feld[xsize*y]=-1;
    feld[xsize*y+1]=-1;
    feld[xsize*y+x-1]=-1;
    feld[xsize*y+x-2]=-1;
  }
```

Dann wird die nummerische Belegung des Spielfeldes ausgegeben:

```
cout << endl;
for(y=0;y<ysize;y++)
  {
    for(x=0;x<xsize;x++)
      cout << setw(2) << feld[y*xsize+x];
    cout << endl;
  }
cout << endl;
```

Danach wird die Startposition des Springers abgefragt:

```
do
  {
    cout << "X-Position des Springers ( 1-" << xsize-4 <<") :";
    cin >> xstart;
  } while((xstart<1)||(xstart>(xsize-4)));

do
  {
    cout << "Y-Position des Springers ( 1-" << ysize-4 <<") :";
    cin >> ystart;
  } while((ystart<1)||(ystart>(ysize-4)));

cout << endl << "Berechne Loesung fuer Feldgroesse (";
cout << xsize-4 << "," << ysize-4 << ") und Startposition (";
cout << xstart << "," << ystart << ")..." << endl << endl;
```

Zum Schluss wird die rekursive *Springer*-Funktion aufgerufen und gegebenenfalls eine Lösung ausgegeben.

```
      if(!Springer(xstart+1,ystart+1,1))
        cout << "Es gibt keine Lösung!!" << endl << endl;
      else
        {
          for(y=2;y<ysize-2;y++)
            {
              for(x=2;x<xsize-2;x++)
                cout << setw(3) << feld[y*xsize+x] << " ";
              cout << endl;
            }
          cout << endl;

          for(z=1;z<=(ysize-4)*(xsize-4);z++)
            for(y=2;y<ysize-2;y++)
              for(x=2;x<xsize-2;x++)
                if(feld[y*xsize+x]==z)
                  cout << "(" << x-1 << "," << y-1 << ")" << endl;
        }

      delete(feld);
    }
  return(0);
}
```

Ihnen ist vielleicht aufgefallen, dass globale Variablen verwendet wurden, obwohl dies eigentlich vermieden werden sollte. Weil die Berechnung der Lösung sehr rechenintensiv ist, wurde dieser Weg begangen, um bei der rekursiven Funktion Parameter und damit Rechenzeit zu sparen. Folgende globale Variablen finden Verwendung:

```
int xsize=0,ysize=0,*feld=0;
```

Jetzt fehlt nur noch die *Springer*-Funktion:

```
int Springer(int x, int y, int pos)
{
  if(feld[y*xsize+x]) return(0);

  feld[y*xsize+x]=pos;
  if(pos!=((xsize-4)*(ysize-4)))
    if(!Springer(x+1,y-2,pos+1))
      if(!Springer(x+2,y-1,pos+1))
        if(!Springer(x+2,y+1,pos+1))
          if(!Springer(x+1,y+2,pos+1))
            if(!Springer(x-1,y+2,pos+1))
              if(!Springer(x-2,y+1,pos+1))
```

```
                if(!Springer(x-2,y-1,pos+1))
                  if(!Springer(x-1,y-2,pos+1))
                    {
                      feld[y*xsize+x]=0;
                      return(0);
                    }
  return(1);
}
```

Den Quellcode der Lösung finden Sie auf der CD-ROM unter \KAP10\LOESUNG\07.CPP.

Die rekursive *Springer*-Funktion wurde so entworfen, dass jeder Zug seine Nummer an die aktuelle Position des Springers schreibt. Deswegen wird in der *Springer*-Funktion auch der Funktionsparameter *pos* benötigt. Sie könnten die Laufzeit noch verkürzen, indem sie anstelle des Funktionsparameters *pos* eine statische Variable einführen. Aber das bleibt Ihnen als Übung überlassen.

Wenn die aktuelle Position schon belegt ist, gibt die Funktion 0 zurück. Sollte der Platz frei sein, belegt ihn die Funktion mit dem aktuellen Zug. Dann werden hintereinander alle acht Zugmöglichkeiten des Springers durchprobiert. Die Verschachtelung der *if*-Anweisungen deshalb, weil der nachfolgende Versuch nur dann ausgeführt werden muss, wenn der vorherige fehlgeschlagen ist. Die erste der verschachtelten *if*-Anweisungen prüft, ob die Positionsnummer gleich der Anzahl der vorhandenen Felder ist. Ist dies der Fall, bedeutet es, dass alle Felder belegt sind. Denn wenn bei x Feldern der Springer auf x Positionen war, war er überall, und das wäre eine Lösung. Abbildung 10.5 zeigt eine gültige Lösung des Springer-Problems.

Lösung 8

Schauen wir uns zunächst die Deklaration von *TTTKnoten* an:

```
class TTTKnoten
{
  friend class TTTBaum;

  private:
    TTTKnoten *soehne[3][3];
    int bewertung[3][3];

  public:
    TTTKnoten(void);
};
```

Jeder Knoten repräsentiert eine Situation auf dem Spielfeld. Wenn z.B. auf das obere linke Feld ein Stein gesetzt wird, dann finden wir die neue Repräsentation in dem Knoten, auf den bei *soehne[0][0]* verwiesen wird. Abbildung 10.8 zeigt einen Ausschnitt aus dem Tic-Tac-Toe-Baum.

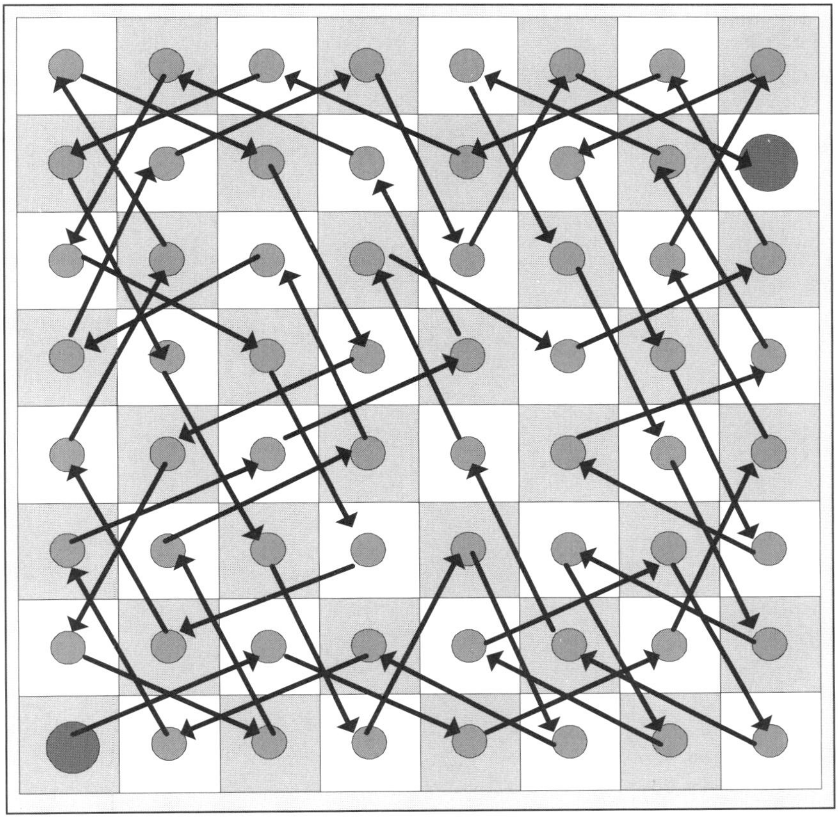

Abbildung 10.4: Eine Lösung des Springer-Problems

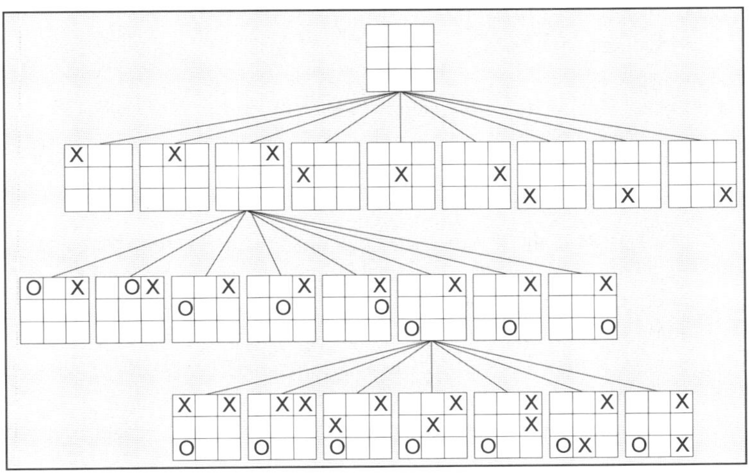

Abbildung 10.5: Ausschnitt aus dem Tic-Tac-Toe-Baum

Obwohl natürlich ein Knoten, der eine Spielsituation mit vier bereits gesetzten Steinen repräsentiert, nur noch fünf Söhne haben kann, wurde trotzdem für die Söhne eines jeden Knotens ein 3*3-Feld angelegt, weil so anhand der Position des Zeigers auf den letzten Zug rückgeschlossen werden kann.

Der Konstruktor des Knotens ist trivial. Die Bewertung wird auf -1 gesetzt, weil dies ein Wert ist, der in unserem Programm nicht auftreten kann.

```
TTTKnoten::TTTKnoten(void)
{
int x,y;

  for(x=0;x<3;x++)
    for(y=0;y<3;y++)
      {
        soehne[y][x]=0;
        bewertung[y][x]=-1;
      }
}
```

Kommen wir nun zur Klasse *TTTBaum*:

```
class TTTBaum
{
  private:
    char sfeld[3][3];
    long anz;
    TTTKnoten *wurzel;
    int remis(void);
    int gewonnen(char);
    int berechne(TTTKnoten *kn, char, char);
    void computerx(void);
    void computero(void);

  public:
    TTTBaum(void);
    friend ostream &operator<<(ostream&, const TTTBaum&);
};
```

sfeld ist das tatsächliche Spielfeld, auf dem die »Steine« gesetzt werden. Das Zeichen 'X' steht für ein Kreuz und das Zeichen 'O' für einen Kreis. *anzahl* spiegelt die Anzahl der Knoten im Baum wider. *wurzel* verweist auf den Knoten, der die Wurzel des Baumes bildet. Die Methoden *remis* und *gewonnen* bestimmen, ob entweder ein Remis, also Unentschieden, vorliegt oder ein Spieler gewonnen hat. Je nachdem, ob der Methode *gewonnen* ein 'X' oder ein 'O' übergeben wurde, wird geprüft, ob der entsprechende Spieler gewonnen hat.

Die Funktion *berechne* berechnet den Baum, und *computerx* und *computero* werden in Abhängigkeit davon aufgerufen, ob der Computer die Kreuze oder die Kreise setzt.

Der Konstruktor, der bereits den Wurzelknoten anlegt, sieht wie folgt aus:

```
TTTBaum::TTTBaum(void)
{
int x,y,inp;
  for(x=0;x<3;x++)
    for(y=0;y<3;y++)
      sfeld[y][x]=' ';

  wurzel=new TTTKnoten;
  assert(wurzel);
  anz=0;
```

Hier käme jetzt die Abfrage, ob der Computer mit den Kreuzen oder Kreisen spielen soll.

```
}
```

Zunächst schauen wir uns die beiden Funktionen *remis* und *gewonnen* an, zu denen ein weiterer Kommentar sich erübrigt:

```
int TTTBaum::gewonnen(char pl)
{
  if((sfeld[0][0]==pl)&&(sfeld[0][1]==pl)&&(sfeld[0][2]==pl))
    return(1);
  if((sfeld[1][0]==pl)&&(sfeld[1][1]==pl)&&(sfeld[1][2]==pl))
    return(1);
  if((sfeld[2][0]==pl)&&(sfeld[2][1]==pl)&&(sfeld[2][2]==pl))
    return(1);
  if((sfeld[0][0]==pl)&&(sfeld[1][0]==pl)&&(sfeld[2][0]==pl))
    return(1);
  if((sfeld[0][1]==pl)&&(sfeld[1][1]==pl)&&(sfeld[2][1]==pl))
    return(1);
  if((sfeld[0][2]==pl)&&(sfeld[1][2]==pl)&&(sfeld[2][2]==pl))
    return(1);
  if((sfeld[0][0]==pl)&&(sfeld[1][1]==pl)&&(sfeld[2][2]==pl))
    return(1);
  if((sfeld[0][2]==pl)&&(sfeld[1][1]==pl)&&(sfeld[2][0]==pl))
    return(1);
  return(0);
}

int TTTBaum::remis(void)
{
int x,y;
  for(x=0;x<3;x++)
    for(y=0;y<3;y++)
      if(sfeld[y][x]==' ')
        return(0);
  return(1);
}
```

Als Nächstes besprechen wir das Herzstück des Spiels: die Funktion, die die Züge für den Computer berechnet. Dieser Funktion wird der aktuell zu bearbeitende Knoten übergeben. Des Weiteren wird der Funktion noch mitgeteilt, welchen Steintyp der Computer spielt und wer gerade am Zug ist.

```
int TTTBaum::berechne(TTTKnoten *kn, char splr, char zug)
{
  int gew=0,verl=0,rem=0;

  anz++;
  if(!(anz%10000))
    cout << anz << endl;

  int x,y;
  char nzug;

  if(zug=='X')
    nzug='O';
  else
    nzug='X';
```

Diese *if*-Anweisung bestimmt, welcher Spieler den nächsten Zug macht. Die folgenden zwei verschachtelten Schleifen überprüfen jeden der neun möglichen Söhne daraufhin, ob sie eine gültige Spielsituation darstellen (dann werden sie angelegt) oder nicht. Wenn möglich, wird der aktuelle Zug bereits bewertet.

```
  for(x=0;x<3;x++)
    {
      for(y=0;y<3;y++)
        {
          if(sfeld[y][x]==' ')
```

Um die aktuelle Spielsituation für den jeweiligen Knoten jederzeit präsent zu haben, setzt die Funktion die einzelnen Züge auf dem Spielfeld der Klasse. Ist ein Feld frei, dann ist dies ein potenzieller Zug.

```
            {
              sfeld[y][x]=zug;
              if(gewonnen(zug))
```

Nachdem der Stein auf die aktuelle Position im Spielfeld gesetzt wurde, wird ermittelt, ob dieser Zug den Sieg brachte.

```
                {
                  sfeld[y][x]=' ';
```

Da der Knoten schon als Sieg bewertet wurde, wird der Zug im Spielfeld gelöscht, um der aufrufenden Funktion das Spielfeld so zu hinterlassen, wie sie es selbst diesem Aufruf übergeben hatte.

```
        if(splr==zug)
          {
            kn->bewertung[y][x]=3;
            return(3);
```

Wenn der Computer derjenige war, der durch diesen Zug gewonnen hätte, dann bekommt dieser Zug die höchste Bewertung (3), denn sollte der Computer in diese Situation kommen, dann soll er den Siegeszug auf jeden Fall ausführen.

```
          }
        else
          {return(-2);}
```

Sollte der betrachtete Zug ein Zug sein, den der Gegner hätte machen können, dann bekommt er die schlechteste Wertung (-2).

```
      }
    if(remis())
      {
        sfeld[y][x]=' ';
```

Auch hier erfolgt das Zurücksetzen des Spielfeldes in den ursprünglichen Zustand (ursprünglich aus der lokalen Sicht der Funktion).

```
        kn->bewertung[y][x]=1;
        return(1);
```

Sollte der Zug ein Unentschieden eingebracht haben, dann bekommt der Zug eine mittelmäßige Bewertung. Er ist nicht so schlecht wie der, auf den eine Niederlage, aber auch nicht so gut wie der, auf den ein Sieg folgt.

```
      }
    kn->soehne[y][x]=new TTTKnoten;
    assert(kn->soehne[y][x]);
    anz++;
    if(!(anz%10000))
      cout << anz << endl;
    kn->bewertung[y][x]=berechne(kn-
>soehne[y][x],splr,nzug);
    sfeld[y][x]=' ';
```

Sollte der Zug noch keine Entscheidung zwischen Sieg, Unentschieden und Niederlage gebracht haben, muss die aktuelle Situation weiterverfolgt werden. Deswegen wird *berechne* mit der neuen Spielsituation aufgerufen und das Ergebnis der Berechnung im Feld *bewertung* abgelegt.

```
    if(kn->bewertung[y][x]>=2)
      gew++;

    if(kn->bewertung[y][x]==1)
      rem++;
```

```
            if(kn->bewertung[y][x]==-2)
              verl++;
```

Da es meistens mehrere Möglichkeiten für einen Zug gibt, wird hier gezählt, wie viele Siege, Niederlagen und Unentschieden als Ergebnis des jeweils betrachteten Zuges aufgetreten sind.

```
          }
        }
      }
```

Wenn die Funktion an dieser Stelle angelangt ist, weiß sie, dass die augenblickliche Spielsituation keine Endsituation ist. Das kann wiederum bedeuten, dass mehrere Züge möglich waren. Der nun folgende Programmabschnitt beschäftigt sich damit, wie anhand der Ergebnisse, die die in der augenblicklichen Situation möglichen Züge liefern, die jetzige Spielsituation bewertet werden kann.

```
  if(splr==zug)
    {
```

Zuerst wird der Fall betrachtet, dass die aktuelle Spielsituation eine Situation ist, in der wir einen Zug machen müssen. Wenn wir am Zug sind, bedeutet dies, dass wir wählen können, welchen Stein wir setzen. Deswegen nehmen wir von den möglichen Zügen natürlich den, bei dem die Chance am größten ist, zu gewinnen. Deswegen wird zuerst geprüft, ob es in der jetzigen Situation einen Zug gibt, bei dem wir gewinnen können. Wenn ja, wird der Wert 2 als Gewinnmöglichkeit zurückgegeben. Ist dies nicht der Fall, wird ermittelt, ob es einen Zug gibt, der ein Remis verursacht, und dieser gegebenenfalls mit 1 bewertet.

Sollte keiner der beiden letzten Fälle eingetreten sein, dann scheint es nur Züge zu geben, bei denen wir verlieren werden. Es wird deswegen der Wert -2 zurückgegeben.

```
      if(gew>0)
        return(2);
      if(rem>0)
        return(1);
      if(verl>0)
        return(-2);
    }
  else
    {
```

Hier wird der Fall betrachtet, dass die aktuelle Spielsituation eine Situation ist, in der der Gegner ziehen muss. Deswegen müssen wir vom Schlimmsten ausgehen.

Gibt es für den Gegner einen Zug, der zur Folge hat, dass wir später verlieren werden, dann müssen wir davon ausgehen, dass er diesen Zug auch ausführen wird, und bewerten die Situation mit -2 für Niederlage.

Gibt es für den Gegner keinen Zug, mit dem er sich einem Sieg oder einem Unentschieden nähern kann, dann kann er sich nur seiner Niederlage nähern, welche unser Gewinn ist. Wir bewerten die Situation mit 2.

Gibt es jedoch für den Gegner die Wahl zwischen einer Niederlage und einem Unentschieden, dann müssen wir davon ausgehen, dass er sich für das Unentschieden entscheidet, und bewerten die Situation mit 1.

```
      if(verl>0) return(-2);
      if((verl==0)&&(rem==0)&&(gew>0)) return(2);
      if((verl==0)&&((rem>0)||(gew>0))) return(1);
    }
```

Sollte die Funktion an diesen Punkt gelangen, dann muss irgendwo ein Fehler aufgetreten sein.

```
  return(0);
}
```

Anstatt in jeden Knoten die Bewertung aller Folgezüge aufzunehmen, hätte man auch nur den besten Zug speichern können. Jedoch wäre man dann im Spiel nicht in der Lage, auf eine gleiche Situation unterschiedlich zu reagieren, ohne einen Zug zu riskieren, der eine Niederlage zur Folge hätte.

Es ist noch anzumerken, dass diese Strategie nur dann funktioniert, wenn der komplette Suchbaum generiert wird. Für den Fall, dass Sie Zug für Zug beispielsweise immer nur drei Züge im Voraus hätten berechnen müssen, wäre eine andere Strategie vonnöten.

Zum Schluss schauen wir uns noch den Auschnitt aus der *computerx*-Funktion an, der den nächsten Zug bestimmt:

```
zug=gew=rem=verl=won=-1;
for(x=0;x<3;x++)
  for(y=0;y<3;y++)
    {
```

Die Variablen werden folgendermaßen gesetzt:

- *won*, wenn der Zug den sofortigen Sieg zum Ergebnis hat.
- *gew*, wenn der Zug ein Schritt zum späteren Sieg ist.
- *rem*, wenn der Zug bestenfalls ein späteres oder sofortiges Unentschieden bewirken kann.
- *verl*, wenn der Zug früher oder später in die Niederlage führt.

```
        if(spielpos->bewertung[y][x]==3)
          won=y*3+x;
```

Sobald ein Zug gefunden wird, der den sofortigen Gewinn herbeiführt, wird er genommen.

```
        if(spielpos->bewertung[y][x]==2)
          if(gew==-1) gew=y*3+x;
          else if(time(&t)%2) gew=y*3+x;
```

Wenn die Bedingungen zum Setzen von *gew* erfüllt sind, dann wird zuerst geschaut, ob *gew* schon einen Zug besitzt. Wenn nicht, wird der jetzige Zug auf jeden Fall in *gew* gespeichert. Sollte *gew* aber schon einen Zug besitzen, dann entscheidet der Zufall, ob der neue Zug genommen oder der alte beibehalten wird. Analog hierzu werden auch die folgenden Entscheidungen getroffen.

```
        if(spielpos->bewertung[y][x]==1)
          if(rem==-1) rem=y*3+x;
          else if(time(&t)%2) rem=y*3+x;

        if(spielpos->bewertung[y][x]==-2)
          if(verl==-1) verl=y*3+x;
          else if(time(&t)%2) verl=y*3+x;
    }
```

Nun wird entschieden, welche der vier Varianten genommen wird. Es ist klar, dass zuerst die besten Züge gesetzt werden, deswegen sind die Abfragen absteigend ihrer Attraktivität nach geordnet.

```
if(won>=0)  zug=won;
else if(gew>=0)  zug=gew;
else if(rem>=0)  zug=rem;
else if(verl>=0)  zug=verl;
```

Der Zug selbst wird dann später so gesetzt:

```
sfeld[zug/3][zug%3]='X';
```

Den Quellcode der Lösung finden Sie auf der CD-ROM im Verzeichnis \KAP10\LOESUNG\TTT\.

11 Anhang

11.1 Glossar

Abgeleitete Klasse: Als abgeleitete Klasse bezeichnet man eine Klasse, die von einer anderen Klasse geerbt hat. Die vererbende Klasse ist dann die Basisklasse der erbenden Klasse.

Abstrakte Klasse: Eine Klasse mit einer oder mehreren rein virtuellen Funktionen. Abstrakte Klassen können nicht instanziiert werden. Man kann also keine Instanz von ihr erzeugen. Um die Klasse aber dennoch nutzen zu können, muss sie abgeleitet und die rein virtuellen Funktionen müssen durch normale (virtuelle) Funktionen gleichen Namens mit gleichen Parametern ersetzt werden.

Abstrakter Datentyp: Ein Abstrakter Datentyp besteht aus einer bestimmten Form der Datenorganisation sowie Operationen, die dem Benutzer zwecks Verwaltung der Daten zur Verfügung stehen. Ein Stack mit den Operationen Push und Pop ist zum Beispiel ein ADT. Ein ADT sagt im Allgemeinen nichts über die verwendete Datenstruktur aus. Ob ein Stack nun mit Hilfe eines Feldes, einer Liste oder gar eines Baumes realisiert worden ist, ist keine dem ADT Stack inhärente Information.

ADT: Siehe Abstrakter Datentyp.

Anweisungsblock: In C++ eine Folge von Anweisungen, die von geschweiften Klammern eingeschlossen sind. Anweisungsblöcke können verschachtelt werden.

Attribut: Bezeichnung für Variablen, die einer Klasse zugehören. Attribute entsprechen den Elementen der Strukturen.

Basisklasse: Die Klasse, die an eine andere Klasse vererbt. Die erbende Klasse ist die von der Basisklasse abgeleitete Klasse.

Bedingung: Als Bedingung bezeichnet man einen Ausdruck, der entweder wahr oder falsch sein kann. Bedingungen werden benötigt, um den Programmablauf zu beeinflussen.

call-by-reference: Im Gegensatz zum call-by-value wird hier ein tatsächlicher Verweis auf das Objekt übergeben. Der Zugriff erfolgt in genau der gleichen Schreibweise wie beim Zugriff auf das Originalobjekt. Die Änderungen werden am Originalobjekt vorgenommen. C++ bietet eine Möglichkeit des call-by-reference durch den &-Operator.

call-by-value: Im Gegensatz zum call-by-reference wird hier eine Kopie des Wertes angefertigt und diese dann übergeben. Alle in der Funktion ausgeführten Änderungen betreffen allein die Kopie und nicht den Originalwert.

Datenkapselung: Ein Konzept, bei dem Daten (Attribute/Methoden) so gekapselt werden, dass nur dazu befugte Funktionen auf sie zugreifen können.

Datenstruktur: Eine Datenstruktur ist eine bestimmte Organisationsform von Daten. Datenstrukturen könnten sein Listen, Felder, Bäume, Heaps etc. Datenstrukturen werden häufig dazu eingesetzt, um abstrakte Datentypen zu implementieren.

Datentyp: Der Datentyp bestimmt den Typ des von einer Konstanten oder Variablen repräsentierten Wertes. Die elementaren Datentypen sind in C++ zum Beispiel Ganzzahlen (int, long), Fließkommazahlen (float, double) Zeichen (char), boolesche Variablen (bool) und Zeiger. Die komplexeren Datentypen fassen mehrere Variablen und Konstanten zusammen, wobei unterschieden wird, ob die zusammengefassten Objekte vom gleichen Datentyp sein müssen (Felder) oder unterschiedlichen Typs sein können (Strukturen, Klassen, Unions).

Dereferenzierung: Bei Zeigern, die anstelle eines Wertes eine Speicheradresse beinhalten, ermöglicht die Dereferenzierung den Zugriff auf den Wert, der an der vom Zeiger gespeicherten Adresse abgelegt ist. In C++ ist der Dereferenzierungsoperator das '*'-Zeichen.

Destruktor: Der Destruktor ist eine besondere Methode der Klasse, die immer dann automatisch aufgerufen wird, wenn eine Instanz gelöscht wird. Er wird meist für die Freigabe von Ressourcen benutzt.

Dynamische Speicherverwaltung: Fordert man während der Laufzeit des Programms Speicher an, ist dies eine dynamische Speicherverwaltung. Man benutzt dynamische Speicherverwaltung dann, wenn die Größe des benötigten Speichers zur Kompilationszeit gar nicht oder nur ungenau bestimmt werden kann.

Dynamische Typüberprüfung: Obwohl ein Zeiger vom Typ der Basisklasse ist, kann mittels der virtuellen Funktionen dafür gesorgt werden, dass für den Fall, dass der Zeiger auf eine abgeleitete Klasse verweist, die Funktion der abgeleiteten Klasse und nicht die der Basisklasse verwendet wird.

Elementfunktion: Eine in C++ übliche Bezeichnung für Methoden.

Elementinitialisierungsliste: Sie wird meist bei Kontruktoren benutzt und dient dort der Initialisierung einzelner Attribute oder dem expliziten Aufruf eines oder mehrerer Basisklassen-Konstruktoren.

FIFO: »First In First Out«. Datenstrukturen, bei denen die Elemente genau in der Reihenfolge aus der Struktur entfernt werden, in der sie in die Struktur geschrieben wurden. Typisches Beispiel für FIFO ist die Queue.

Funktion: In C++ sind Funktionen Unterprogramme, denen Parameter übergeben werden können. Funktionen sind in der Lage, einen Parameter zurückzuliefern.

Generalisierung: Das Bilden eines Oberbegriffs für sinngemäß ähnliche Unterbegriffe nennt man Generalisierung. In der OOP entspricht die Generalisierung dem Entwurf einer Basisklasse für verschiedene davon abzuleitende Klassen. Zum Beispiel möchte man die Klassen Katze, Hund, Mensch und Schwein definieren. Eine Generalisierung wäre es, die Gemeinsamkeiten der Klassen zum Beispiel in einer Klasse namens Säugetier zusammenzufassen.

global: Globale Variablen und Konstanten sind von jeder Stelle des Programms her ansprechbar. Globale Variablen werden außerhalb von Funktionen definiert.

Information Hiding: Siehe Datenkapselung.

Instanz: Als Instanz bezeichnet man ein konkretes Objekt einer Klasse. Das Erzeugen einer Instanz von einer Klasse nennt man Instanziieren.

Iteration: Im Gegensatz zur Rekursion werden Wiederholungen von Programmteilen durch Schleifen realisiert.

Kapselung: Siehe Datenkapselung.

Klasse: In der OOP bezeichnet man als Klasse den Grundtypen einer aus verschiedenen Individuen bestehenden Art. Die einzelnen Individuen einer Klasse unterscheiden sich nicht durch ihre Attribute, sondern durch die Werte, welche diese Attribute besitzen.

Konstante: Eine Konstante hat alle Eigenschaften einer Variablen, bis auf die Einschränkungen, die sich aus ihrer Unveränderlichkeit ergeben. Ihr Wert wird einmalig festgelegt und kann dann nur noch gelesen werden.

Konstruktor: Der Konstruktor ist eine besondere Methode, die bei der Erzeugung einer Instanz aufgerufen wird. Im Allgemeinen sorgt er für die Initialisierung der Attribute und die Bereitstellung eventuell benötigter Ressourcen.

Last-call-Optimierung: Bei der Last-call-Optimierung ist der Compiler in der Lage, rest-rekursive Funktionen zu erkennen und die daraus resultierenden Vorteile zu nutzen.

lokal: Lokale Variablen oder Konstanten haben nur eine auf ihren Bezugsrahmen begrenzte Lebensdauer. Auf sie kann außerhalb ihres Bezugsrahmens nicht zugegriffen werden.

LIFO: »Last In First Out«. Strukturen, bei denen das zuletzt gespeicherte Element das erste ist, welches wieder entfernt wird. Typisches Beispiel: Stack.

Mehrfachvererbung: Besitzt eine abgeleitete Klasse mehrere Basisklassen, so spricht man von Mehrfachvererbung.

Methode: Eine in der OOP der Klasse zugehörige Funktion. Methoden haben durch die Zugehörigkeit zu einer Klasse – bezogen auf diese Klasse – bestimmte Privilegien bezüglich der Zugriffserlaubnis auf Attribute und andere Methoden der Klasse.

Modulo: Die Modulo-Operation steht in C++ für die Restbildung bei der Division von Ganzzahlen. Der Modulo-Operator ist das %. Zum Beispiel ergibt *11%6* den Wert 5, weil *11/6* als Ergebnis 1 mit dem Rest 5 ergibt.

Objektorientierte Programmierung: Ein Konzept, welches im Gegensatz zur prozeduralen Programmierung das Objekt in den Mittelpunkt stellt. Das Objekt besitzt Funktionen, die es verändern.

OOP: Abk. für Objektorientierte Programmierung.

Operand: Ein Operand ist ein Objekt (Funktion, Variable, Konstante), auf welches eine spezielle Operation angewandt wird. Die Addition zum Beispiel benötigt zwei Operanden: Operand+Operand.

Operator: Ein Operator ist in C++ ein bestimmtes Zeichen, welches für eine auszuführende Operation steht. Zum Beispiel steht der +-Operator für die Addition und der *-Operator für die Dereferenzierung.

Polymorphismus: Der Tatsache, dass eine abgeleitete Klasse nichts anderes ist als die um Eigenschaften erweiterte Basisklasse, trägt Polymorphismus in der Weise Rechnung, dass ein Zeiger vom Typ der Basisklasse auch auf eine Instanz der abgeleiteten Klasse zeigen kann, nicht jedoch umgekehrt.

Präprozessor: Der Präprozessor arbeitet textorientiert und wird vor dem Start des eigentlichen Compilers aufgerufen. Er stellt Befehle zum Einbinden von Textdateien, zum bedingten Kompilieren und zum Erstellen von Makros und Konstanten zur Verfügung. Da dies alles auf Textbasis geschieht, sind ihm die C++-Befehle *inline* und *const* überlegen.

Prozedurale Programmierung: Ein Konzept, welches im Gegensatz zur objektorientierten Programmierung die Funktion/Prozedur in den Mittelpunkt stellt. Man entwickelt Funktionen, denen dann die zu manipulierenden Daten übergeben werden.

Queue: Auf deutsch auch »Schlange« oder »Warteschlange«. Ein ADT mit den Operationen Enqueue und Dequeue. Enqueue hängt ein Element an die Queue an und Dequeue entfernt ein Element aus der Queue. Queues sind so genannte FIFO-Strukturen.

Rechenoperator: In C++ die Operatoren, die eine bestimmte Rechnung definieren. Dazu zählen zum Beispiel die arithmetischen und binären Operatoren.

Rein virtuelle Funktion: Eine leere Funktion, die in einer abgeleiteten Klasse durch eine neue Funktion ersetzt werden muss. Klassen mit rein-virtuellen Funktion sind abstrakte Klassen.

Rekursion: Im Gegensatz zur Iteration werden Wiederholungen von Programmteilen dadurch erreicht, dass sich Funktionen kontrolliert selbst aufrufen.

Ressource: Als Ressource bezeichnet man Kapazitäten des Systems, die man sich zunutze macht, als da wären Prozessorzeit, Arbeitsspeicher, Dateizugriff etc.

Rest-Rekursivität: Eine besondere Eigenschaft rekursiver Funktionen, bei der für die Rekursion kein Stack benötigt wird und daher auch vom Compiler kein Stack aufgebaut wird (falls er Rest-Rekursivität erkennt).

Schlange: Siehe Queue.

Spezialisierung: Wenn ein Oberbegriff durch die Bildung von Unterbegriffen verfeinert wird, dann spricht man von Spezialisierung. Das Ableiten einer Klasse ist ebenfalls eine Spezialisierung.

Stack: Auf Deutsch auch »Stapel« genannt. Ein ADT mit den Operationen Push und Pop. Push legt ein Element auf den Stack, Pop holt es wieder von ihm herunter. Stacks sind so genannte LIFO-Strukturen.

Stapel: Siehe Stack.

Statische Variable: Eine lokale Variable einer Funktion, die das Ende der Funktion überlebt und bei erneutem Aufruf der Funktion noch ihren alten Wert besitzt.

Überladen: Als Überladen bezeichnet man das Definieren mehrerer gleichnamiger Funktionen, die sich in ihrer Parameterliste und/oder ihrem Rückgabewert unterscheiden. Um eine Funktion zu überladen, reicht ein Unterschied allein im Rückgabewert nicht aus.

Variable: Eine Variable ist ein Bezeichner, der einen bestimmten Wert repräsentiert. Der Wert, für den die Variable steht, kann während der Laufzeit des Programms verändert werden. Der Typ des repräsentierten Wertes hängt vom benutzten Datentyp ab.

Vererbung: Das Weitergeben der Eigenschaften und der Funktionalität an eine andere Klasse, die diese dann erweitern kann, nennt man Vererbung. Damit eine Klasse erbt, muss sie von der Basisklasse abgeleitet werden.

Vergleichsoperator: In C++ die Operatoren, mit denen zwei Werte verglichen werden können. Zum Beispiel ==, != <, > oder >=.

Virtuelle Funktion: Eine Funktion, die bei Bedarf in einer abgeleiteten Klasse durch eine neue Funktion gleichen Namens und mit gleichen Parametern ersetzt werden kann. Virtuelle Funktionen sind notwendig für die dynamische Typüberprüfung.

Zugriffs-Deklaration: Beim Ableiten die Möglichkeit, den Bezugsrahmen einzelner Attribute oder Methoden einzuengen.

Zuweisungsoperator: In C++ Operatoren, mit denen einer Variable ein bestimmter Wert zugewiesen werden kann. Dabei gibt es in C/C++ Zuweisungsoperatoren, denen auch eine Rechenoperation inhärent ist. Zum Beispiel *x+=5*, was ausführlich formuliert *x=x+5* bedeutet.

Stichwortverzeichnis

Der Addison-Wesley Online-Test

Die Bücher der *Workshop-Reihe* ermöglichen Ihnen nicht nur eine Vertiefung Ihrer Fachkenntnisse, sondern durch den zum jeweiligen Buch gehörigen Online Test haben Sie auch die Möglichkeit, Ihr neu erlerntes Wissen zu überprüfen und im Erfolgsfall mit dem Addison-Wesley *Zertifikat für Computing Professionals* zu dokumentieren.

Auf der CD-ROM, die diesem Buch beiliegt, finden Sie eine persönliche Registrierungsnummer, die Sie bei der Anmeldung für den Online Test benötigen.

Als technische Voraussetzung für das Durchführen des Tests benötigen Sie lediglich einen Internet-Zugang, der es Ihnen ermöglicht, Webseiten im HTML-Format zu lesen.

Bei gründlicher Vorbereitung kann man diesen Test in ca. 45 Minuten durcharbeiten.

Die Fragen sind in Form eines Multiple-Choice-Tests angelegt. Das Niveau der Fragen schwankt zwischen leicht und sehr schwer.

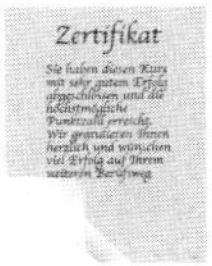

Bei erfolgreichem Abschneiden bekommen Sie von uns per Email das Addison-Wesley *Zertifikat für Computing Professionals*, natürlich auf das jeweilige Fachgebiet bezogen. Außerdem wird Ihnen Ihr genaues Ergebnis mitgeteilt, inklusive der Information darüber, wo vertiefende Studien besonders sinnvoll wären. Das Zertifikat selbst hat die Form eines pdf-Files.

Die erforderliche Punktzahl für ein erfolgreiches Bestehen des Tests liegt bei 80% der Maximal-Punktzahl. Wenn Sie diese nicht erreicht haben, oder Sie Ihr Ergebnis noch steigern wollen, erhalten Sie bis zu zwei weitere Wiederholungsmöglichkeiten. Sie bekommen auf jeden Fall immer die Analyse Ihres Ergebnisses per Email zugesandt. Insgesamt haben Sie also drei Chancen, den Online Test zu bestehen und damit das Zertifikat zu erhalten

Mit dem Addison-Wesley *Zertifikat für Computing Professionals* zeigen Sie sich und anderen, dass Sie die wichtigsten Grundlagen in einem bestimmten Themengebiet beherrschen. Jedes Buch der Workshop-Reihe deckt einen anderen Bereich ab, zu dem Sie einen Online Test absolvieren und das zugehörige Zertifikat erwerben können.

Der Verlag Addison-Wesley wünscht Ihnen viel Erfolg !

THE SIGN OF EXCELLENCE

ADDISON-WESLEY

work shop

www.addison-wesley.de